いいたいことがすぐに言える！

会話を組み立てる
英語プレハブ

慣用表現150

コスモピア

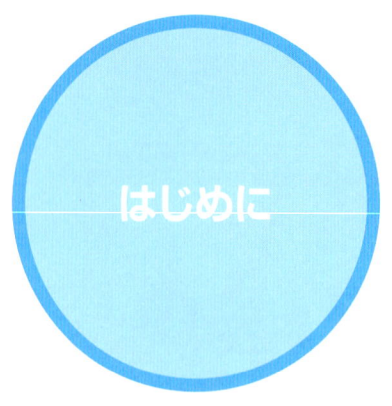

はじめに

　本書の主題は「慣用表現」です。慣用表現とは、多くの人々が繰り返し使うことで表現が定型化したもの（熟語、定番表現、定型表現などとも呼ばれる）のことを言います。

　本書では、これまで文法書の中で慣用表現として取り扱われてきた I'd rather... や nothing is more A than B のような表現や、あるいは英会話に役立つ機能表現として扱われてきた Could you please...? や Do you mind if I...? といった種々の表現の中から、会話でもよく使われるものを 150 個取り上げました。そしてそれを「Part 1 自分の思い・意見・判断・評価を述べる表現 33」、「Part 2 相手にはたらきかける表現 37」、「Part 3 会話の流れを調整する表現 24」、「Part 4 さまざまな具体的な意味や機能を伝える表現 56」の大きく4つのパートに分け、整理しています。

　たとえば「Part 1 自分の思い・意見・判断・評価を述べる表現 33」であれば、「Unit 1 冒頭で話の内容に対する態度を表す」「Unit 2 感情的反応を表す」「Unit 3 話し手の確信を表す」「Unit 4 客観的な語りで確信の度合いを表す」など、表現を使う際の目的を取り上げ、それぞれの Unit 内でその目的にあった表現の使い方を解説しています。

　具体的に、たとえば、「自分が何をしたいのかを伝える」表現を扱う Unit 8 では、Let me do、I'd like to do、I'd rather do、I'm willing to do、I feel like doing を取り上げ、それぞれの特徴を明らかにしていきます。

　本書では、右上のイメージ図にあるように、読者（＝話し手）ひとりひとりが、

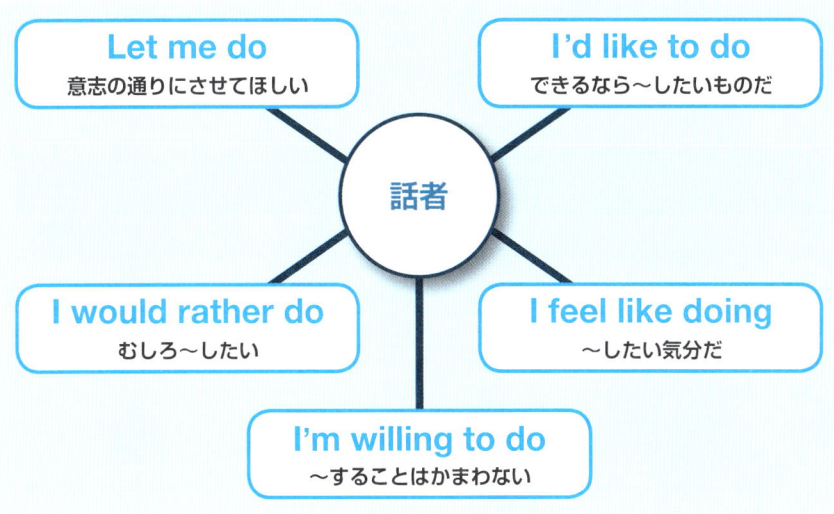

　たとえば「何かをしたい」ことを表現をしたいとき、この5つの慣用表現をレパートリーとして持ち、状況に応じて、それぞれを使い分けることができることが慣用表現力であると考えます。「むしろ……したい」という思いがあれば、ただちに I'd rather do という慣用表現を自動的に使えるようにする、これが本書でのねらいです。

　言語活動は、文法を使って自由に作りだす「自由表現」と慣用化した「慣用表現」が両輪だと言われます。本書では、慣用表現は、表現のための型（テンプレート）を提供し、それを使って表現のしやすさ（効率性）が高まると考えます。ちょうど、プレハブ住宅におけるプレハブのように、文をつくり自分の考えや思いを表現する際に、組み立てをしやすくする、ということです。
　慣用表現のひとつひとつを目的にあった形で使うことができる力──すなわち、慣用表現力──を高める上で役立つ本を作成したいという思いから本書が生まれました。
　本書で取り上げた慣用表現のそれぞれを自動的に使えるようにすれば、さまざまな局面で英語を使って表現することがきっと楽になるはずです。

2015年9月　監修・著　田中茂範

CONTENTS

はじめに ……………………………………… 2
本書の基本的な考え方「慣用表現力をつける」 …・10
本書の基本的な構成と使い方 ………………… 16
付属CD-ROMについて ……………………… 18

下の青い数字はmp3の音声ファイルの番号を表します。

Part 1
自分の思い・意見・判断・評価を述べる表現 33 ……… 19

Unit 1
冒頭で話の内容に対する態度を表す ……………… 20
1　generally speaking
　　一般的に言えば ……………… 21　2
2　to my surprise
　　驚いたことに ………………… 22　3
3　to my disappointment
　　がっかりしたことに、
　　失望したことに ……………… 23　4

Unit 2
感情的反応を表す ……… 24
4　I'm curious about...
　　〜に (好奇心から) 興味がある ‥ 25　5
5　I'm delighted with...
　　〜でうれしい ………………… 26　6
6　I'm disappointed about...
　　〜に失望している …………… 27　7

Unit 3
話し手の確信を表す ……… 28
7　I'm sure (that).../
　　I'm not sure (that)...
　　きっと〜だ/〜はなんとも言えない‥ 29　8
8　I'm confident (that)...
　　〜ということには自信がある …・ 30　9
9　I'm positive (that)...
　　〜は(前向きに)確かである …・ 31　10
10　I'm afraid (that)...
　　残念ながら〜だ ……………… 32　11
11　I'm skeptical about...
　　〜については疑いがある
　　[懐疑的である] ……………… 33　12

Unit 4
客観的な語りで確信の度合いを表す ……… 34
12　it is certain (that)...
　　(客観的にみて)確かに〜だ ‥ 35　13
13　it is possible (that)...
　　(可能性として)〜はありえる …… 36　14
14　it is probable (that)...
　　〜は (多分に) ありそうだ …… 37　15
15　it appears (to me) (that)...
　　〜であるように思える ……… 38　16
16　it seems (to me) (that)...
　　(主観的に)〜であるようだ …・ 39　17
17　it looks like...
　　(見たところ)〜であるようだ …・ 40　18

Unit 5
過去の行為を振り返って話し手の思いを表す ……… 41
18　I should have done
　　〜しておけばよかった ……… 42　19
19　I must have done
　　〜していたにちがいない ……… 43　20
20　I would have done
　　(実現はしなかったが) 〜していただろう ‥ 44　21
21　I could have done
　　〜しようと思えば可能だった
　　〜していたかもしれない ……… 45　22

Unit 6
評価・判断を示す ……… 46
22　it is necessary
　　(for A) to do
　　〜することは必要だ ………… 47　23
23　it is convenient
　　(for A) to do
　　〜するのは便利だ、都合がよい 48　24

24	it is natural (for A) to do 〜することは当然のことだ ···· 49	25	30	私に〜させて ················ 56 30
25	it is embarrassing (for A) to do 〜するのはばつが悪い[気恥ずかしい] 50	26	31	I'd like to do (願わくば)〜したい ········· 57 31 I'd rather do / I'd rather not do むしろ〜したい / むしろ〜したくない ········· 58 32

Unit 7
何かをすることに対する
自分の状況を伝える ········· 51

26	I'm available to do 〜に対応できる、手があいている ··· 52	27	
27	I'm free to do 自由に〜する ················ 53	28	
28	I'm ready to do 〜する用意(態勢)ができている ··· 54	29	

32	I'm willing to do 〜する気がある、 〜することはかまわない ······ 59	33
33	I feel like doing 〜したい感じがする ··········· 60	34

Part1
EXERCISES ············ 61

Exercise 1 ················ 61	35
Exercise 2 ················ 63	36
Exercise 3 ················ 64	37
解答と解説 ················· 65	

Unit 8
自分が何をしたいのかを伝える ··· 55
29	Let me do

Part 2
相手にはたらきかける表現 37 ············ 67

Unit 1
依頼する ················ 68

34	Can you...? 〜してくれない? ··············· 69	38
35	Could you...? (可能なら)〜していただけませんか? ··· 70	39
36	Would you...? 〜していただけませんか? ···· 71	40
37	I was wondering if you could... もしかして〜をお願いすることは 可能でしょうか ············ 72	41

Unit 2
許可を求める ··············· 73

38	May I...? 〜してもいいですか? ········ 74	42
39	Can I...? ちょっと〜してもいいですか? 75	43
40	Is it possible (for me) to do? 〜することは可能ですか? ···· 76	44
41	Do you mind if I...?	

〜しても差し支えありませんか? ··· 77 45

Unit 3
相手の意思を確認する ······ 78

42	Do you mean (that)...? 〜という意味ですか? ········ 79	46
43	Are you telling me (that)...? つまりおっしゃりたいのは〜 ということですか? ········ 80	47
44	Can we say (that)…? 〜ということは言えるでしょうか? ··· 81	48
45	Just to make sure... 確認だけど ················ 82	49
46	You said (that)..., is that right? あなたは〜とおっしゃいましたが、 間違いありませんか? ········· 83	50

Unit 4
念を押す ················ 84

47	Be sure to do きっと〜してね(〜してくださいね) ··· 85	51
48	Don't forget to do 〜することを忘れないでください ··· 86	52

5

49	Can I just remind you (that)...? ちょっと確認なんだけれども〜、〜することを覚えていた？ ……87 53
50	Try to remember (that)... 〜することを忘れないようにしてくださいね 88 54

Unit 5
提案する① 〜してはどうですか 89

51	you may... 〜してもいいですよ、ひょっとしたら〜することも可能なんじゃないかな ………90 55
52	you really ought to do ぜひ〜することをすすめます 91 56
53	you had better... 〜しないとまずいことになる 92 57
54	Why don't you...? じゃあ〜したらどうですか？ 93 58
55	Would you like to do? 〜してはどうですか？、〜しませんか？ ………94 59

Unit 6
提案する② いっしょに〜しませんか？ 95

56	How about...? 〜はどう？、〜はどうですか？ 96 60
57	Why don't we...? （いっしょに）〜しませんか？ 97 61
58	Let's... いっしょに〜しようよ ………98 62
59	Shall we...? ぜひ〜しませんか？ ………99 63

Unit 7
禁止する ……………100

60	Don't...

	〜するな ………………101 64
61	you may not... 〜しないほうがよい ………102 65
62	you must not... 〜してはならない …………103 66
63	you are not allowed to do 〜することは許されていない …104 67

Unit 8
相手に何かをさせる―「使役」……………105

64	get A to do Aに〜させる ………………106 68
65	make A do なんとしてもAに〜させる …107 69
66	have A do ちゃんとAに〜をさせる[してもらう] 108 70
67	let A do Aに〜させる ………………109 71

Unit 9
尋ねる・伝える・示す ……110

68	ask ＋人+WH節 〜に……を尋ねる ………111 72
69	tell+人+WH節 / to do 〜に……を言う …………112 73
70	show ＋人+WH節 / to do 〜に……を示す …………113 74

Part2
EXERCISES —114
Exercise 1 ……………………114 75
Exercise 2 ……………………116 76
Exercise 3 ……………………117 77
解答と解説 ……………………118

Part 3
会話の流れを調整する表現 **24** …………………121

Unit 1
話の途中で要点をまとめる ……………122

71	the point is (that)... ポイントは、要は ………123 78
72	the thing is (that)... つまりね、要は ………124 79
73	in other words... つまり、言い換えれば ……125 80
74	what I'm saying is (that)... どういうことかと言えば ……126 81

Unit 2
重要なことを強調する ……127

75 what matters is (that)…
何が重要かと言えば ……… 128 82

76 all you have to do is (that)…
しなければならないことと言えば … 129 83

77 the point to be
emphasized here is (that)...
ここで強調しておきたいのは 130 84

78 the bottom line is (that)...
肝心かなめのことは、要するに ‥ 131 85

Unit 3
**言葉に詰まったときの
つなぎ言葉** …………… 132

79 I mean
ええと、言いたいのは ……… 133 86

80 what should I say (?)
どう言ったらいいか ………… 134 87

81 I can't think of the
right expression.
ちょうどよい表現が見つかりません … 135 88

82 let me see...
ええと、そうですねえ ……… 136 89

Unit 4
**会話の途中で話題を変えたり、
話題を元に戻す** …………… 137

83 by the way
ところで(話がそれるけど) …. 138 90

84 to change the subject
話題を変えますが ………… 139 91

85 anyway
いずれにしても、それはそうと ‥ 140 92

86 seriously, though
いやまじめな話(まじめな話に戻す)‥ 141 93

87 Let's get back to the point
話を元に戻しましょう
(中心的なテーマに戻す) …… 142 94

Unit 5
反論する ……………… 143

88 you could say that, but...
そう言えなくもないかもしれませんが ‧ 144 95

89 I agree with
you up to a point, but...
ある程度は賛成ですが …… 145 96

90 that seems
reasonable, but...
理にかなっているけど ……… 146 97

91 I may be wrong, but...
自分が間違っている
かもしれませんが …………… 147 98

Unit 6
明瞭化を求める ………… 148

92 Can you give me
an example?
たとえば? ……………… 149 99

93 What do you mean by that?
それはどういう意味ですか? ‧‧ 150 100

94 Could you be
more specific?
もっと具体的に言うと
どういうことですか? ……… 151 101

Part3
EXERCISES ……152
Exercise 1 ……………… 152 102
Exercise 2 ……………… 154 103
Exercise 3 ……………… 155 104
解答と解説 ……………… 156

Part 4
**予定、目的、理由、仮定など、
さまざまな具体的な意味や機能を伝える表現 56** ……159

Unit 1
予定や計画を述べる ……… 160

95 I'm going to do
～するつもりだ …………… 161 105

96 I'm planning to do
～する計画をしている ……… 162 106

97 I'm supposed to do
～することになっている …… 163 107

- 98 I'm scheduled to do
  ～する予定になっている ……164 108

Unit 2
目的や結果を表す ………… 165

- 99 in order to do
  ～する目的で、～するために ‥166 109
- 100 so as to do
  ～するために、
  結果的に～する ……………167 110
- 101 so that...
  ～するために、
  ～するとその結果……する …168 111
- 102 only to do
  (～した) 結局～だった …169 112

Unit 3
理由や方法を示す …………170

- 103 this [that] is why...
  こう (そう) いうわけで～ …171 113
- 104 this [that] is the reason...
  これ(それ)が～する(した)理由だ …172 114
- 105 the reason is (that)...
  その理由というのは～ ……173 115
- 106 this [that] is how...
  こう (そう) やって～する (した) 174 116
- 107 this [that] is the way...
  これ(それ)が～する(した)方法だ …175 117

Unit 4
比較を表す(1) …………176

- 108 as many as...
  ～もの数 …………………177 118
- 109 no less than...
  ～もの、～を下ることのない …178 119
- 110 no better than...
  ～も同然で、
  ～と少しも変わらない ……179 120
- 111 little more than
  ただの～にすぎない、
  ～とちっとも変わらない …180 121

Unit 5
比較を表す(2) …………181

- 112 it's not so much A as B
  (～なのは)AだからではなくBだからだ ……………182 122
- 113 more than any other...
  他の誰(何)よりも ………183 123

- 114 no more... than～
  ～同様に……ではない ……184 124
- 115 nothing is more A than B
  BほどAなものはない ……185 125
- 116 the more A, the more B
  AすればするほどB …………186 126
- 117 all the more～(because)...
  (……であるから[であれば])
  なおさら～ ………………187 127

Unit 6
仮定の状況を表す …………188

- 118 I wish I could...
  もし～できたらいいのに …189 128
- 119 if it were not for...
  もし今～がなかったなら …190 129
- 120 if it had not been for...
  もしあのとき～がなかったなら …191 130
- 121 as if… / as though...
  まるで～であるかのように …192 131
- 122 if only...
  ～さえかなえばいいのだが ‥193 132
- 123 if... should～
  もし～ということになったら …194 133

Unit 7
否定構文 …………………195

- 124 it's no use doing
  ～してもむだだ …………196 134
- 125 nothing but...
  ～しかだめだ、～だけ ……197 135
- 126 there's no telling...
  ～なんて誰にもわからない …198 136
- 127 not always
  いつも～というわけではない …199 137
- 128 not A without B
  BなしでAすることはない、
  Aすれば必ずBする ………200 138

Unit 8
**ものごとがどのように
行われるか―様態を表す** ……201

- 129 in a... manner
  ～の (な) やり方で ………202 139
- 130 in such a way as to do
  ～するようなやり方で ……203 140
- 131 in a way (that)...
  ～するようなやり方で ……204 141

CONTENTS

Unit 9
ふたつのものや
事柄の関係を表す ……… 205

132 either A or B
　AあるいはBのどちらか …… 206 142
133 not only A but also B
　AだけでなくBも ………… 207 143
134 both A and B
　AもBもどちらも ………… 208 144
135 neither A nor B
　AもBもどちらも～ない …… 209 145

Unit 10
「～するとすぐに」という
時間の関係を表す ……… 210

136 as soon as...
　～するとすぐに ……………… 211 146
137 no sooner A than B
　AするとすぐにBする ……… 212 147
138 had hardly A when B
　Aした途端にBする ………… 213 148
139 on doing
　～するとすぐに ……………… 214 149

Unit 11
条件を表す ……………… 215

140 as long as...
　～するかぎりは、～さえすれば … 216 150
141 now that...
　今や～なのだから …………… 217 151
142 once...
　いったん～したら、～したらすぐに … 218 152
143 unless...
　もし～しなければ …………… 219 153
144 in case...
　～だといけないので ………… 220 154

Unit 12
さまざまな状況下で
「それでも～する」ことを表す … 221

145 no matter what...
　たとえ何を～しても ………… 222 155
146 whatever...
　～が何であれ ………………… 223 156
147 even if...
　たとえ～としても …………… 224 157

Unit 13
形容詞や副詞の程度を表す … 225

148 形容詞・副詞
　enough to do
　～するのに十分なぐらい …… 226 158
149 so 形容詞・副詞 that...
　とても……なので～ ………… 227 159
150 too 形容詞・副詞 to do
　～するには
　あまりに……すぎる、
　あまりに……すぎて～できない … 228 160

Part4
EXERCISES ……… 230
Exercise 1 ……………… 230 161
Exercise 2 ……………… 232 162
Exercise 3 ……………… 233 163
解答と解説 ……………… 234

Final
EXERCISES ……… 236
Scene 1 ………………… 236 164
Scene 2 ………………… 237 165
Scene 3 ………………… 238 166
Scene 4 ………………… 239 167
Scene 5 ………………… 240 168
解答と解説 ……………… 241

ワンポイントレッスンの解答 ……………………… 246
表現Index ………………………………………… 250

column
- 形が違えば意味も違う──to不定詞とthat節 …………… 120
- 文頭にくる副詞節は状況を設定し、
  文尾にくる副詞節は情報を追加する ………………… 158
- 「～すべき」──must、have to、
  should、had betterの使い分け ……………………… 229

本書の基本的な考え方
「慣用表現力」をつける

慣用表現の役割に注目

　慣用表現（熟語、定番表現、定型表現）と言えば、丸暗記するものであるという考え方が一般的だと思います。丸暗記して慣用表現のストックを増やしていくということです。しかし、ストックとしての慣用表現だけでは、慣用表現力を高めるのには十分ではありません。そこで必要なのが「フローとしての慣用表現」という考え方です。つまり、表現上の慣用表現の役割に注目するということです。この役割がはっきりしてくれば、それに応じたトレーニングやエクササイズを組み立てることが可能となります。

　結論から言えば、慣用表現には、以下の３つの注目すべきはたらきがあるように思われます。

1. 慣用表現は効率よくある思いを表現するのに最適である。
2. 慣用表現は英語表現を容易にする。
3. 慣用表現は表現の流れを自己調整するはたらきをする。

　以下では、慣用表現の３つのはたらきについて、それぞれ簡単に説明していきます。

慣用表現の役割 ❶
効率よくある思いを表す

　まず、慣用表現は思いを言語で表現するのに最適です。たとえば誰かに何かをしてもらって恐縮した気持ちを表現するのに「どうも、すみません。ありがとうございます」という慣用表現を使えば無難でしょう。つまり、相手が話し手の意図を理解する上で一番効率のよい表現ということです。「どうも」あるいは「どうもすみません」は日常的にそこかしこで耳にする言葉であり、感謝する場面だけでなく謝罪する場面でも使われます。仮に慣用的な言い方を知らず、「そんなことをしていただくと心の負担が大きくなり、とても落ち着いた気持ちではいられなくなります」と言えば、意図は通じるかもしれませんが、自然な感じがしないし、場合によっては相手に失礼な印象を与えるかもしれません。

　同じことがどの言語でも言えると思います。英語は現在、世界共通語として使われています。その際に、英語としてのコモン・コアは何かという問題が出てきます。英語がどのように使われようと、それが英語である限り語彙力と文法力はその使用者が共有するでしょう。

　問題は、慣用表現ですが、提案や依頼を表す慣用表現や感情を表現するものの多くはコモン・コアに含まれるはずです。Could you please...? は依頼する際に用いる典型的な慣用表現です。英語を学び、英語を使う人は、学習過程でこの表現を学び、実際に使うことを選ぶと考えられます。というのは、Could you please...? が何かを相手にしてほしいときにその意図を伝える最も直接的な表現だからです。たしかに、この表現は英語圏で発

達した文化色の強いものですが、コミュニケーションの効率性ということから、世界中で使われる可能性が高くなると考えられます。一方、たとえば、a bolt out of the blue (晴天の霹靂) といった慣用表現になると使っても伝わらないという予想を立てることができるため、その使用は限定的になるという可能性が大きくなります。

慣用表現の役割 ❷
言いたいことの「型」を提供して英語での表現の組み立てを容易にする

　慣用表現は言いたいことの「型」を提供するため、英語での表現の組み立てを容易にしてくれるという効果があります。ちょうど、プレハブの家を組み立てるように、プレハブ表現を利用することで英文を組み立てやすくなるということです。

　nothing is more important than... (～ほど大切なものはない)、you're supposed to do (～することになっている)、why don't you...? (～したらどうですか) などは慣用表現です。これらの表現が英文を組み立てる際の型を提供するということです。

　たとえば「布団を外に干す (air out the futon)」ことに関心があるとします。相手に「布団を外に干したら？」と提案をするのに、Why don't you air out the futon? と言うでしょう。この場合、Why don't you...? は慣用表現 (プレハブ表現) で、それに air out the futon をはめ込んでいます。Nothing is more important than airing out the futon. (布団を外に干

すほど大切なことはない）も同じで、nothing is more important than... という型に動詞句をはめることで、表現が生まれます。

　少し複雑な例をあげてみましょう。たとえば、「気になるのは商品の価格じゃなくて、その質なんだ」と言いたいとします。いろいろな英語表現が可能ですが、It's not so much the price of the product that bothers me as its quality. と表現したとします。

```
                the price of the product    bothers me      its quality
It's not so much (              ) that (            ) as (          ).
```

　この構文の応用として、「問題なのはあなたが嘘をついたということ (the fact that you lied) ではなく、お金を稼いでくれないということ (the fact you don't earn money) なのよ」という状況も It's not so much the fact that you lied that is a problem as the fact that you don't earn money. と表現することができます。it seems that... (〜であるように思える) や what counts is... (大切なことは〜だ) や it is convenient for A to... (Aが〜するのは便利だ) などもここでいう表現の型としての慣用表現に含まれます。

慣用表現の役割 ③
思考の流れを調整するナビゲーター

　慣用表現には、思考の流れを調整するナビゲーターとしてのはたらきがあります。

　たとえば何かを言おうとして、その途中に Yeah, that's it. That's what I want to say. あるいは Well, let me clarify my point. などを差し挟むことで、話の流れを自己調整することができます。as far as I'm concerned、I have something to tell you、I'm not saying (I don't like the idea)、what I'm trying to say is…、let me put it this way、technically speaking など会話の流れを調整するために使う慣用表現はいくらでもあります。一般論を述べたところで、technically speaking を差し挟めば、「やかましく言えば、厳密に言えば」という意味になり、話の流れを変える作用があります。また、ある男性について記述していて、In other words, he's a real go-getter.（言い換えれば、彼は本物のやり手ということです）のように in other words を使うことで、先行する話をまとめ上げることができます。つまり、話の流れを作るフラッグのようなものとして慣用表現は機能するのです。

　たとえば以下をみてみましょう。

My position about the issue is not clear. In other words, I basically agree with Mr. Hall's proposal, but I'm not altogether happy about the details.

「ある問題についての自分の立場ははっきりしていない」ということを述べる状況です。In other words（つまり、言い換えると）がここではうまく使われています。慣用チャンクとしてこの表現を差し挟むことで、次に言うことへの構え（レディネス）ができます。そして、I basically agree with. や but I'm not altogether (happy about)... といった慣用チャンクを使って、言いたいことを表現しています。

「慣用表現力」とは何か

　さて、「状況に適切な慣用表現を選択し、使用できること」というのが慣用表現力の一般的な定義ですが、以下のように、より具体的な定義をすることができます。

1. 的確に意図を表現する決まり文句を選択できること。
2. 慣用表現の型を利用して表現を作り出せること。
3. 思考の流れと言語活動を調整できること。

　この定義は、読者のみなさんが、慣用表現というものを学習する際の指針にもなるはずです。ぜひ、本書を最大活用することで、慣用表現力を高めていくようにしてください。

本書の基本的な構成と使い方

本書は全体で大きく4つのPartに分かれています。各パートの終わりにはパートのEXERCISES、そして最後にFinal EXERCISESがあります。

以下青い★の部分は音声が収録されています。

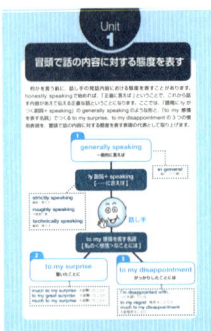

Unitの解説

各PartはUnitに分かれています。
各Unitの冒頭では扱う表現とその特徴をネットワークにして紹介します。点線の囲みの中に紹介されているのは、各見出し表現に関連する表現の一部です。

PartごとのEXERCISES

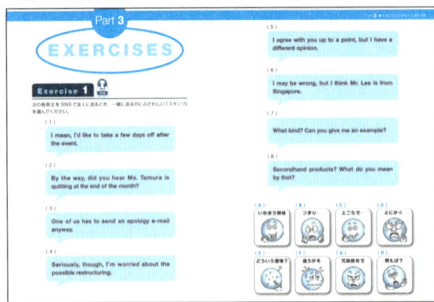

各Partの終わりには、そのPartに出てきた表現を使った練習問題があります。問題形式は3種類で、4つのPartともに問題形式は同じです。
★すべての問題あるいは解答が音声収録されています。

Final EXERCISES

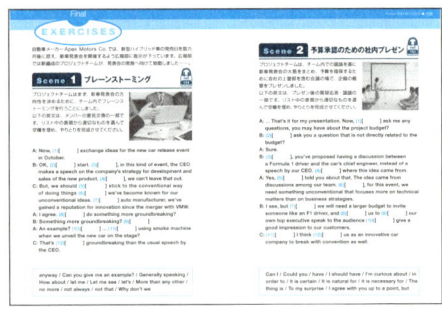

最後のエクササイズはストーリー形式です。ある自動車メーカーで、新型ハイブリッド車の発売日を数カ月後に控え、広報部には新車発表会の指示が。広報部では新編成のプロジェクトチームが、発表会の実施へ向けて始動しました——。
★やりとりがすべて音声に収録されています。

本書で扱う150個の表現は1ページずつ、下記のように6〜7つのパートに分かれています。（「関連表現」はない場合もあります）

表現と解説と例文

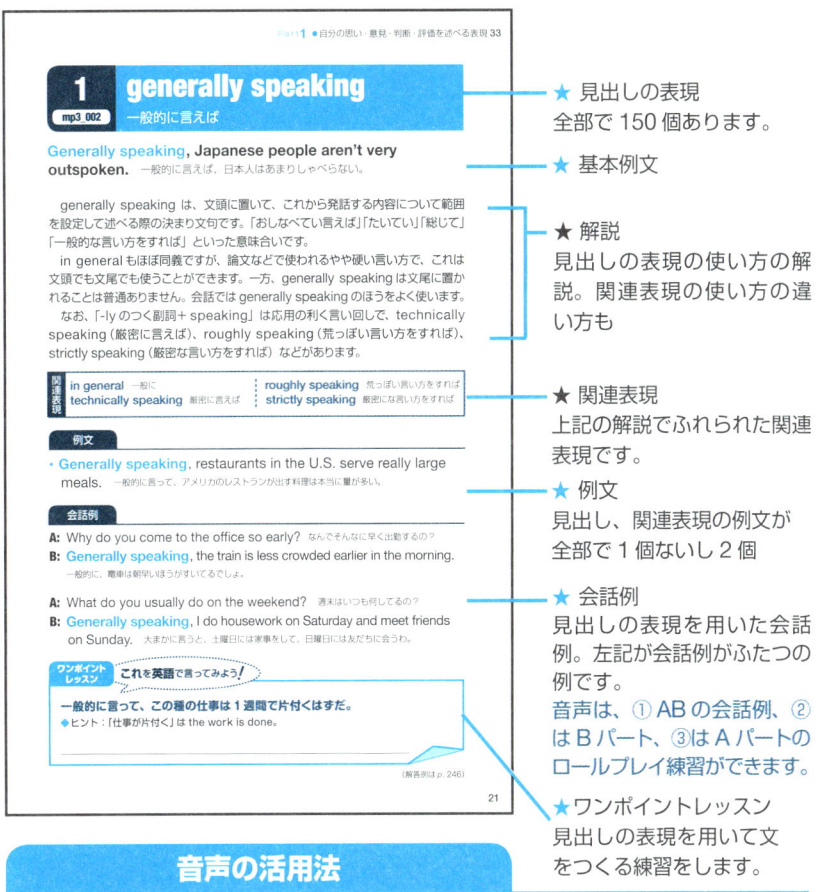

★ 見出しの表現
全部で150個あります。

★ 基本例文

★ 解説
見出しの表現の使い方の解説。関連表現の使い方の違い方も

★ 関連表現
上記の解説でふれられた関連表現です。

★ 例文
見出し、関連表現の例文が全部で1個ないし2個

★ 会話例
見出しの表現を用いた会話例。左記が会話例がふたつの例です。
音声は、①ABの会話例、②はBパート、③はAパートのロールプレイ練習ができます。

★ ワンポイントレッスン
見出しの表現を用いて文をつくる練習をします。

音声の活用法

　読んで理解することと実際に使えるようになることは違います。使えるようになるためにできるだけ口を動かしましょう。mp3の音声にあわせて声に出して言ってみると効果的です。周りが気になる場合には口パクでも、あるいはつぶやいてみるだけでもOKです。
　会話例はロールプレイができるようになっていますが、ポーズの間に発話することが最初はなかなかできないかもしれません。スムーズに言えるようになるまでポーズを生かして、音声について声に出して言ってみる練習をするとよいでしょう。だんだん慣れてきて、口が動くようになって、ロールプレイにトライすれば、ポーズ内になんとか言えるようになるでしょう。

付属 CD-ROM について

　本書の付属 CD-ROM は、Windows、Mac いずれでも利用できる一般的なフォーマットのデータディスクです。プログラムは収録されていません。収録されている音声データは一般的な mp3 形式ですから、「パソコンで再生する」、「iPod などの携帯音楽プレーヤーに取り込んで聞く」、「音声 CD 形式のディスクを作成して音楽 CD プレーヤーで聞く」など、いろいろな方法で利用できます。

> **注意** 音声ディスクではありませんので、
> CD プレーヤーでは再生しないでください。

▶ Windows パソコンの場合

　ディスクを挿入すると「ディスクに対してどのような動作をさせるか」を尋ねるウィンドウが現れます。「フォルダを開いてファイルを表示」を選択するとフォルダーが開きますので、テキストファイル「はじめにお読みください」を開いてお読みください。

ディスクの内容

```
名前
▶ 📁 1_Part 1 file 001-037
▶ 📁 2_Part 2 file 038-077
▶ 📁 3_Part 3 file 078-104
▶ 📁 4_Part 4 file 105-163
▶ 📁 5_Final Exercises file 164-16
   📄 はじめにお読みください.txt
```

▶ Mac の場合

　ディスクを挿入すると、デスクトップ上に CD-ROM のアイコンが現れます。アイコンをダブルクリックしてディスクのウィンドウを開き、テキストファイル「はじめにお読みください」を開いてお読みください。

> お使いのコンピューターの設定によっては上記のとおりに動作しない場合があります。その場合は設定に応じた操作をしてください。

Windows は米国 Microsoft Corporation の米国およびその他の国における登録名称です。
Mac は Apple Computer, Inc. の商標で、米国およびその他の国で登録されています。

自分の思い・意見・判断・評価を述べる表現

33

「話し手」を中心にして自分の思いや意見を述べたり、判断や評価を示す際の英語の定型表現を、「感情的な反応を示す」「確信を示す」「評価・判断を示す」「したいこと・したくないことを示す」など8つのパートに分けてみていきます。

Unit 1

冒頭で話の内容に対する態度を表す

　何かを言う前に、話し手の発話内容における態度を表すことがあります。honestly speakingで始めれば、「正直に言えば」ということで、これから話す内容があえて伝える正直な話ということになります。ここでは、「語尾にlyがつく副詞＋speaking」のgenerally speakingのような形と、「to my 感情を表す名詞」でつくるto my surprise、to my disappointmentの3つの慣用表現を、冒頭で話の内容に対する態度を表す表現の代表として取り上げます。

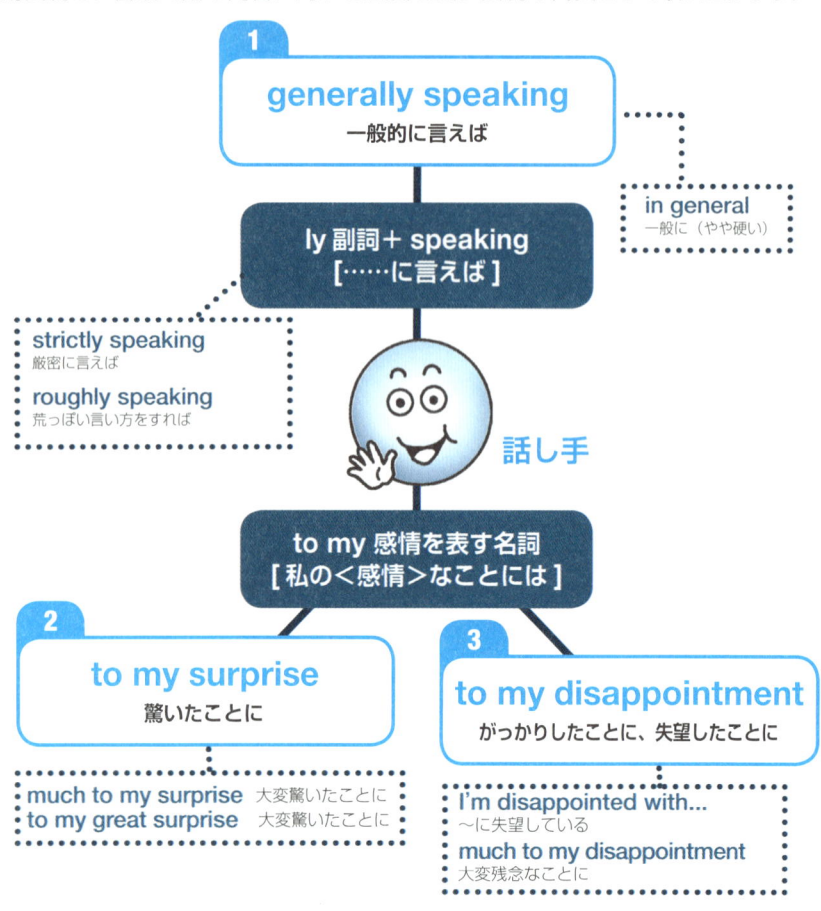

1 generally speaking

一般的に言えば

Generally speaking, Japanese people aren't very outspoken. 一般的に言えば、日本人はあまりしゃべらない。

generally speaking は、文頭に置いて、これから発話する内容について範囲を設定して述べる際の決まり文句です。「おしなべて言えば」「たいてい」「総じて」「一般的な言い方をすれば」といった意味合いです。

in general もほぼ同義ですが、論文などで使われるやや硬い言い方で、これは文頭でも文尾でも使うことができます。一方、generally speaking は文尾に置かれることは普通ありません。会話では generally speaking のほうをよく使います。

なお、「-ly のつく副詞＋ speaking」は応用の利く言い回しで、technically speaking（厳密に言えば）、roughly speaking（荒っぽい言い方をすれば）、strictly speaking（厳密な言い方をすれば）などがあります。

関連表現	
in general 一般に	roughly speaking 荒っぽい言い方をすれば
technically speaking 厳密に言えば	strictly speaking 厳密な言い方をすれば

例文

- **Generally speaking**, restaurants in the U.S. serve really large meals. 一般的に言って、アメリカのレストランが出す料理は本当に量が多い。

会話例

A: Why do you come to the office so early? なんでそんなに早く出勤するの？
B: **Generally speaking**, the train is less crowded earlier in the morning.
一般的に、電車は朝早いほうがすいてるでしょ。

A: What do you usually do on the weekend? 週末はいつも何してるの？
B: **Generally speaking**, I do housework on Saturday and meet friends on Sunday. たいてい、土曜日には家事をして、日曜日には友だちに会うわ。

ワンポイントレッスン これを英語で言ってみよう！

一般的に言って、この種の仕事は1週間で片付くはずだ。
◆ヒント：「仕事が片付く」は the work is done。

（解答例は p. 246）

2 to my surprise
mp3_003　驚いたことに

To my surprise, he decided not to join the company.
驚いたことに、彼はその会社に入らなかった。

　to my surprise は「驚いたことに」という意味合いで、surprisingly で言い表すこともできます。しかし、この形式の特徴は、much to my surprise（大変驚いたことに）、to my great surprise（大変驚いたことに）、to my very pleasant surprise（とてもうれしい驚きだが）のように程度を自由に表すことができることです。また、to my great surprise and pleasure（私にはとても驚きで喜びだが）という言い方も可能です。to my surprise も surprisingly も、いずれも文頭で、これから述べる内容に感情的な情報を付け加えるのに用います。

> **関連表現**
> surprisingly　驚いたことに
> much to my surprise　大変驚いたことに
> to my great surprise　大変驚いたことに
> to my very pleasant surprise　とてもうれしい驚きだが
> to my great surprise and pleasure　私にはとても大きい驚きであり喜びだが

例文

- **To my surprise**, the manager asked me to be the project leader.
  驚いたことに、課長が私にプロジェクトリーダーになるよう依頼してきた。

会話例

A: Did you call the hotel to make a reservation?　ホテルに電話して予約を取ったの？
B: Yes, but **to my surprise**, they were completely booked up.
　うん、ところが驚いたことに、すっかり部屋が埋まっていたんだ。

A: **To my surprise**, Mr. Takahashi was really happy with my report.
　驚いたんだけど、高橋さんがぼくの報告書をとても気に入ってくれたよ。
B: Hey, great job!　おお、よくやったね！

> **ワンポイントレッスン**　これを英語で言ってみよう！
>
> **驚いたことに、渡辺さんが副社長に任命された。**
> ◆ヒント：「任命される」は is appointed。

（解答例は p. 246）

3 to my disappointment
mp3_004　がっかりしたことに、失望したことに

To my disappointment, his outdoor concert was canceled due to the typhoon.　がっかりしたことに、彼のアウトドアコンサートは台風のため中止になった。

to my disappointment は「私が失望したことには」という意味ですが、「落胆」したということであれば、to my dismay（私が落胆したことには）、「残念」であれば to my regret（私には残念なことだが）と表現します。

I'm disappointed with the test results. だと「テスト結果に失望している」ということですが much to my disappointment を使うと、**Much to my disappointment, I failed the test.**（大変残念なことに、私はテストに落ちた）となり、「テストに落ちた」という事実に対して、「失望したことに」と気持ちを述べています。

関連表現
to my dismay　落胆したことに	I'm disappointed with...　〜に失望している
to my regret　残念なことだが	much to my disappointment　大変残念なことに

例文
- **To my disappointment**, the manager didn't like my idea.
  がっかりしたことに、課長は私のアイデアを気に入ってくれなかった。

会話例
A: Are you going overseas this summer?　この夏、海外旅行をするの？
B: No. **To my disappointment**, I can only take four days off.
　いいえ。残念だけど、4日しか休みが取れないので。

A: **To my disappointment**, the casual dress code wasn't approved.
　残念ながら、カジュアル服装規定は承認されなかったよ。
B: Oh, that's too bad! I hate wearing suits.　えー、そんなぁ！　スーツ着るの嫌いなのに。

ワンポイントレッスン　これを英語で言ってみよう！
がっかりしたことに、新規プロジェクトが中止になった。
◆ヒント：「中止になる」は be canceled。

（解答例は p. 246）

Unit 2

感情的反応を表す

　何かについての「興味深い、うれしい、残念だ」などの感情的反応を表す際に、「I am + 形容詞（感情的反応）+ 前置詞句（何かについて）」の形を使います。ここでは、対象に対する関心を表す I'm curious about... と、肯定的な感情を表す I'm delighted with...、否定的な感情を表す I'm disappointed about... とその関連表現を取り上げます。

4 I'm curious about...
~に（好奇心から）興味がある

I'm curious about the new RPG application that was just launched. 出たばかりの新しいRPG（ロールプレイングゲーム）アプリに興味がある。

curiousは「好奇心をそそる」「おもしろそうなので興味ある」といった意味合いの形容詞です。I'm just curious. だけで、「ちょっと好奇心からだけど」といった意味合いで、何か質問をした後によくつけます。I'm curious about... になると、「ある件に関心・興味がある、あることが気になる」という際に使います。I'm curious about everything. と言えば「なんにでも興味があります」という意味。

I'm... about~ の形では、anxious（心配して）も、I'm anxious about... の形でよく使われます。I'm anxious about my future. は「将来のことが心配だ」。

なお、I'm interested in ... も「～に興味がある」という意味ですが、こちらはただの好奇心というより「（積極的な）関心がある」という意味合いです。

関連表現
I'm anxious about... ～のことが心配だ
I'm interested in... ～に興味がある
I'm just curious. ちょっと好奇心からだけど

例文

- **I'm curious about** their manufacturing process.
  彼らの製造工程に関心がある。

会話例

A: **I'm curious about** the new sales manager's background.
今度の営業課長の経歴に興味があるんだ。

B: I heard he worked for a big IT company for a long time.
聞いたところでは、大手IT企業に長く勤めていたんだって。

A: What's the website on your screen?　何のウェブサイトを見てるの？

B: It's Yamashita Industry's official site. **I'm curious about** their recent projects.　山下産業のオフィシャルサイト。この会社の最近の事業に興味があるんだ。

ワンポイントレッスン これを英語で言ってみよう！

最近の経済動向に興味があるんだ。
◆ヒント：「経済動向」は economic trends。

（解答例はp. 246）

5 I'm delighted with...
mp3_006　〜でうれしい

I'm delighted with my new computer.
新しいノートパソコンが手に入ってうれしい。

　delighted は「大いに喜んでいる」という意味の形容詞。I'm delighted with... になると「〜を喜んでいる、〜に気をよくしている」という意味になります。I'm delighted with his remarks about my novel. だと「ぼくは、自分の小説についての彼の見解に気をよくしている」ということ。I'm delighted の後の前置詞は with だけでなく、by、about が可能です。I'm delighted about... は「〜に喜ぶ」、I'm delighted by... は「〜で感激する」という意味合いになります。I'm delighted to hear that you got better.（お元気になられたとのこと、うれしい限りです）のような形でもよく使います。

関連表現
I'm delighted by...　〜で感激する
I'm delighted about...　〜に喜ぶ
I'm delighted to do　〜してうれしい

例文
- **I'm delighted with** the way the project is going.
  プロジェクトの進行状況に満足している。

会話例
A: How was your business trip to New York?　ニューヨークへの出張、どうだった？
B: Great. **I was delighted with** all the activities there.
よかったわ。向こうでやったことにはすべて満足した。

A: **I'm delighted with** your idea for the ad campaign.
広告キャンペーン向けの君のアイデア、気に入ったよ。
B: Thank you! I'm happy to hear that.　ありがとうございます！ それを聞いてうれしいです。

ワンポイントレッスン　これを英語で言ってみよう！

今期の自分の販売成績に、気をよくしているんだ。
◆ヒント：「今期」は this quarter。

（解答例は p. 246）

6 I'm disappointed about...
〜に失望している

I'm disappointed about your report.
きみの報告書にはがっかりしている。

　何かに失望しているときの決まり文句。I feel disappointed about... の形でもよく使います。
　また、前置詞も about 以外にも、by、with などを使うことができます。「テスト結果が出たところでがっかりした」だと I was disappointed by the results. というでしょう。I was bitterly disappointed by John. だと「ジョンにはひどく失望させられた」、I am disappointed with the results. だと「結果に失望している」という意味合いになります。「失望」が「ショック」であれば I'm shocked about... と言います。

> **関連表現**
> I feel disappointed about... 〜には失望を感じる
> I'm disappointed by... 〜にはがっかりする
> I'm disappointed with... 〜に失望している
> I'm shocked about... 〜にはショックを受ける

例文

- **I'm disappointed about** the decision to withdraw from the Vietnamese market.　うちがベトナム市場から撤退するという決定には失望している。

会話例

A: **I'm disappointed about** our sales figures this quarter.
今期の売上額にはがっかりだよ。

B: Me, too. We'll have to do better next quarter.　私も。来期は挽回しなくちゃ。

A: What do you think of our new factory?　うちの新しい工場、どう思う？

B: It's nice, but **I'm disappointed about** the inconvenient location.
いいけど、立地が悪いのにはがっかりだね。

> **ワンポイントレッスン** これを**英語**で言ってみよう！
>
> **CEO の念頭にあいさつには、がっかりした。**
> ◆ヒント：「年頭のあいさつ」は New Year speech。

（解答例は p. 246）

Unit 3
話し手の確信を表す

　話し手は、何かについてどれぐらい自分が確信しているかについて述べることがよくあります。その代表例は、I'm sure (that)... ですが、それに加えてここでは、I'm confident (that)...、I'm positive (that)...、I'm afraid (that)...、I'm skeptical about... を取り上げます。いずれも強い確信を表します。

　否定形は、I'm not sure... のように not を加えます。

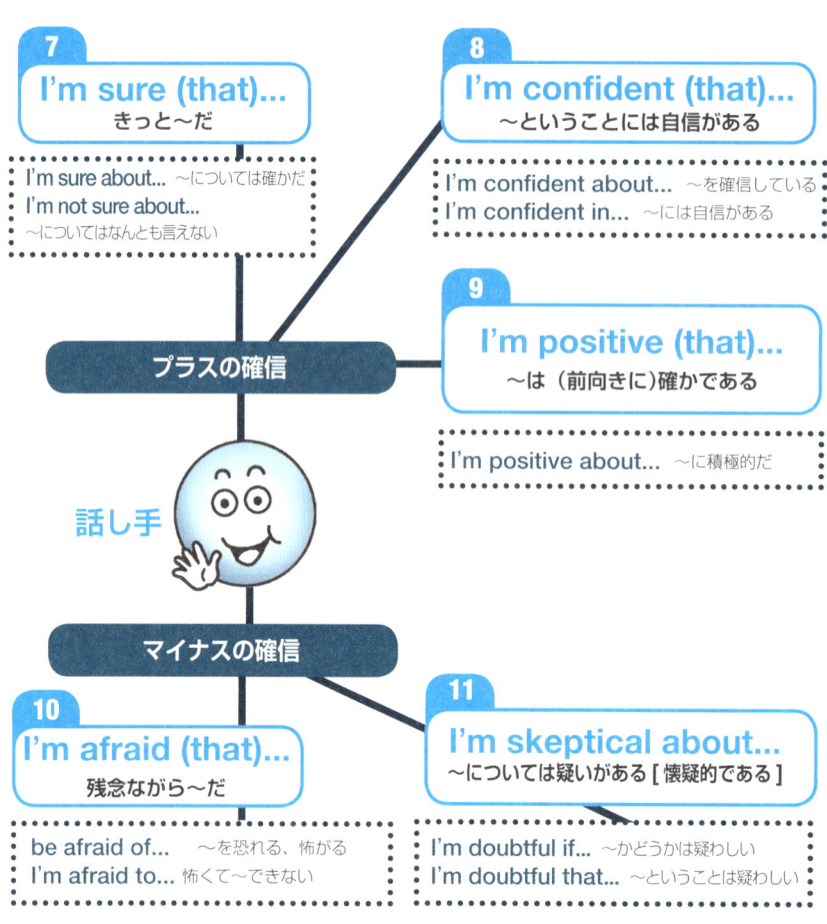

7 I'm sure (that)... きっと〜だ
- I'm sure about... 〜については確かだ
- I'm not sure about... 〜についてはなんとも言えない

8 I'm confident (that)... 〜ということには自信がある
- I'm confident about... 〜を確信している
- I'm confident in... 〜には自信がある

9 I'm positive (that)... 〜は（前向きに）確かである
- I'm positive about... 〜に積極的だ

プラスの確信

マイナスの確信

10 I'm afraid (that)... 残念ながら〜だ
- be afraid of... 〜を恐れる、怖がる
- I'm afraid to... 怖くて〜できない

11 I'm skeptical about... 〜については疑いがある[懐疑的である]
- I'm doubtful if... 〜かどうかは疑わしい
- I'm doubtful that... 〜ということは疑わしい

7 I'm sure (that)... / I'm not sure (that)...

mp3_008　きっと～だ / ～はなんとも言えない

I'm sure he will attend the party tomorrow.
彼はきっと明日パーティーに出席すると思うよ。

　あることが確かだという際に、口語で最もよく使われるのが I'm sure... です。... のところには that 節や about がきます。ただし that は省略するのがふつう。
　I'm not sure about her cooking skills.（彼女の料理の腕についてはなんとも言えない）のように否定形でよく使われ、「確認のなさ」を表現します。I'm sure (that) he will come.（彼はきっと来ると思う）のように that 節では「確かさ」を表現します。
　しかし WH 語になると当然「確信のなさ」の意味合いで I'm not sure when he will come.（彼がいつ来るか確かでない）、I'm not sure if she will come with him.（彼女が彼といっしょに来るかどうか定かでない）のように表現します。

関連表現		
I'm sure about... ～については確かだ		I'm not sure about... ～についてはなんとも言えない
I'm not sure when... いつ～するかは確かではない		I'm not sure if... ～かどうかはわからない

例文

- **I'm sure people will like our new service.**
  きっと、みんなうちの新しいサービスを気に入ってくれるはずだ。

会話例

A: I'm nervous about my presentation.　プレゼンするので緊張してるんだ。
B: Don't worry. **I'm sure** it'll go well.　大丈夫。きっとうまくいくよ。

A: **I'm not sure** about holding the party at that restaurant.
　あのレストランでパーティーを開いていいのかどうか。
B: I know what you mean. The service isn't very good.
　わかるよ。サービスがあまりよくないからね。

ワンポイントレッスン　これを英語で言ってみよう！

会議が延期されるのは間違いない。
◆ヒント：「延期される」は be postponed。

（解答例は p. 246）

8 I'm confident (that)...
mp3_009 　〜ということには自信がある

I'm confident that they will accept our proposal.
彼らは私たちの提案を受け入れると確信している。

　I'm confident (that) は「何かを確信している、何かに自信がある」という意味合いで、少しあらたまった表現の響きがあります。I'm confident that this is the right answer.（これこそが正しい答だと確信している）のように that 節を伴いますが、同時に、前置詞の about や in を伴って、I'm confident about the company's success.（会社の成功を確信している）や I'm confident in my physical strength.（体力には自信がある）のようにも使えます。

> **関連表現**
> I'm confident about... 　〜を確信している
> I'm confident in... 　〜には自信がある

例文

- **I'm confident that** I'll be able to make a good presentation tomorrow. 　明日は、いいプレゼンができる自信がある。
- **I'm confident that** you can handle this assignment.
　きみならこの課題をこなせると確信している。

会話例

A: I'm confident that I can meet the deadline. 　締め切りを守れる自信はあるよ。
B: Good for you. The boss will be pleased. 　いいね。上司が喜ぶよ。

A: Are we all ready for the meeting with Olsen Company?
　みんな、オルセン社とのミーティングの準備はできてる？
B: Yes. I'm confident that our proposal will impress them.
　はい。うちの提案で先方を落とす自信があります。

> **ワンポイントレッスン　これを英語で言ってみよう！**
>
> **コンピュータープログラミングの技能には自信がある。**
> ◆ヒント：「技能」は skills。

（解答例は p. 246）

9 I'm positive (that)...
〜は（前向きに）確かである

I'm positive this new project will be a success.
この新しいプロジェクトはきっと成功すると思う。

　この positive は「確かな」ということですが、positive attitude という言い方にみられるように「肯定的な」「好意的な」あるいは「前向きな」という意味合いが含まれています。そこで I'm positive (that)... は推薦文などによく使われ、I'm positive that he will make a great contribution to your laboratory. （彼が貴殿の実験室に多大なる貢献をすることについて疑いがありません）のように使います。前置詞の about とも相性がよく、We are positive about the contract. は「われわれはその契約に確信がある」といった意味合い、I have a positive feeling about... なら「〜に積極的だ」という意味になります。

関連表現
I'm positive about... 〜に確信がある
I have a positive feeling about... 〜に対して積極的である

例文

- **I'm positive he said he'd be here at 2:00.**
  間違いなく、彼はここに2時に来ると言った。
- **I'm positive that this is the best option.** 確かに、これが最良の選択だ。

会話例

A: **I'm positive this product will be a big seller.**
間違いなく、この商品は大量に売れるよ。
B: I think so, too. It's a great product.　私もそう思う。優れた商品だから。

A: Did you lose something?　何かなくしたの？
B: I can't find my calculator, but **I'm positive** it was here.
電卓が見当たらないんだ。絶対にここにあったんだけど。

ワンポイントレッスン　これを英語で言ってみよう！

それについては、間違いなく電話でお伝えしましたよ。
◆ヒント：「電話で」は on the phone。

（解答例は p. 246）

10 I'm afraid (that)...
mp3_011　残念ながら〜だ

I'm afraid that I can't give you an answer about it yet.
残念ながら、その件についてはまだお答えできません。

　be afraidは「恐れている」という意味で、Don't be afraid of making mistakes.（間違いをすることを恐れてはだめだ）のような形でよく使います。この be afraid of... は「何かを恐れる、何かにびくびくしている、何かを怖がる」という意味合いです。
　一方、be afraid to do は「怖くて〜できない」という意味になります。I'm afraid to talk to him. は「怖くて彼に話ができない」です。
　そして、I'm afraid that... になると「残念ながら〜だ」という意味になり、I'm afraid (that) I can't comment on your opinion. は「残念ながらきみの意見にはコメントできない」のように使います。

関連表現
Don't be afraid of...　〜を恐れるな
be afraid of...　〜を恐れる、怖がる
be afraid to do　怖くて〜できない

例文
- **I'm afraid** it will be hard to get used to working there.
  ここで働くのに慣れるのは大変だろうと思う。

会話例
A: I'm afraid that this plan isn't going to work.　この計画はうまくいかないだろうと思う。
B: You're right. It's too risky.　その通りだね。リスクが大きすぎる。

A: Are you free on Wednesday afternoon?　水曜日の午後、時間ある？
B: I'm afraid I'm busy that day. How about Tuesday?
　その日は忙しいと思う。火曜日はどう？

ワンポイントレッスン　これを英語で言ってみよう

残念ながら、当社はめったに社外からの提案を受け入れない。
◆ヒント：「社外」は outside the company。

（解答例は p. 246）

11 I'm skeptical about...
mp3_012　〜については疑いがある [懐疑的である]

I'm skeptical about their sales forecast for the next quarter.
彼らの次の四半期の販売予測は疑わしい。

　skeptical は「疑い深い」という意味で doubtful と同義ですが、skepticism は「懐疑主義」というように、「一般に信じられていることにも疑いをもつ（つまり、懐疑的）」という意味合いがあります。be skeptical about...（〜について懐疑的である）が最も一般的な使い方です。

　一方、doubtful は「疑わしい」とか「本当とは思えない」といった意味合いになります。「〜ということには疑わしい」という意味で I'm doubtful that your plan is better than hers. のようにも使いますが、「〜かどうかは疑わしい」という意味で I'm doubtful if [whether or not] he will join our company.（彼がわが社に入るかどうかは疑わしい）のように if / whether 節を伴って使うのが一般的です。

> **関連表現**
> I'm doubtful that...　〜ということは疑わしい
> I'm doubtful if...　〜かどうかは疑わしい

例文

- **I'm skeptical about** all of the candidates' promises.
  候補者たちの公約はどれも疑わしい。

会話例

A: **I'm skeptical about** the figures in this report.　この報告書の数字は疑わしいね。
B: Me, too. The numbers seem too high.　私もそう思う。数値が高すぎるみたい。

A: Joe said he writes 20 reports a week.　ジョーが、週に20件報告書を書くって言ってた。
B: Well, **I'm skeptical about** that. It seems impossible.
　うーん、それは疑わしいね。無理だと思う。

> **ワンポイントレッスン** これを英語で言ってみよう！
> **ABC 社の来年の利益予測は疑わしい。**
> ◆ヒント：「利益予測」は profit forecast。

（解答例は p. 246）

Unit 4

客観的な語りで確信の度合いを表す

　自分を全面に出さないで、確信の度合いを客観的に表現する際には、主語はIではなくitを使います。ここではitを主語にした6つの構文をみていきましょう。
　なお、ここで扱う6つのうち、certainは、it is certain...とI'm certain...の両方の形で使えますが、ほかの5つはIt is possible...のようにItを主語にすることはできますが、I'm possible...のようにIを主語にはできないので注意しましょう。

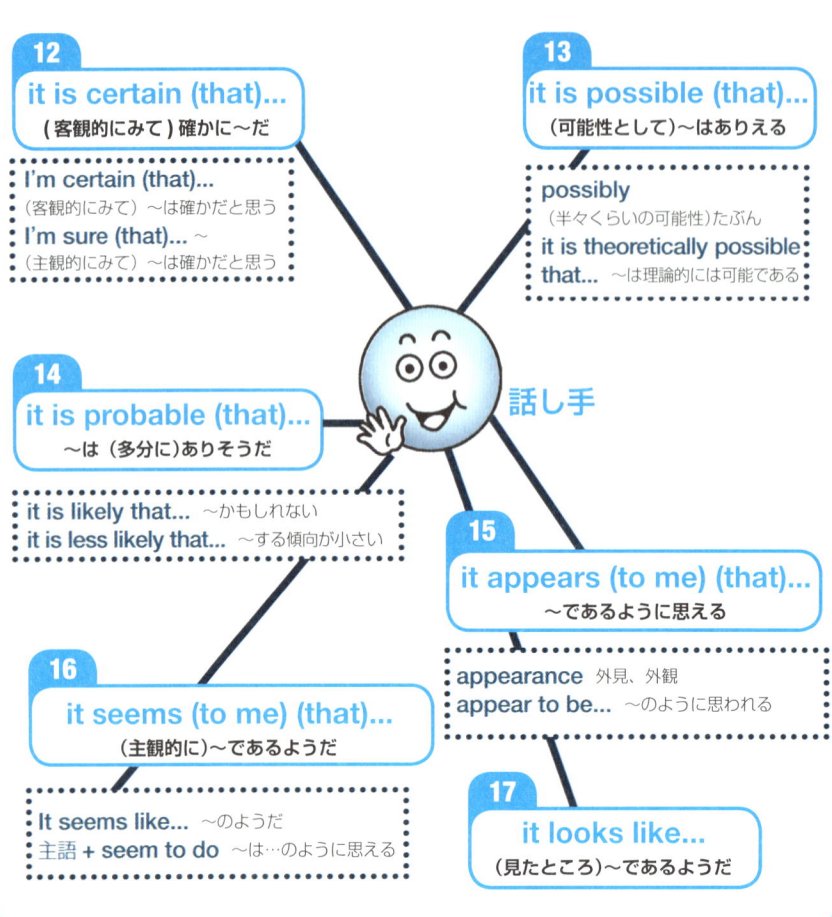

12 it is certain (that)...
（客観的にみて）確かに～だ

I'm certain (that)...
（客観的にみて）～は確かだと思う
I'm sure (that)... ～
（主観的にみて）～は確かだと思う

13 it is possible (that)...
（可能性として）～はありえる

possibly
（半々くらいの可能性）たぶん
it is theoretically possible that... ～は理論的には可能である

14 it is probable (that)...
～は（多分に）ありそうだ

it is likely that... ～かもしれない
it is less likely that... ～する傾向が小さい

話し手

15 it appears (to me) (that)...
～であるように思える

appearance 外見、外観
appear to be... ～のように思われる

16 it seems (to me) (that)...
（主観的に）～であるようだ

It seems like... ～のようだ
主語 + seem to do ～は…のように思える

17 it looks like...
（見たところ）～であるようだ

12 it is certain (that)...
(客観的にみて) 確かに~だ

It's certain that the training program will be challenging.
間違いなく、その研修プログラムはハードなものになるだろう。

　certain は「客観的にみて確か」という意味合いがあり、I'm certain that he is a promising scholar. と言えば、これまでの研究業績などをみて「彼が有望な学者であることは確かだと思う」といった意味合いです。口語的には I'm sure (that) he is a promising scholar. とも言いますが、この sure は「(主観的にみて) 確か」という意味合いがあります。両者の違いは、certain の場合には It is certain that... の構文で使うことができるのに対して、sure は It is sure that... とは言わないという違いに反映されます。I'm certain that... よりも It is certain that... のほうがより客観的な評価になります。

> **関連表現**
> I'm certain (that)... (客観的にみて) ~は確かだと思う
> I'm sure (that)... (主観的にみて) ~は確かだと思う

例文

- **It's certain that** this is the best product of its kind.
  間違いなく、これがこの種の製品では最高だ。

会話例

A: **It's certain that** people will be upset about the new policy.
絶対にみんな、新しい方針には腹を立てるだろうね。

B: I'm definitely upset about it. 私自身、あれには本当に腹が立ってる。

A: It'll take time for workers to learn the new system.
働く人たちが新しいシステムをマスターするには時間がかかる。

B: But **it's certain** the system will increase production in the long run.
でも結局そのシステムを使えば生産量は上がるわね。

> **ワンポイントレッスン** これを英語で言ってみよう!
>
> **間違いなく株価が大幅に下落するだろう。**
> ◆ヒント:「大幅に下落する」は decline considerably。

(解答例は p. 246)

13 it is possible (that)...
(可能性として)〜はありえる

It's possible that you misunderstood what he said.
彼が言ったことをあなたは誤解した可能性がある。

possible は「可能である」ということから、It is possible (that)... と言えば「〜ということは可能である(ありえる)」という意味合いになります。このままの形では、現実的にそう高くないかもしれないが「ありえないということはない」といった程度の可能性です。It is possible that he has changed his political position. だと「彼が政治的立場を変更したということはありえる」という意味です。

ただ、単独で possibly と言えば maybe ぐらい(半々ぐらい)の可能性で、確率的には高くありません。そこで、どういう可能性かを具体的に示すために、It is theoretically possible that... (〜ということは理論的には可能である)だとか It is physically possible that... (〜ということは物理的には可能である)のように副詞をいっしょに用います。

> **関連表現**
> **possibly** (半々くらいの可能性)たぶん
> **it is theoretically possible that...** 〜は理論的には可能である
> **it is physically possible that...** 〜は物理的には可能である

例文

- **It's possible that** production costs will increase.
  生産コストが上がることもあり得る。

会話例

A: **It's possible that** the flight will be delayed. 飛行機が遅れる可能性があるね。
B: You're right. We should take an earlier flight.
そうね。もっと早い便にしたほうがいいわね。

> **ワンポイントレッスン** これを英語で言ってみよう!
>
> 当社の在庫管理システムを今期中に更新することは可能だ。
> ◆ヒント:「今期中に」は「来期になる前に」と考えて before the next quarter。

(解答例は p. 246)

14 it is probable (that)...
~は（多分に）ありそうだ

mp3_015

It's probable that the competition will release a similar product. 競争相手が似たような商品を出すかもしれない。

　it is probable that... は、あることの確率がどれぐらいかを判断して「～ということは多分にありそうだ」という意味で使います。probable は形容詞で、「確率」はこの名詞形である probability で表します。
　probably という副詞でもよく使いますが、「多分」といっても「十中八九」といったところで、その可能性は will に相当します。そこで、It will rain tomorrow. を It is probable that we will have rain tomorrow. と言い換えることも可能です。
　it is probable that... よりやや確率の下がるのが it is likely that... です。この表現では less を使って、It is less likely that... (～する傾向が小さい) のような言い方が可能となります。

関連表現
probability 確率
it is likely that... ～かもしれない

probably たぶん（十中八九）
it is less likely that... ～する傾向が小さい

例文

- **It's probable that** the typhoon will hit the Kanto area this weekend. 今週末に関東地方に台風が来そうだね。

会話例

A: **It's probable that** our company will merge with Altech Inc.
うちの会社がアルテック社と合併するかもしれない。

B: Really? Where did you hear that? 本当？ それ、どこで聞いたの？

A: Tomorrow is a U.S. holiday, so **it's probable** their office will be closed. 明日はアメリカの祝日だから、向こうのオフィスは閉まってるかもね。

B: Oh, that's right! I'll call them today. ああ、そうだね！ 今日電話しておこう。

ワンポイントレッスン これを英語で言ってみよう！

おそらく、この欠陥に対する苦情がくるだろう。
◆ヒント：「苦情がくる」は have some complaints。

（解答例は p. 246）

15 it appears (to me) (that)...
mp3_016 〜であるように思える

It appears that there was a miscommunication about the schedule.　どうやらスケジュールについてすれ違いがあったようだ。

　it appears that... は「〜であるように思える、見える」という意味合いで使います。この appear の名詞形 appearance は「外観、外見、見てくれ、容姿」などの意味で使うように、「見た目」がポイントです。
　なお、もうひとつ、appear には「出現する」という意味もありますが、it appears that... の形では、「どうやら〜のようだ」とか「見たところ〜なのは明らかなようだ」と言いたい状況で使います。これに近い副詞には superficially（表面的には、外面的には）、ostensibly（表向きは、表面上は）、plausibly（体裁上は、もっともらしく）があります。
　構文的には、appear to be...（〜のように思われる）もあり、She appears to be kind.（彼女は親切そうだね）のように使います。

関連表現
appearance 外見、外観　　　**appear to be...** 〜のように思われる

例文
・**It appears to me that** we still have a chance to enter the Chinese market.　私には、まだ中国市場に参入するチャンスがあるように思える。

会話例
A: **It appears that** the package was never delivered.
どうやら荷物が着かなかったみたいだ。
B: That's strange. I'll e-mail the delivery company.
変だね。配送業者にメールを送るわ。

ワンポイントレッスン　これを英語で言ってみよう！

どうやら両者に、契約に関する誤解があったようだ。
◆ヒント：「両者の間に」は between the two parties。

（解答例は p. 246）

16 it seems (to me) (that)...
(主観的に)〜であるようだ

It seems to me that we have plenty of time for discussion.
私たちには議論する時間がたっぷりある、と思える。

　it seems that... は it appears that... と同義的に使います。会話では **Seems to me** he didn't contact you yesterday.（昨日、彼が君に連絡しなかったようだね）のように it を省略して言うこともあります。
　appear が「見た目」を重視するのに対して、seem は「(話し手がさまざまな情報を総合して、主観的に)〜のように思える」といった感じがあります。
　構文的には She **seems to** know that.（彼女はそのことを知っているように思える）、She **seems** very kind.（彼女はとても親切そうだ）、**It seems like** a waste of time.（時間の無駄みたいだ）のようにも使います。

| 関連表現 | It seems like... 〜のようだ | 主語 + seem to do 〜は……のように思える |

例文

- **It seems that** we disagree about this issue.
  どうやらわれわれは、この問題については意見が合わないようだ。

会話例

A: Why didn't Mike come to the company party?
何でマイクは会社のパーティーに来なかったの？
B: It seems he didn't know about it.　どうやら彼は知らなかったらしいんだ。
A: It seems to me that they're impressed by our plan.
ぼくには彼らがうちの提案を気に入ったように思えるけど。
B: I really hope so.　そうだと本当にいいわね。

ワンポイントレッスン　これを英語で言ってみよう！

どうやら新製品の開発には、あまり時間をかけられないようだよ。
◆ヒント:「時間をかける」は have much time。

（解答例は p. 246）

17 it looks like...
（見たところ）〜であるようだ

It looks like your business is going well.
仕事は順調にいっているようですね。

「〜みたいだね」といった感じでカジュアルな感じの表現。It looks that... という言い方はありません。look には Look at him.（彼のことを見て）と He looks happy.（彼は幸せそうに見える）の鏡像関係があります。対象を見ると対象がある印象を与えるという関係です。何か話を聞いて、It looks like you didn't support her. と言えば「ということは、あなたは彼女のことを支持しなかったようですね」といった感じです。It looks like you are in love. は「きみ、恋しているようだね」ということで、「まるで〜かのように見える」という意味合いの表現です。

なお、it looks like... の後には、It looks like rain.（雨みたいだね）や It looks like a complete failure.（完全な失敗のようだね）のように名詞もきます。

例文

- **It looks like** I can't make it for the meeting.
  どうやら会議に間に合いそうもない。
- **It looks like** it's going to rain this afternoon. 午後から雨になりそうだね。

会話例

A: It looks like I'm going to have to work late again.
どうやら、また遅くまで働かなくちゃいけなそうだ。

B: You're really busy these days, aren't you?　最近、本当に忙しいのね。

A: Here are some photos from my business trip. This is their new facility.　出張中に撮った写真だよ。これが、彼らの新しい施設。

B: Wow, it looks like something in a sci-fi movie.
へえ、SF映画に出てくるものみたいね。

ワンポイントレッスン　これを英語で言ってみよう！

どうやら、われわれは正しい方向へ進んでいるようだ。
◆ヒント：「正しい方向へ進む」は be on the right track。

（解答例は p. 246）

Unit 5

過去の行為を振り返って話し手の思いを表す

　過去のことを回想して、「〜しておくべきだった」とか「〜してしまったにちがいない」とか「(実現はしなかったが〜があれば)……しただろう」とか「〜することができたのに」という思いを表現することがあります。その際には英語では「助動詞 + have done」の形を次のように使います。

18
I should have done
〜しておけばよかった

I ought to have done
〜しておけばよかった

19
I must have done
〜していたにちがいない

I may have done
したかも (〜してしまったかも) しれない

I shouldn't have done
〜したのはまずかった

I mustn't have done
〜していなかったにちがいない
〜であったことは絶対にない

後悔の念

過去の状況に対する強い確信

話し手

実現しなかったことへの過去を向いた思い

実現しなかった過去の可能性、現在起きていたかもしれないことへの思い

20
I would have done
(実現はしなかったが)〜していただろう

21
I could have done
〜しようと思えば可能だった
〜していたかもしれない

18 I should have done
mp3_019 〜しておけばよかった

I should've started working earlier this morning.
今朝、もっと早く仕事にとりかかっていればよかった。

　I should've... と省略形を使うのが一般的です。「〜しておけばよかった」と後悔の念を表す言い方です。I should've told you earlier. (君に早く話しておけばよかった) とか I should've kept my mouth shut. (黙っておけばよかった) のように使います。
　I shouldn't have done this. と否定形にすれば「こんなことはするんじゃなかった」という意味で「〜してしまったのはまずかった」という気持ちの表現になります。
　口語では、ought to have done もほぼ同じ意味で使われます。I ought to have stayed there longer. だと「そこにもう少し長くいればよかった」という意味です。なお、should have done は過去を向いた表現が一般的ですが、She should have finished the job by six. (6時までには仕事を終えているはずだ) のように、未来を向いて「(……までには) きっと〜しているはずだ」という意味でも使います。

> **関連表現**
> I shouldn't have done 〜をするんじゃなかった、〜したのはまずかった
> I ought to have done 〜しておけばよかった

例文

- **I should've reserved a hotel room earlier for my business trip.** 出張のためのホテルの部屋を、もっと早く予約しておけばよかった。

会話例

A: Oh, my gosh. ...**I should've backed** up my data.
ああ、まいったな……。データをバックアップしておけばよかった。

B: What happened? Did your computer crash? どうしたの？ パソコンがクラッシュしたの？

A: Did you miss the deadline? 締め切りに間に合わなかったの？

B: Yeah. **I should've started** earlier. そう。もっと早く始めてればよかった。

> **ワンポイントレッスン** これを英語で言ってみよう！
>
> **その書類をコピーしておけばよかった。**
> ◆ヒント：「コピーする」は make a copy。

(解答例は p. 246)

19 I must have done
~していたにちがいない

I must have left my bag somewhere in the subway.
かばんを地下鉄のどこかに忘れたにちがいない。

　過去のある時点において「～していたにちがいない」という過去の状況に対する強い確信を表す表現。Don't complain about Jane. You must have known what she is like. だと「ジェーンのことは言うなよ。どんな女性が知っていたはずじゃないか」。

　mustn't have done には「～していなかったにちがいない」という意味と「～であったということは絶対ない」というふたつの意味があります。She mustn't have been very hungry, then. は「彼女はそのとき、そんなにお腹がすいていなかったにちがいない」という意味になります。

　「～したかも（してしまったかも）しれない」は may have done になります。You may have made a mistake there. だと「君はそこで間違いをしてしまったかもしれない」という意味です。

関連表現
mustn't have done　していなかったにちがいない、～であったはずはない
may have done　～したかも（～してしまったかも）しれない

例文

- **I must have sent an e-mail to the wrong address.**
  間違ったアドレスにメールを送ってしまったにちがいない。

会話例

A: Why aren't they here? It's 11:00.　なぜ彼らは来てないんだ？ 11時だよ。
B: I'm sorry... **I must have told** them the wrong time.
　すみません……。私が間違った時間を伝えてしまったにちがいありません。

A: Oh, no. **I must have left** my umbrella at the client's office.
　やれやれ。お客さんのオフィスに傘を置き忘れてきたにちがいない。
B: That's too bad. Here, I have an extra one.　お気の毒。どうぞ、1本余分に持ってるから。

ワンポイントレッスン　これを英語で言ってみよう!

間違った電車に乗ってしまったにちがいない。
◆ヒント：「電車に乗る」は get on the train。

（解答例は p. 246）

43

20 I would have done
(実現はしなかったが)〜していただろう

If I were you, I would have <u>said</u> no.
もし私なら、ノーと言っていただろう。

I would have done は過去を向いた表現で、「(実現はしなかったが……があれば)〜しただろう」という状況を表します。口語では、I would've done と短縮形でよく使います。I would've accepted your offer. は、「(もしあのときプロポーズしてくれてたら)あなたの申し出を受け入れてただろうに」といった意味合いです。

先週の試験に言及して、I would've gotten better grades. と言えば、「もっとよい成績がもらえたのに」という意味で、実際にはもらえなかったという含意があります。

例文

- **I would have <u>rejected</u>** the offer of a transfer to Europe if I'd had a family.　家族がいたら、ヨーロッパへの転勤の打診を断っていただろう。
- If I were you, **I would have <u>considered</u>** how to make arrangements more carefully.　もし私なら、段取りをもっと慎重に検討していただろう。

会話例

A: My subcontractor offered me a ticket to the game, but I said no thanks.　下請け業者の人が、その試合のチケットをくれるって言ったんだが、いらないと断った。
B: You're kidding! **I would have <u>taken</u>** it in a second!
まさか! 私なら即座にもらったのに。

A: I would have <u>helped</u> you if you'd asked me.　頼んでくれれば手伝ったのに。
B: I thought I could do it all myself, but I was wrong.
全部ひとりでできると思ったんだけど、そうはいかなかった。

ワンポイントレッスン　これを英語で言ってみよう!

もう少し現実的なら、その計画に賛成したのだが。
◆ヒント:「現実的」は realistic。

(解答例は p. 246)

44

21 I could have done
～しようと思えば可能だった、～していたかもしれない

I could have been a researcher if I'd gone to graduate school. 大学院へ進んでいれば、研究者になることもできた。

　I could have done は過去のことと、現在のことの両方に言及して用いることができます。過去のことであれば、「～しようと思えば可能だった」と「（実現はしなかったが）～していたかもしれない」のふたつがあります。I could have entered that university, but I preferred this university. だと前者で、「あの大学に入ろうと思えばできたが、この大学を選んだ」ということ。

　一方、You could have been hit by the car. だと「その車にひかれていたかもしれないんだぞ」という意味で、仮定法の用法とみなすことができます。現在のことについて、She is late. She could have gotten lost. だと「彼女、遅いな。もしかしたら道に迷ったのかもしれない」といった意味合いになります。

例文

- **I could have gone** there on foot, but it was too hot.
  あそこへ歩いていくこともできたが、暑すぎた。

- **We could have met** the deadline, but we gave up because we had no confidence in the quality.
  納期に間に合わせようと思えばできたんだけれども、品質に自信がなかったのであきらめた。

会話例

A: **I could have finished** the report yesterday if I'd tried.
頑張れば、きのう報告書を仕上げることもできたんだけど。

B: But you can still finish it on time. でも、まだ間に合うよ。

A: Do you understand these documents written in French?
このフランス語で書かれた書類、わかる？

B: No. **I could have learned** French in school if I'd studied harder.
いや。もっと頑張って勉強すれば、学校でフランス語を覚えられたかもしれないけど。

ワンポイントレッスン　これを英語で言ってみよう！

エンジニアになる道を選ぶこともできたのだが。
◆ヒント：「エンジニアになる」は become an engineer。

（解答例は p. 246）

Unit 6

評価・判断を示す

　何かあることに対して、必要だとか、便利だとか、自然なことだとか、みっともないことだとか、話者が評価や判断を示すことがあります。
　英語では、「It is ＋形容詞＋ (for A) to do」の形を使った以下のような定型文があります。
　「～することは必要だ」「～するのは便利だ」「～するのは当然のことだ」「～するのはばつが悪い」を英語でどう表現するかをみていきます。

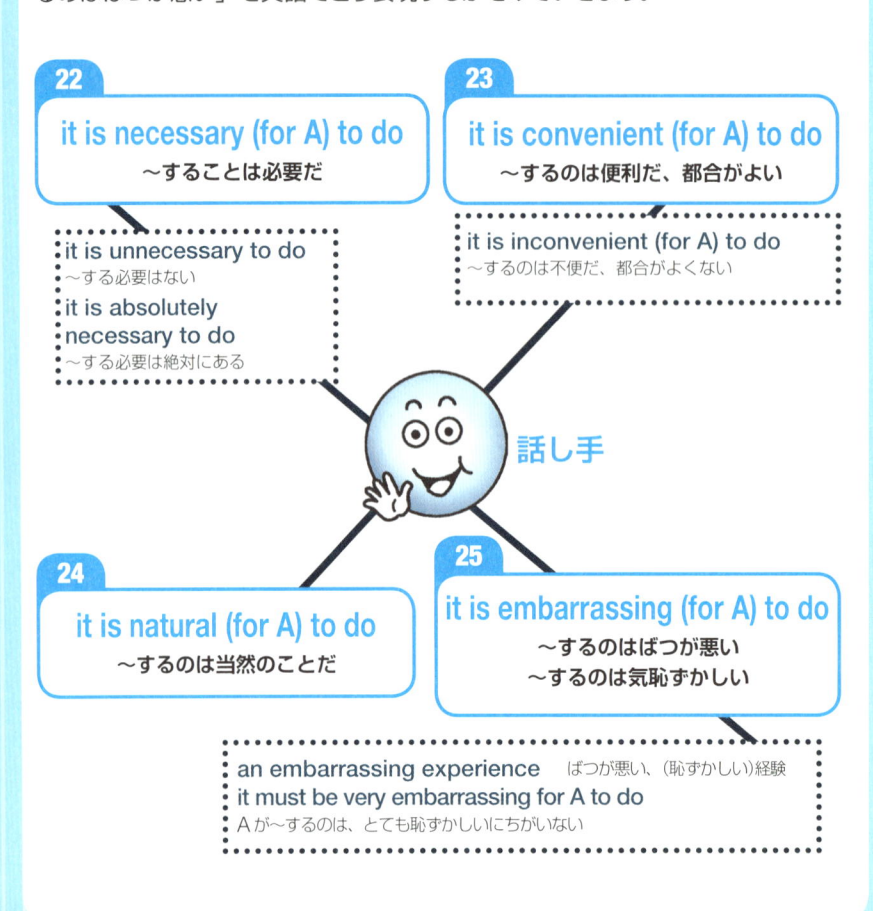

22 it is necessary (for A) to do
～することは必要だ

- it is unnecessary to do
  ～する必要はない
- it is absolutely necessary to do
  ～する必要は絶対にある

23 it is convenient (for A) to do
～するのは便利だ、都合がよい

- it is inconvenient (for A) to do
  ～するのは不便だ、都合がよくない

話し手

24 it is natural (for A) to do
～するのは当然のことだ

25 it is embarrassing (for A) to do
～するのはばつが悪い
～するのは気恥ずかしい

- an embarrassing experience　ばつが悪い、(恥ずかしい)経験
- it must be very embarrassing for A to do
  Aが～するのは、とても恥ずかしいにちがいない

22 it is necessary (for A) to do
~することは必要だ

It's necessary to make sure they understand the procedure. 彼らが手順を理解したか確認する必要がある。

「（Aが）～することは必要だ」という内容を表す定番表現です。it is necessary と表現することで、話し手にとってはわかっている「あることが必要だ」と判断を示し、そのあることの内容を to do で示すという表現方法です。

これを基本形にしていろいろと変化のある表現をつくることができます。たとえば、it is unnecessary to do は「～する必要はない」、it is absolutely necessary to do だと「～する必要が絶対にある」、そして it does not seem necessary to do は「～する必要はないように思える」となります。

関連表現
it is unnecessary to do ～する必要はない
it is absolutely necessary to do ～する必要は絶対にある
it does not seem necessary to do ～する必要はないように思える

例文
- **It's necessary to tell someone if you're leaving the building.**
  建物を出るときには、誰かに声を掛ける必要がある。

会話例
A: It's necessary to have a photo ID for security reasons.
警備上の理由で、写真付きの ID を持たなければなりません。

B: I see. Where do I get one?
わかりました。どこで手に入るんですか？

A: There must be a lot of dangerous chemicals here.
ここには危険な化学物質がたくさんあるはずだ。

B: Yes. **It's necessary to wear** protective clothing here at all times.
ええ。ここでは常に防護服を着用する必要があります。

ワンポイントレッスン　これを英語で言ってみよう！

最終的な決定を下す前に彼がそれについてどう思っているのか聞いておく必要がある。
◆ヒント：「最終的な決定を下す」は make the final decision。

（解答例は p. 246）

23 it is convenient (for A) to do
mp3_024 〜するのは便利だ、都合がよい

It is convenient to park your car here.
ここに駐車するのが便利だよ。

　convenient は「便利、使い勝手がよい、都合のよい、あつらえ向きの」といった意味の形容詞で、it is convenient (for A) to do は「〜するのは便利だ、都合がよい」といった意味の構文です。It will be convenient for you to meet the customer at the coffee shop. となると「その喫茶店でお客さんと会うのが都合がいいと思うよ」といった内容です。
　「今、支払いをするのは残念ながら都合がよくない」という状況だと、反意語の inconvenient を用い、I'm sorry, but it is inconvenient for me to make the payment now. となります。

> **関連表現**
> it is inconvenient (for A) to do　〜するのは不便だ、都合がよくない

例文

- **It's convenient to use** this application when you make presentation handouts.　このアプリは、プレゼン用の配布物を作るときに便利だ。

会話例

A: You can go to Akihabara to get those parts for your computer.
秋葉原へ行けば、パソコン用のパーツを買えるよ。

B: It's more convenient for me to purchase them online.
私にはオンラインで買うほうが便利だわ。

A: It's convenient to use a cloud storage service if you work at home as well.　家でも仕事をするなら、クラウド・ストレージ・サービスを利用すると便利だよ。

B: I know, but I won't bring my work home.
わかってるけど、家に仕事を持ち帰るつもりはないから。

> **ワンポイントレッスン**　これを英語で言ってみよう!
>
> 名刺を整理するのにスマホのカメラを使うと便利だ。
> ◆ヒント:「名刺を整理する」は file business cards。

（解答例は p. 246）

24 it is natural (for A) to do
〜するのは当然のことだ

It is quite **natural for** youngsters **to** <u>want</u> excitement.
若者が刺激を求めるのはごく当然のことだ。

　it is natural to do は「〜することは当然のことだ、当たり前なことだ、無理もないことだ」という意味合いを表現する構文です。
　「子どものことがあれこれ心配だ」と言う人に It is natural to <u>worry</u> about your children. と返せば「自分の子どもの心配をするのは当然のことだ」となり、話し手が it is natural と判断をしている表現です。

例文

- **It's natural for** you **to** <u>get</u> angry if you are criticized too much.
  過度に批判されれば、腹を立てるのも当然だ。

- **It's natural for** them **to** <u>be excited</u> now that they've launched such an epoch-making product.
  あんな画期的な商品を発売したのだから、彼らが興奮するのも当然だ。

会話例

A: I'm exhausted. It was so stressful.　疲れた。ひどいストレスだった。

B: **It's natural for** you **to** <u>be nervous</u> when you make a presentation to such big audience.　あれだけの人数の前でプレゼンしたんだから、緊張するのも当たり前だよ。

A: The boss doesn't have a sense of humor. He's too serious.
うちの上司はユーモアのセンスがないね。まじめすぎるんだよ。

B: That's right. **It's natural for** us **to** <u>make</u> jokes when we're under this sort of pressure.
まったくだ。こういうプレッシャーにさらされてるんだから、冗談のひとつも言って当然なのに。

ワンポイントレッスン　これを英語で言ってみよう!

サラリーマンが自分の勤める会社の将来を心配するのは当然だ。
◆ヒント：「サラリーマン」は office workers。

（解答例は p. 246）

49

25 it is embarrassing (for A) to do
~するのはばつが悪い [気恥ずかしい]

It is embarrassing for everyone to be reprimanded in front of other people.　誰であっても人前で叱られるということは決まりが悪いことだ。

　embarrassing は「気恥かしい、みっともない、決まりが悪い、ばつが悪い」といった意味合いの形容詞で、an embarrassing experience は「ばつが悪い（はずかしい）経験」という意味。
　繰り返して言いたくないことを言わなければならない状況で、It's embarrassing to repeat, but... というと「こんなことは繰り返して言うのもはばかられることですが……」といった意味です。
　It must be very embarrassing for her to answer those questions.（そんな質問に答えるのは彼女にはとても恥ずかしいことにちがいない）のように it is の部分を調整して表現を工夫することができます。

関連表現
- an embarrassing experience　ばつが悪い、（恥ずかしい）経験
- it's embarrassing to repeat, but...　繰り返して言うのもはばかれることですが
- it must be very embarrassing for A to do　A が~するのはとても恥ずかしいことにちがいない

例文
- **It's embarrassing for the employees to read about the company scandal in newspapers.**
  従業員にとって自社の醜聞を新聞で読むのは、ばつの悪い話だ。

会話例
A: Erika doesn't like to go out for sales calls with Mr. Sano.
　エリカは佐野さんと営業に出るのが好きじゃない。

B: **It's embarrassing for her to visit** her clients with someone who is impolite.　彼女にすれば、無礼な人と一緒に自分のお客を訪問するのは恥ずかしいからね。

ワンポイントレッスン　これを英語で言ってみよう！

上司が飲み屋で酔っぱらっているのを見るのは恥ずかしい。
◆ヒント：「飲み屋で酔っ払って」は get drunk at a bar。

Unit 7

何かをすることに対する自分の状況を伝える

　自分が何かをすることに対して、今どういう状況にあるかを表現する場合があります。ここでは、I'm available to do「手があいているので～できる」、I'm free to do「自由に～できる」、I'm ready to do「～する準備ができている」の3つの表現をみていきます。

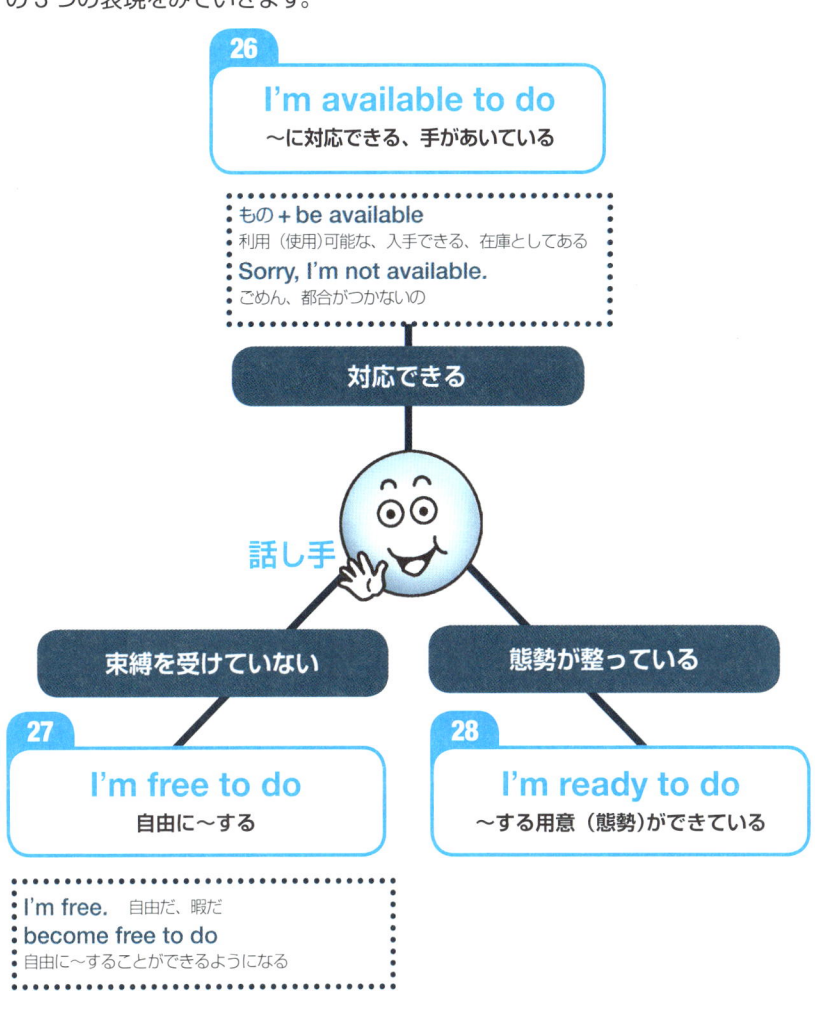

26 I'm available to do
～に対応できる、手があいている

もの + be available
利用（使用）可能な、入手できる、在庫としてある
Sorry, I'm not available.
ごめん、都合がつかないの

対応できる

話し手

束縛を受けていない

27 I'm free to do
自由に～する

I'm free. 自由だ、暇だ
become free to do
自由に～することができるようになる

態勢が整っている

28 I'm ready to do
～する用意（態勢）ができている

26 I'm available to do
mp3_027　〜に対応できる、手があいている

I'm available to <u>set</u> up the meeting for you this afternoon.
今日の午後ならあなたの代わりにミーティングをセットアップできますよ。

　available は「モノ」については「利用、使用可能な」あるいは「入手できる、在庫としてある」といった意味合いで使います。Our library is available 24 hours a day. だと「私たちの図書館は、1日、24時間利用できます」といった意味になります。ここでは I'm available to do の形で「人」を主語にした表現を取り上げます。この場合、「対応できる」「手があいている」といった意味合いになります。Could you join our brainstorming session this afternoon?（午後のブレストに出ませんか？）と誘われて、Sorry, I'm not available. と言えば「ごめん、都合がつかないの（先約があるの）」という意味です。

> **関連表現**
> もの +be available　利用（使用）可能な、入手できる、在庫としてある
> Sorry, I'm not available.　ごめん、都合がつかないの

例文

- **I'm available to <u>take</u> phone calls during lunchtime.**
  昼休みの電話番、できますよ。

会話例

A: Can anyone take part in the emergency drill this afternoon for our section?　誰かうちの課を代表して、今日の午後の避難訓練に出られないかな？

B: **I'm available** this afternoon.　今日の午後なら私が出られます。

A: Can you go to the trade group meeting next Wednesday?
来週の水曜日、業界団体の会合に行ける？

B: **I'm available to <u>go</u>** there if they hold it after 2:00.
会合が2時以降なら出られますよ。

> **ワンポイントレッスン**　これを英語で言ってみよう！
>
> **彼はセミナーの後のパーティーから合流してくれるよ。**
> ◆ヒント：「合流する」は join。

（解答例は p. 246）

52

27 I'm free to do
自由に〜する

I'm free to access those file folders on the company server. 私は会社のサーバー上にあるそれらのフォルダーに自由にアクセスできる。

free は「束縛を受けておらず、自由な」という意味合いです。そこから「自由な」だけでなく、「自発的な」（例:free will　自由意志）あるいは「無料の、ただの」（例:a free ticket　無料チケット）という意味も派生しています。a free school といえば「自由な学校」と「無料の学校」のふたつの意味があります。I'm free. といえば「自由だ、暇だ」ということですが、「仕事や勉強などの束縛を受けておらず自由にできる状態にある」という意味です。そして、I'm free to choose which school I go to. になると「どの学校に行くか自由に選べる（束縛や制約なく自由に選ぶことができる）」ということです。become free to do という言い方もできますが、「自由に〜することができるようになる」ということです。

関連表現
I'm free. 自由だ、暇だ
become free to do 自由に〜することができるようになる

例文
- As a freelancer, **I'm free to choose** which days I work.
  フリーランサーなので、自由に仕事をする日を選べる。

会話例
A: Excuse me for interrupting.　ちょっと、よろしいですか。
B: Go ahead. **You're free to express** your opinions here.
　どうぞ。この場では自由に意見を言ってください。

A: So **I'm free to choose** the hotels where I stay during my business trips.　じゃあ、出張中に泊まるホテルは自由に選べるんだね。
B: Yes, as long as the hotel charge is under 8,000 yen a night.
　ええ。宿泊費が1泊8000円以下なら。

ワンポイントレッスン　これを英語で言ってみよう!

就業規則の範囲内の日数なら自由に休暇を取ることができる。
◆ヒント：「範囲内」は within the scope of、「就業規則」は company regulations。

（解答例は p. 246）

28 I'm ready to do
~する用意（態勢）ができている

Now I'm ready to take his place.
今はもう彼の代わりを務める準備はできている。

ready は「用意・準備ができている」の意味合いで、I'm ready to do は状況によって「すぐにでも~する用意がある」だけでなく、「~する覚悟ができている」「喜んで~する」などの意味合いでも使うことができます。I'm ready to go. だと「いつでも行けるよ（準備ができている）」という意味合いで、I'm always ready to help you. になると「いつでも、喜んでお手伝いします」といった感じです。OK, I'm ready to take the bar exam. だと「司法試験を受ける覚悟はできているよ」といった感じでしょうか。いずれにせよ、「~する態勢が整っている」というのが be ready to do です。

例文

- My maternity leave is over, and **I'm ready to go** back to work.
  産休が終わって、いつでも仕事に復帰できます。
- **I'm ready to help** you with this project.
  いつでもこの仕事をお手伝いできますよ。

会話例

A: The meeting will start in 15 minutes.　会議は15分後に始まるよ。
B: Yes. **I'm ready to make** my presentation.　わかった。プレゼンの準備はできてるわ。

A: **I'm ready to go**.　もう出かけられるよ。
B: Oh, wait a second. I'm still preparing.　ああ、ちょっと待って。まだ準備してるから。

ワンポイントレッスン　これを英語で言ってみよう！

海外の事務所へなら、いつ転勤してもいいよ。
◆ヒント：「転勤する」は be transferred。

（解答例は p. 246）

Unit 8

自分が何をしたいのかを伝える

「自分が何かをしたい（したくない）」という思いを表現する際に、「私に〜させて」「願わくば〜したい」「むしろ〜したい」「〜する気がある」「〜したい感じがする」などがあります。
ここではそういう思いを表現する英語の定型表現をみていきます。

28
Let me do
私に〜させて

進んで申し出る

29
I'd like to do
（願わくば）〜したい

I want to do　〜したい
Would you like to do...?
〜してはどうですか？

30
I'd rather do / I'd rather not do
むしろ〜したい / むしろ〜したくない

I'd rather A than B
BするよりもむしろAしたい

（もし可能ということであれば）
〜したい（願っている）

何かと比較する意識

話し手

求められればいとわない

やりたい気持ち

31
I'm willing to do
〜する気がある、〜することはかまわない

I'm pleased to do
〜することが自分の喜びだ

32
I feel like doing
〜したい感じがする

I don't feel like doing
〜したい気分ではない

29 Let me do
私に〜させて

If you have any questions, please let me know soon.
もし何かご質問があれば、すぐにお知らせください。

　Open the door. だと相手に「ドアを開けて」という意味ですが、Let Greg open the door. になると「グレッグにドアを開けさせよう（させてあげよう）」となります。この let は「その人の意志に沿って〜させる」ということなので、Let Greg open the door. と言えば、グレッグがドアを開けようとしている場面で、それを阻止しないで、開けさせてやろうといった状況が浮かびます。

　そして、Let me open the door. だと「私にドア開けさせてください」となり、誰かのためにドアを開けてあげる状況を連想することができます。これは、「私がドアを開けましょう」と「何かを進んで申し出る」といった意味合いです。

例文

- **Let me ask you a couple of questions about your presentation.**
  プレゼンの内容について、2、3質問させてください。

- **If there's anything inconvenient for you, please let me know.**
  何かご不便があれば、どうぞお知らせください。

会話例

A: ...That's why I decided to apply for this job.
……そういうわけで、この職に応募することにしました。

B: I see. Now, let me ask you another question.
わかりました。さて、別の質問をさせていただきます。

A: Before you leave, let me introduce you to our sales director.
お帰りになる前に、うちの営業部長をご紹介させてください。

B: OK, thank you.　そうですか。ありがとうございます。

ワンポイントレッスン　これを英語で言ってみよう！

今日は昼食をごちそうさせて。
◆ヒント：「ごちそうする」は buy。

（解答例は p. 246）

30 I'd like to do
（願わしくば）〜したい

I'd like to cancel my reservation for tonight.
今夜の予約をキャンセルしたいのですが。

　「自分が〜したい」という際には、I want to do が典型的に使われますが、I'd like to do になるとあらたまった表現で、丁寧な響きがあると言われます。この I'd は I would ということで、I'd like to do は仮定法で慣用化した表現と考えることができます。つまり、「(もし可能ということであれば) 〜したいものです（願っている）」といった感じで、I want to do と同様に、I'd like to do は日常的にも非常によく使います。

　I'd like to hear your opinions about our plan.（われわれの計画についてのご意見をお聞かせ願いたい）のようなあらたまった場面だけでなく、Would you like to go for a drink tonight?（今夜一杯飲みに行くというのはどうかな？[飲みに行きたいと思いませんか]）のようなカジュアルな場面でも使います。

> **関連表現**
> I want to do　〜したい
> Would you like to do...?　〜してはどうですか？

例文
- David, **I'd like to ask** a favor of you.　デービッド、頼みたいことがあるんだけど。

会話例
A: Excuse me. **I'd like to change** my flight.　すみません。便を変更したいのですが。
B: Sure. Could I have your name and the ticket number?
　　承知しました。お名前とチケットの番号をお願いします。

A: **I'd like to discuss** the details of the contract next time.
　　次回、契約の詳細について話し合いたいのですが。
B: No problem. When could we have the next meeting?
　　結構です。いつ、次の打ち合わせができますか？

> **ワンポイントレッスン**　これを英語で言ってみよう！
>
> **では、次の議題へ移りたいと思います。**
> ◆ヒント：「議題」は topic。

（解答例は p. 246）

31 I'd rather do / I'd rather not do

むしろ～したい / むしろ～したくない

I'd rather stay at home, because I have a slight cold.
少し風邪気味なので家にいたい。

　rather（むしろ）があるので、I'd rather... は何かと比べて、「むしろ～したい（～するほうがよい）」という意味合いの表現です。「むしろ～したくない」だと I'd rather not... となります。
　「～と比較して」だと than を使い、I'd rather take a walk than go to the movies.（映画に行くよりむしろ散歩をしたい）のように、would rather A than B の A と B のいずれも動詞の原形を使って表現することができます。ただし、I'd rather be a hammer than a nail.（釘であるよりハンマーのほうがいい）のように動詞が同じ場合（ここでは be）、than の後に名詞がくることもあります。

関連表現
I'd rather A than B　　B するよりも A したい

例文

- **I'd rather keep silent during the meeting than have my opinions criticized.**　会議で自分の意見を批判されるくらいなら、ずっと黙っていたほうがいい。

会話例

A: Why don't you join us at the party tonight after work?
今夜、仕事の後で宴会に来ない？

B: Thanks, but **I'd rather go** home earlier. I'm exhausted.
ありがとう。でも、早めに帰ったほうがいいかも。疲れてるんだ。

A: **I'd rather use** a key card **than** enter the pass code.
暗証番号を入力するよりも、カードキーを使うほうがいいな。

B: Me, too. I can't remember the code.　私も。番号を覚えられないの。

ワンポイントレッスン　これを英語で言ってみよう！

こういう込み入ったメールのやりとりには、スマホではなくパソコンを使いたい。
◆ヒント：「込み入った」は complicated、「やりとり」は communication。

（解答例は p. 246）

32 I'm willing to do
〜する気がある、〜することはかまわない

I'm willing to apologize if that's what they would like.
それが先方の望むところなら、謝罪することはいといませんよ。

　be willing to do は「喜んで〜する」という意図を表現する決まり文句です。ただし、正確には「求められれば〜することをいとわない」とか「〜しない理由はない」という意味合いがあり、英語で言えば "not objecting to doing something; having no reason for not doing something" (*Oxford Advanced Learner's Dictionary*) ということです。つまり、willing は名詞 will（意志）と関係があることから、「〜する気（意志）がある」「〜することはかまわない」に近い表現と理解しておくとよいと思います。

　日本語でも確かに「喜んで〜します」と表現する状況は、「〜することは嫌ではない」という意味を含んでいます。なお、「〜することが自分の喜びだ」だと、I'm pleased to do となります。

関連表現
I'm pleased to do 〜することが自分の喜びだ

例文
- **I'm willing to work** overtime if that contributes substantially to the project.　プロジェクトに大いに貢献するのであれば、残業することはかまいません。

会話例
A: Are you thinking about changing jobs?　転職を考えてるの？
B: Yes, actually. **I'm willing to take** risks to develop my career.
　うん、実はね。キャリアアップのためなら、リスクを冒すのもかまわない。

A: I'm willing to look for a place for our party next week.
　来週の宴会の場所を探すのを引き受けますよ。
B: OK, we'll leave it up to you.　じゃあ、きみに任せるよ。

ワンポイントレッスン　これを英語で言ってみよう！

契約を取れるなら、先方へ日参してもかまわないよ。
◆ヒント：「……へ日参する」は visit... every day。

（解答例は *p.* 246）

33 I feel like doing
mp3_034 〜したい感じがする

I feel like walking to work today. 今日は会社に行きたくない気分だ。

「〜したいような気がする、〜したい気分だ、〜に乗り気だ、〜にやる気がある」といった自分の気持ちを表現するのが I feel like doing です。I felt like crying. で「泣きたい気分だった」といった意味合いになります。

逆に、「〜したい気分ではない」だと I don't feel like doing となります。I don't feel like eating curry today. だと「今日はカレーは食べたい気分ではない」ということです。

この feel like や don't feel like の like は前置詞であり、そのためふつうの名詞を使うこともあります。I felt like a kid again when I met old school friends.（学校の級友に会ったときは子どもに戻ったような気がした）がその例です。I felt like a new person when I'm here. は「ここにいるときは生まれ変わったような気がする」という意味です。

> **関連表現**
> I don't feel like doing 〜したい気分ではない

例文

- **I don't feel like attending the meeting.** 会議に出たくない気分だ。

会話例

A: How about going for a drink tonight? 今夜、飲みに行くのはどう？
B: Sorry, **I don't feel like having** a drink today. I'm too tired.
悪いけど、今日は飲みたい気分じゃないんだ。疲れすぎてる。

A: Oh, **I feel like quitting** my job. ああ、仕事を辞めたいなぁ。
B: You say that at the end of every month. 毎月、月末になるとそう言ってるね。

ワンポイントレッスン これを英語で言ってみよう！

こんな天気のいい日に屋内で仕事する気にはならないよ。
◆ヒント：「天気のいい日」は a lovely day。

（解答例は p. 246）

Part 1

EXERCISES

Exercise 1 mp3 035

次の各英文をSNSで友人に送るとき、いっしょに送るのにふさわしい「スタンプ」を選んでください。

(1)

> To my disappointment, I can only take three days off this summer.

(2)

> To my surprise, I got a very high score on the English test.

(3)

> I'm confident that I can win the contract.

(4)

> I'm delighted with my new suitcase for my business trips.

(5)

It's possible that Andy will be transferred.

(6)

I must have sent a message to the wrong person.

(7)

It is natural for you to be discouraged if you are reprimanded by your boss.

(8)

I'm skeptical about the figures in Mr. Asada's presentation.

(A) びっくり
(B) がっかり
(C) あやしい…
(D) 当然！
(E) ちがいない！
(F) うれしい！
(G) ありえる！
(H) 自信たっぷり！

Exercise 2

文意に注意しながら、(1) − (4) の 3 つの英文の各空欄に共通して用いられるべき表現を、リストの中からひとつずつ選んでください。なお、リストには使われない表現も含まれています。

- I should have
- I'm curious about
- I'm ready to
- It is convenient to
- Generally speaking,

(1)
- [   ] salespeople spend a lot of money on transportation.
- [   ] office workers spend too much time in meetings.
- [   ] electronic devices are updated quite often.

(2)
- [   ] the next regular personnel reshuffle.
- [   ] the advertising campaign for their new product line.
- [   ] who will be the next CEO of Lux Machinery Inc.

(3)
- [   ] double-checked the figures in my sales report.
- [   ] read the contract, including the addendum, more carefully.
- [   ] made a call to my boss about this issue earlier.

(4)
- [   ] work overtime on the urgent project today.
- [   ] invest in my brother's business in Thailand.
- [   ] demonstrate our new product at our booth.

Exercise 3

自然なやりとりが成立するように、カッコ内から適切な表現を選んで英文を完成させてください。ただし、使える表現はひとつだけとは限りません。
なお、一方の話者の発言に日本語訳を付けてあるので、やりとりを把握するためのヒントとしてください。

(1)
A: The news website says a typhoon is approaching the Kanto area.
ニュースサイトによると、台風が関東地方に接近してるそうだ。
B: [I'm disappointed about / I'm sure that / It appears to me that] the outdoor trade event tomorrow will be canceled.

(2)
A: [I'm afraid that / It is natural to / It seems that] we won't be able to achieve our sales goal this year.
B: I agree. The low turnover in the first quarter looks like the main reason.
同意見だよ。第1四半期の売上高が低かったのが、主な原因だろう。

(3)
A: I'm very impressed with your presentation. Now [I'm available to / it looks like / let me] ask you some questions regarding the first half of this handout.
B: Sure. Please go ahead.
わかりました。どうぞ、進めてください。

(4)
A: Do you remember we need to attend a sales training session this afternoon?
覚えてる？ 今日の午後、営業研修会に出なくちゃいけないんだよ。
B: Oh, [I don't feel like / I'm delighted with / it looks like] sitting indoors and listening to lectures on such a lovely day.

Part 1 EXERCISES 解答・解説

Exercise 1

正解 (1)-**(B)** (2)-**(A)** (3)-**(H)** (4)-**(F)** (5)-**(G)** (6)-**(E)** (7)-**(D)** (8)-**(C)**

訳
(1) がっかりなことに、今年の夏は3日しか休みが取れないよ。
(2) びっくりしたことに、英語の試験でずいぶん高得点だった。
(3) その契約を取れる自信があるんだ。
(4) 出張用にスーツケースを新調して、うれしい。
(5) アンディーが人事異動する可能性がある。
(6) 間違えて別の人にメッセージを送っちゃったにちがいない。
(7) 上司に叱られれば、へこむのも当然だよ。
(8) 浅田さんのプレゼンの数字、疑わしいね。

解説
(4) の I'm delighted with... は「〜についてうれしい、〜を気に入っている」。
(6) の I must have done は、自分がすでにやったことに対する強い確信を表す。
(7) の It is natural for you to do は、to 以下の内容が「あなたにとって当然のことだ」という意味。ここでは be discouraged（落胆する）ことが「当然だ」と言っている。
(8) の I'm skeptical about は「〜を疑っている、〜（の真偽など）を怪しいと思っている」の意味。

Exercise 2

正解 (1) **Generally speaking,** (2) **I'm curious about**
(3) **I should have** (4) **I'm ready to**

訳
(1) 一般的に言って、営業担当者たちは交通費をたくさん使う。
　　一般的に言って、サラリーマンは会議に時間を費やしすぎる。
　　一般的に言って、電子機器はモデルチェンジの頻度が非常に高い。
(2) 次の定期人事異動に興味がある。
　　彼らの新しい商品シリーズの広告キャンペーンに興味がある。
　　ラックス機械社の時期 CEO に誰がなるか興味がある。
(3) 営業報告書の数字を、もう一度確認すればよかった。
　　補遺も含めて契約書をもっと注意深く読めばよかった。
　　この件について、もっと早く上司に電話すればよかった。
(4) きょうは緊急プロジェクトのために残業する覚悟だ。
　　タイで兄弟が営んでいる事業に投資する気でいる。
　　うちのブースで新製品のデモを行う準備ができている。

解説

(1) はどれも一般論を語る文と言えるので、Generally speaking（一般的に言って）を使うのがよい。

(2) は興味の対象を表す名詞句・名詞節が並んでいると考えられるので、I'm curious about を用いる。

(3) は後悔を表す I should have (done) を当てはめれば、どの文も意味が通る。

(4) は「いつでも〜するつもりだ」という意味の I'm ready to が当てはまる。

Exercise 3

正解 (1) **I'm sure that / It appears to me that** (2) **I'm afraid that / It seems that** (3) **let me** (4) **I don't feel like**

訳
(1) A: ニュースサイトによると、台風が関東地方に接近してるそうだ。
　　B: 明日の屋外での業界イベントが中止になることは間違いない／中止になりそうだ。
(2) A: 今年の売上目標を達成できないだろう／できそうもない。
　　B: 同意見だよ。第１四半期の売上高が低かったのが、主な原因だろう。
(3) A: あなたのプレゼンには大変感銘を受けました。さて、この資料の前半に関していくつか質問させてください。
　　B: わかりました。どうぞ、進めてください。

解説

(1) の I'm sure that... は確信を、It appears to me that... は推測を表す表現で、このどちらも文脈上、当てはまる。なお、I'm disappointed about... は「〜にがっかりする」の意味で、未来のことについて使うことはできない。

(2) の I'm afraid that... は否定的なことを「思う」という意味の表現、It seems that... は推測や見込みを表す表現で、このふたつを当てはめることができる。It is natural to do は「〜するのは当然だ」の意味で、動詞（不定詞）が続くため、意味のうえでも文法的にもここでは使えない。

(3) の let me... は「〜させてください」と依頼するときの表現で、これが使える。I'm available to do は「〜する都合がつく」の意味、it looks like... は「〜のように思える（見える）」の意味で、どちらも合わず、it looks like... の like は前置詞なので名詞または名詞相当語句が続くため、その点でもここでは使えない。

(4) の I don't feel like doing は「〜する気にならない」という意味で、ここの文脈にぴったりくる。I'm delighted with... は「〜がうれしい」、it looks like... は「〜のように思える（見える）」の意味で、どちらも当てはまらない。

Part 2

相手にはたらきかける表現

37

言葉の機能は、何かを語る叙述機能だけではありません。言葉は行為と結びついていて、何かを言うことによって相手にはたらきかける機能があります。ここでは、その主要なものとして、「依頼する」「許可を求める」「相手の意志を確認する」「念を押す」「提案する」「禁止する」「相手に何かをさせる（使役）」そして「〜かを尋ねる・伝える・示す」の8つを取り上げ、それぞれのテーマでよく使う慣用表現をみていきます。

Unit 1

依頼する

　人に何かをしてもらう際には、当然、親しい間柄でも丁寧な表現になります。平叙文よりは疑問文が、直接問うよりは間接的に問うほうが表現としては丁寧になります。依頼表現の定番は、可能性を問うものと意志を問うものです。

　ここでは Can you...?、Could you...?、Would you...?、I was wondering if you could... という4つの慣用表現をみていきます。

34 Can you...?
〜してくれない？

- Is it possible for you to do...?
  〜していただくことは可能でしょうか？
- Can you please...?
  〜してくれませんか？

気楽な依頼

35 Could you...?
（可能なら）〜していただけませんか？

- Could you please...?
  〜していただけますか？
- Could you..., please?
  〜していただくことはできますか？

遠慮がちな丁寧な依頼

話し手

相手の意向に考慮したきわめて丁寧な依頼

37 I was wondering if you could...
もしかして〜をお願いすることは可能でしょうか？

- I wonder if...
  〜かしら
- I'm wondering if...
  〜だと思うのですが

相手の意志を遠慮がちに聞く丁寧な依頼

36 Would you...?
〜していただけませんか？

- Would you please...?
  〜していただけないでしょうか？

34 Can you...?
～してくれない？

Can you pass me the salt?　塩を取ってくれない？

　Can you...? はわりと気楽に相手の都合を聞く際の表現で「～してくれない、お願い」といった感じです。Can you...? には「～することは可能か」という意味があるため、可能性を問う表現の一種です。Can you give me a ride? で「ちょっと乗せていってくれないかな？」といった感じです。依頼する内容が相手の負担にあまりならないときに使う傾向があるといえるかもしれません。

　依頼する際には、自然と「お願いだから」という気持ちが生まれ、Can you please give me a ride?（乗せてもらえますか？）のように please を使うのがふつうです。言い換えれば、Is it possible for you to give me a ride?（乗せていただくことは可能でしょうか）となります。

関連表現
Is it possible for you to do...?　～していただくことは可能でしょうか？
Can you please...?　～していただけませんか？

例文
- **Can you** please take this slip to the accounting division?
  この伝票を経理課へ持っていってくれませんか。

会話例
A: **Can you** please have a look at my computer? Something is wrong with it.　私のパソコンをちょっと見てもらえますか？　何か変なんです。
B: Is it freezing again?　またフリーズしてるの？

A: Did you bring the documents?　書類、持ってきた？
B: Oh, I'll check. **Can you** please hold my umbrella while I look in my bag?　あ、確かめてみる。かばんの中を見るから、この傘を持っててくれますか？

ワンポイントレッスン　これを英語で言ってみよう！

この報告書、提出前にちょっと見てもらえますか？
◆ヒント：「……をちょっと見る」は take a look at...。

（解答例は p. 246）

35 Could you...?

(可能なら) 〜していただけませんか？

Could you please stop the car just ahead of the next light?　次の信号のちょっと先で車を止めていただけますか。

　Could you please...? は、「もしできれば（可能なら）」という感じで遠慮がちに何かを依頼する表現で、人間関係の親疎を問わず、依頼表現で最もよく使われる無難な定番表現です。Can you please...? よりも丁寧で、仮に Can you give me a ride? と言って、もし返事がなければ、Could you give me a ride, please? と重ねてお願いすることも可能です。なお、Could you please...? の形より、Could you..., please? と最後に please を持ってくるほうが「お願い」という気持ちをさらに強く表すことができます。軽いお願いでも頼みにくいことを頼む際にも Could you please...? は使われます。

関連表現
Could you please...?　〜していただけませんか？
Could you..., please?　〜していただけないでしょうか？

例文

- **Could you** hold the door open while I push the cart through?
  台車を通す間、ドアを押さえておいていただけますか？

会話例

A: **Could you** finish this by the end of tomorrow?
明日いっぱいでこれを仕上げてもらえますか？

B: Sure, no problem.　はい、わかりました。

A: **Could you** please help me with this work?　この仕事を手伝っていただけますか？
B: Could I do that later, after I finish my own work?
自分の仕事が終わってからでもいいですか？

ワンポイントレッスン　これを英語で言ってみよう！

宅配便を呼んでいただけませんか？
◆ヒント：「宅配便」は the courier service。

（解答例は p. 246）

36 Would you...?
〜していただけませんか？

Would you be interested in answering this questionnaire?
このアンケートにお答えいただけますか？

　Would you...? は Could you...? 同様に遠慮が含められた丁寧な依頼の表現です。would は will の過去形なので背後に「意志」があり、相手の意志を遠慮がちに聞く表現だと言えます。たとえば、Would you be interested in writing a summary of this report? と言えば、「頼みにくいんだけど、レポートのまとめを書くのをやってみる気はありませんか？」のように使えます。

　意志を問うことが明白な場合は、Would you please come to the party?（パーティーに来ていただけませんか？）のように Would you please...? を使います。

関連表現

Would you please...? 〜していただけないでしょうか？

例文

- **Would you** join us for a drink this coming Friday?
  今週の金曜日、飲み会に来ていただけますか？

会話例

A: **Would you** ask Mr. Uno at AZ Info Inc. if he's available tomorrow?
AZ インフォ社の宇野さんに、明日時間を取れるか聞いてもらえますか？

B: OK, I'll call him. わかりました。電話してみます。

A: **Would you** change the payment terms for us?
支払い条件を変更していただけませんか？

B: We'll think about it. 検討します。

ワンポイントレッスン　これを英語で言ってみよう！

お願いを聞いていただけますか？
◆ヒント：「お願い」は favor。

（解答例は p. 246）

37 I was wondering if you could...

mp3_041　もしかして〜をお願いすることは可能でしょうか

I was wondering if you could make some changes in the contract.　契約書の一部を変更できればと考えているのですが。

　この表現は、「もしかしてあなたが〜することは可能かしらと思っていたんです」という遠まわしの言い方で、「こんなことお願いできるかどうかわかりませんが、〜をもしやっていただけたら」といったニュアンスの表現だと言えます。I was wondering if... のほうが、I am wondering if... や I wonder if... よりも間接的で、その分、丁寧な表現だと言えます。

関連表現

I am wondering if...　〜だと思うのですが
I wonder if...　〜かしら

例文

- **I was wondering if you could** provide us with the related technical information.　関連する技術情報をご提供いただければと思うのですが。

会話例

A: I was wondering if you could extend the deadline of this project.
本件の期限を延長していただけないものかと思うのですが。
B: Well, I need to go back to my office and talk to my boss about that.
そうですね、社へ戻って上司に相談しなければなりません。

A: I was wondering if you could give me some advice about this issue.　この件についてアドバイスをいただけないかと思いまして。
B: OK. Let's go and sit over there.　わかりました。向こうへ行って座りましょう。

ワンポイントレッスン　これを英語で言ってみよう！

アポの日付を変えていただけないかと思いまして。
◆ヒント：「アポの日付」は the appointment date。

（解答例は p. 246）

Unit 2

許可を求める

　私たちはいろいろな状況で許可を求めます。「ある場所に入ってもいいか」「活動をやめてひと休みしてもいいか」「車の試運転をしてもいいか」などですが、基本的には以下の4種類の表現を使えば万全です。May I come in? だと「入ってもいいですか？」だし、Do you mind if I come in? だともっと丁寧に「入ってもかまいませんか？」といった感じです。

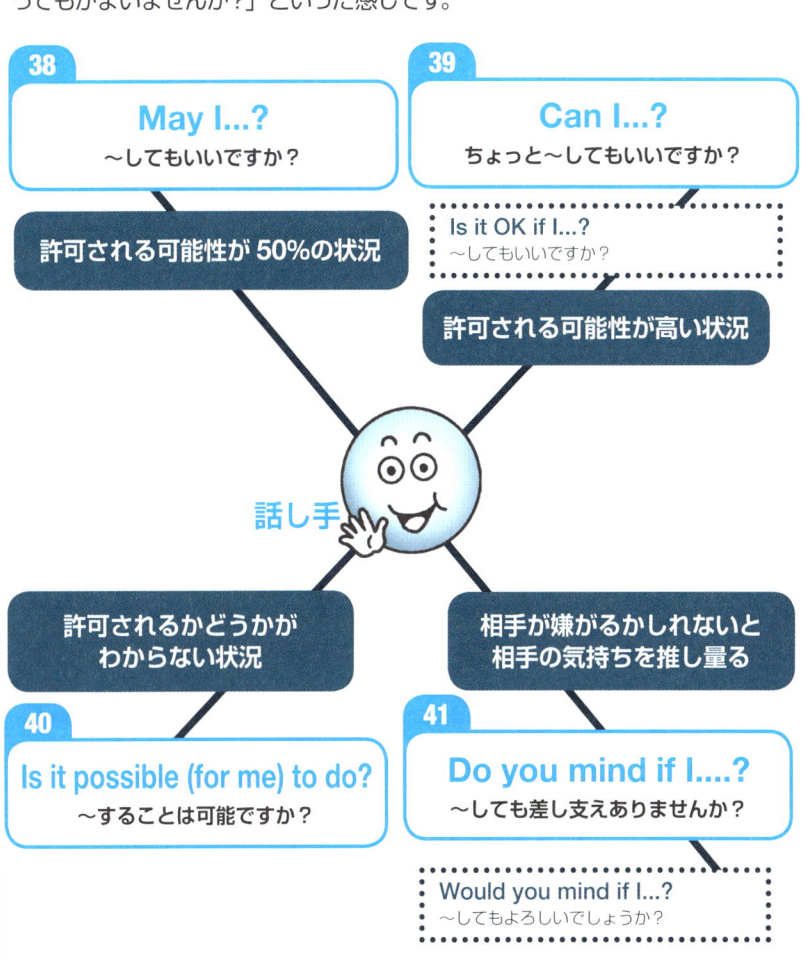

38 May I...?
～してもいいですか？

許可される可能性が 50％の状況

39 Can I...?
ちょっと～してもいいですか？

Is it OK if I...?
～してもいいですか？

許可される可能性が高い状況

話し手

許可されるかどうかがわからない状況

40 Is it possible (for me) to do?
～することは可能ですか？

相手が嫌がるかしれないと相手の気持ちを推し量る

41 Do you mind if I....?
～しても差し支えありませんか？

Would you mind if I...?
～してもよろしいでしょうか？

38 May I...?
〜してもいいですか？

mp3_042

May I speak to Mr. Martin? マーティンさんはいらっしゃいますか？

「〜してもいいですか？」という際の定番の言い方で「可能性」を問う表現ですが、may の場合はその可能性は 50％ くらいで、へりくだった表現だと言えます。買い物のため店に行くと、そこで聞かれる定番表現は May I help you? です。これは客に対する店員のへりくだった丁寧な表現だと言えます。

しかし、同じ May I...? も入国の際に、管理官が May I see your passport? と聞くことがよくあります。これも、同じへりくだった丁寧な表現ですが、それを立場が強い人が使うことで、No. という返事を許さない状況が生まれます。日本語に慇懃無礼という言い方がありますが、May I...? はまさにそのような状態でも使われる表現です。しかし、基本的には、許可を求める際に安心して使うことができる丁寧な表現です。

例文

- **May I** ask you some questions about your newly developed technology?　御社の新開発技術について、いくつかお尋ねしてもよろしいでしょうか？
- **May I** have your comments about this proposal?
　この提案内容について、ご意見をいただけますか？

会話例

A: Hello. Could I speak to Ms. Yanase?　もしもし。柳瀬さんはいらっしゃいますか？
B: **May I** ask who's calling, please?　どちらさまでしょうか？

A: **May I** take pictures here?　ここで写真を撮ってもよろしいでしょうか？
B: Sorry, but taking photos is prohibited for security reasons.
　申し訳ありませんが、警備上の理由で写真撮影は禁じられています。

ワンポイントレッスン　これを英語で言ってみよう！

なぜお申し込みをキャンセルなさるのか、お伺いしてもよろしいでしょうか？
◆ヒント：「申し込み」は your application。

（解答例は p. 247）

39 Can I...?
ちょっと〜してもいいですか？

Can I ask a question?　ちょっと質問してもいいですか？

「私が〜することは可能か？」と直接問う表現は Can I...? です。許可される可能性が高い状況で、「ちょっと〜してもいいですか？」という感じです。
　Can I sit here?（ここに座ってもいいですか？）、Can I go with you?（ご一緒してもいいですか？）など状況的に見て、それをすることが可能な場面で使われる表現だと言えます。
　Can I...? や May I...? 以外にも Is it OK if I go with you?（ご一緒してもいいですか？）の Is it OK if I...? も押さえておきましょう。

関連表現
Is it OK if I...?　〜してもいいですか？

例文
- **Can I** use the meeting room this afternoon?
  今日の午後、会議室を使ってもいい？
- **Can I** have a few minutes to finish this before the meeting?
  会議の前に2、3分もらって、これを仕上げてしまってもいい？

会話例
A: **Can I** break in?　ちょっといいですか？
B: Sure. Do you have another idea?　もちろん。別のアイデアがあるの？

A: **Can I** get you some coffee?　コーヒーをいれましょうか？
B: Oh, that sounds nice. Let's have a break.　ああ、いいわよ。休憩にしましょう。

ワンポイントレッスン　これを英語で言ってみよう！
仕事用のメールアドレスを教えてもらえる？
◆ヒント：「仕事用のメールアドレス」は your business e-mail address。

（解答例は p. 247）

40 Is it possible (for me) to do?

mp3_044　〜することは可能ですか？

Is it possible (for me) to <u>use</u> this computer until my laptop is fixed? 自分のノートパソコンが直るまで、このパソコンを使ってもいいですか？

　Is it possible (for me) to...? になると、許可される可能性があるかどうかわからない状況で、「〜することは可能なことでしょうか？」と可能であるかどうかを直接問うことで許可を求めるといった状況が考えられます。

　ある建物の中に入れるかどうかわからないけれども、できれば入ってみたいという状況で、Is it possible (for me) to enter this building? と許可を求めるというのがそれです。自分の論文に写真を何枚か使いたいがそれは許されるかと写真の所有者に、Is it possible (for me) to reproduce these pictures in my paper? のように許可を求める場合が考えられます。

例文

- **Is it possible (for me) to <u>submit</u> this form next Monday, not this Friday?** この用紙の提出は、今週の金曜日ではなくて来週の月曜日でもいいですか？

会話例

A: Is it possible (for me) to <u>enter</u> the laboratory building?
　　研究棟へ入ってもいいのかな？
B: I think you need to go to the management office first.
　　まず管理事務所へ行かなければならないと思うよ。

A: Is it possible (for me) to <u>use</u> these graphics in my presentation slides? この図表類をプレゼンのスライドに使ってもいいのかな？
B: Well, you should ask the financial division. They originally created these materials. うーん、経理課に聞いたほうがいいね。元々あそこが作った資料だから。

ワンポイントレッスン　これを英語で言ってみよう！

今日の午後、スライドプロジェクターを使ってもいいですか？
◆ヒント：「スライドプロジェクター」は the slide projector。

(解答例は p. 247)

41 Do you mind if I...?
〜しても差し支えありませんか？

Do you mind if I make copies of these files?
これらのファイルをコピーしてもかまいませんか？

　mind には「嫌がる、気にする」という意味があります。ですから、この表現には、もしかすると相手が嫌がるかもしれないという思いがあり、相手の気持ちを推し量って「もし私が〜したら（お）嫌ですか？」と聞くことで許可を求める表現方法。意味としては「〜してもいいですか？」といった感じで日常的にもよく使います。Do you mind if I sit here? だと「こちらに座ってもかまいませんか？」ということ。Would you mind if I...? になると丁寧さが増します。これは仮定法の慣用表現なので、Would you mind if I sat here? の sat のように「過去形」にすることに注意しましょう。

関連表現
Would you mind if I...?　〜してもよろしいでしょうか？

例文
- **Do you mind if I** use your stapler for my documents?
  書類を留めるので、ホッチキスをお借りしてもいいですか？

会話例
A: **Do you mind if I** turn down the air conditioner? I'm feeling a little cold.
　　エアコンを弱めてもいいですか？　ちょっと寒いので。
B: Go ahead. Actually, I'm feeling cold, too.　そうして。実は私も寒いの。

A: **Would you mind if I** checked my e-mail?　メールをチェックしてもいいでしょうか？
B: Not at all.　どうぞ。

ワンポイントレッスン　これを英語で言ってみよう！
電話を一本かけてもかまいませんか？
◆ヒント：「電話」は a phone call。

（解答例は p. 247）

Unit 3

相手の意思を確認する

どの言語でも、会話で相手の言っていることを確認するということはごく当たり前に行われることです。ここでは相手の意思を確認する代表的な慣用表現として、下の5つの表現を取り上げます。

42 Do you mean (that)...?
～という意味ですか？

What do you mean? どういう意味ですか？
Do you mean to tell us [to say] that...?
～という意味で言っているのですか？

意味がはっきりしないときに確認

43 Are you telling me (that)...?
つまりおっしゃりたいのは
～ということですか？

相手の真意、気持ちを確認

44 Can we say (that)...?
～ということは言えるでしょうか？

相手を巻き込む形で確認

話し手

一方的にこちらの問題として確認を求める

45 Just to make sure...
確認だけど……

make sure ～を確認する
let me make sure that...
～を確認させてください

相手の発言内容を確認する

46 You said (that)..., is that right?
あなたは～とおっしゃいましたが、間違いありませんか？

42 Do you mean (that)...?
~という意味ですか？

Do you mean that our proposal is a result of compromise? 私たちの提案は妥協の産物だという意味ですか？

mean は What do you mean?（どういう意味ですか？）のように「意味する」という動詞。相手が何かを言ったときに、その意味がはっきりしない場合、Do you mean that you don't like going fishing?（魚釣りはしたくないという意味ですか？）のように確認します。Do you mean to tell us that you're not going to agree to the proposed plan?（君は提案に賛成しないと言うつもりなの?）のように Do you mean to tell us...? や Do you mean to say...? などの表現が可能です。

関連表現
What do you mean? どういう意味ですか？
Do you mean to tell us [to say] that...? ～という意味で言っているのですか？

例文
- **Do you mean that** we need to have this work done by next week? つまり、この仕事を来週までに仕上げなければならないということですか？

会話例
A: I'm going to go for a medical checkup tomorrow morning.
明日の朝、健康診断に行くんだ。

B: Do you mean you're going to miss the sales meeting that starts at 10:00? 10時からの販売会議には出ないということ？

A: I don't really understand the policy of our new project.
今度のプロジェクトの方針、よくわからないな。

B: Do you mean you are reluctant to be involved in it?
あまり参加したくないってこと？

ワンポイントレッスン これを英語で言ってみよう！

ボブがその仕事に向いていないというつもりかい？
◆ヒント：「向いている」は be suited。

（解答例は p. 247）

43 Are you telling me (that)...?
つまりおっしゃりたいのは〜ということですか？

Are you telling me that we've been working in the wrong way? つまりおっしゃりたいのは、私たちは仕事の仕方を間違えていたということですか？

　この表現は、相手の発言の真意がわからず、「つまり、おっしゃりたいのは〜ということですか？」という状況で、相手の気持ちを確認する際に使います。直訳的には、「〜ということを言っているのですか？」ということで、相手の発言内容をそのまま、「これがあなたが言っていることですか？」と問う意味合いになっています。Why are you telling me this?（なんでこんなことを私に言っているの？）と相手を責めるような意味合いもあります。
　なお、You're telling me! という慣用表現もありますが、これは「その通り、私も賛成」という意味です。

> **関連表現**
> You're telling me!　その通り、私も賛成。

例文

- **Are you telling me that** we are running into the red this quarter?
  うちは今期、赤字になるっていうこと？

会話例

A: Are you telling me I made a mistake?　私がミスを犯したと言いたいの？
B: No, I'm just saying some of us misunderstood the whole idea.
　いや、単に、私たちの中に趣旨を誤解している者がいると言ってるんです。

A: Mr. Wada is in a bad mood. What did you say to him?
　和田さんの機嫌が悪いよ。彼に何を言ったんだい？
B: Are you telling me you think I made him mad?
　私が彼を怒らせたって言いたいの？

> **ワンポイントレッスン　これを英語で言ってみよう！**
>
> **この仕事をもっとうまくやれたはずだと言いたいんですか？**
> ◆ヒント：「……をもっとうまくやる」は do better with...。

（解答例は p. 247）

44 Can we say (that)...?
〜ということは言えるでしょうか？

Can we say we have developed something really useful for many people?
私たちは多くの人に本当に役立つものを開発してきたと言えるだろうか？

　Can we say...? は「〜ということが言えるでしょうか」ということで、「〜ということに賛成ですか」という意味合い。相手を巻き込む形で何かを確認するといった表現です。たとえば、Can we say fish is generally better than meat?（魚は一般的に肉よりよいと言っても差し支えないでしょうか？）は相手も同じ意見かと尋ねている表現です。これも確認をとる慣用的な表現だと言えます。この can も可能性に関するもので「次のようなことを言うことは可能でしょうか」といったニュアンスがあります。

例文

- **Can we say** we are definitely achieving our goal?
  私たちは絶対に目標を達成すると言えるだろうか？
- **Can we say** we have been doing our best to satify consumers?
  私たちは消費者に満足してもらうために最善を尽くしてきたと言えるだろうか？

会話例

A: **Can we say** we are providing healthy food?
うちは健康的な食品を提供していると言えるのかな？

B: Of course. We should be confident about our products.
もちろん。自社製品に自信を持ったほうがいいよ。

A: **Can we say** we have completely solved the problem?
われわれは完全に問題を解決したと言えるのかな？

B: At least there's nothing more we can do.
だと思うよ。少なくとも、これ以上できることはない。

ワンポイントレッスン　これを英語で言ってみよう！

われわれはこのプロジェクトを成功させるために全力を尽くしたと言えるかな？
◆ヒント：「全力を尽くす」は do one's best、「……を成功させる」は make... a success。

（解答例は p. 247）

45 Just to make sure...

mp3_049 　確認だけど……

Just to make sure, we'll have the meeting at 2:00 this coming Thursday, right? 　確認ですが、会議は今度の木曜日の 2:00 ですね？

　make sure は「何かを確認する」という際の決まり文句です。Just to make sure... は冒頭において、「確認だけど……」と言う場合に使います。同様に、この make sure が let me と結合して let me make sure that... が慣用化しています。「次の点を確認させてほしんですけど」といった感じです。Let me make sure that you are not coming with us. だと「確認させてほしいんだけど、きみはぼくらとは来ないんだね」とったニュアンスで、一方的に、こちらの問題として確認を求める表現です。

> **関連表現**
> make sure... 　〜を確認する
> Let me make sure that... 　〜を確認させてください

例文

- **Just to make sure**, I should prepare the handouts by 1:00 tomorrow, right? 　確認だけど、配布資料は明日の 1 時までに準備すればいいんだね？
- **Just to make sure**, you won't be in the office next Monday to Friday, correct? 　確認だけど、来週の来週の月曜日から金曜日までオフィスにいないんだよね？

会話例

A: **Just to make sure**, I should CC all the related e-mails to you, is that correct? 　確認ですけど、関連するメールはすべて CC を入れればいいのですね？
B: Yes, please. 　ええ、お願いします。

A: **Just to make sure**, we have to get everything done by September 21st, right? 　確認だけど、全部 9 月 21 日までに終えればいいんだね？
B: Exactly. We can't be late. 　その通り。遅れることはできませんよ。

> **ワンポイントレッスン　これを英語で言ってみよう!**
>
> 確認ですが、そのウェブサイトにログオンするときには必ずパスワードの入力が必要なのですね？
> ◆ヒント：「ウェブサイトにログオンする」は log on to the website。

（解答例は p. 247）

46 You said (that)…, is that right?
あなたは〜とおっしゃいましたが、間違いありませんか？

mp3_050

You said that sales in your division would double next quarter, **is that right?**　きみの部署の来期の売上は2倍になると言っていたが、本当か？

　相手の発言そのものを正しいか確認する際によく使う表現。「あなたは〜とおっしゃいましたが、間違いありませんか」といった感じです。たとえば、You said that your factory had reduced CO2 emissions substantially, is that right?（貴社の工場ではCO2の排出を大幅に減らしたとおっしゃっていましたが、間違いありませんか）のように使います。

　相手の発言をそのまま直接話法で表現し、それが発言通りかどうかを確認することもあります。You said, "We're going to contribute to energy conservation," is that right? は「われわれは省エネに貢献するつもりだ、とおっしゃっていましたが、間違いありませんか」ということです。

例文

- **You said that** you would take responsibility for everything related to this product, **is that right?**　この商品についてはすべてにわたって責任を負うといっていたが、その通りかい？

会話例

A: **You said that** the service at your branch has improved a lot, **is that right?**　きみの支店のサービスはかなり改善されたと言っていたけど、本当なの？

B: That's right. Complaints from customers have decreased and sales have increased.　その通り。お客さんの苦情が減り、売り上げが伸びています。

A: **You said that** you would develop an innovative product by this autumn, **is that right?**　この秋までに革新的な商品を開発するとおっしゃっていましたが、本当ですか？

B: Yes. Actually, we have almost achieved our goal.　はい。実際、ほぼ目標に到達しています。

ワンポイントレッスン　これを英語で言ってみよう！

年末までに赤字を解消すると言っていましたが、間違いありませんか？
◆ヒント：「赤字を解消する」は eliminate the deficit。

（解答例は p.247）

Unit 4

念を押す

　相手に念を押すという状況はいろいろ考えられます。「きっと来てね」と相手に単刀直入に言うとき、「印鑑を持ってくるのを忘れないでね」と相手にはっきり念を押すとき、「忘れるといけないので言うんだけど、明日は2時から会議だからね」などと相手に確認をするとき、そして「来月私たちの結婚20周年を祝うこと、忘れないようにしてね」などと忘れそうな人に念押しをする状況などに、それぞれピッタリの表現をみていきましょう。

47 Be sure to do
きっと〜してね（〜してくださいね）

please be sure to do　きっと〜してください
please make sure to do
きっと〜してください

単刀直入に、相手に「〜してね」とい言う

48 Don't forget to do
〜することを忘れないでください

Don't forget to do..., all right (OK)?
〜することを忘れないでね。いい？

相手にはっきりと「〜を忘れないで」と言う

話し手

あることについて確認をする状況で

49 Can I just remind you (that)...?
ちょっと確認なんだけれども〜、
〜することを覚えていた？

Just a quick reminder.　念のために一言
Did you remember that...?
〜について覚えていた？

忘れっぽい人に念押しをするときに

50 Try to remember (that)...
〜することを忘れないようにしてくださいね

Whatever you do, try to remember...
何があっても、〜を忘れないようにしてね
Please remember that...
どうか〜を忘れないようにしてね

47 Be sure to do

mp3_051　きっと〜してね（〜してくださいね）

Be sure to bring your ID card.
ID カードをかならず持ってくるようにしてください。

　単刀直入に「きっと〜してね（してくださいね）」という状況では be sure to do がピッタリ。Be sure to call her back at six.（6 時に彼女に折り返し電話をするように）などと使います。さらに「確認するように」という意味合いを強調したければ、make sure を使います。もちろん、丁寧さを出す際には please をつけて、please be sure to... とか please make sure to... と言います。

> **関連表現**
> please be sure to do　きっと〜してください
> please make sure to do　きっと〜してください

例文

- **Be sure to prepare** those documents by October 5th.
  必ずこれらの書類を 10 月 5 日までにそろえてください。

- **Be sure to pass** your ID card over the sensor when you lock the office door.
  オフィスのドアを施錠するときには、必ず自分の ID カードをセンサーにかざしてください。

会話例

A: Could I borrow this file for my work for a while?
仕事に使うので、このファイルをしばらく借りてもよろしいですか？

B: Sure, but please **be sure to return** it by the end of the day.
いいですが、必ず今日中に返してくださいね。

A: **Be sure to submit** your payment slip for the month by tomorrow.
今月分の支払い伝票は、必ず明日までに出してください。

B: OK, I'll do it for sure.　わかりました、必ず出します。

ワンポイントレッスン　これを英語で言ってみよう!

内田さんにメールを出すときには、必ず私に CC を入れてください。
◆ヒント：「私に CC を入れる」は CC me。

（解答例は p. 247）

48 Don't forget to do
mp3_052　〜することを忘れないでください

Don't forget to bring your stamp. 印鑑を持ってくるのを忘れないでね。

　はっきりと「〜することを忘れないで」という状況が考えられますが、Don't forget to do はそういう状況でよく使う表現です。
　「〜することを忘れないでね」とさらに念を押す際には、all right や OK を最後につけて、Don't forget to do..., all right? などのように言います。教授が学生に Don't forget to submit your paper by tomorrow morning. と言えば「明日朝までにレポートを提出するのを忘れないように」ということ。また、You won't forget to do..., will you? (〜することは、＜まさか＞忘れないよね) という表現も使われます。

> **関連表現**
> Don't forget to do..., all right (OK)?　〜することを忘れないでね。いい？
> You won't forget to do..., will you?　〜することは、(まさか)忘れないよね

例文

- **Don't forget to log** out before you turn off your company computer.　会社のパソコンを消す前には、忘れずにログアウトしてね。

会話例

A: I'll go directly home today after I visit Kida Industry.
木田産業へ行ってから、今日は直帰するよ。

B: OK, but **don't forget to call** the boss when you finish the meeting.
はい。でも、打ち合わせが終わったら、忘れずに課長に電話してね。

A: **Don't forget to attach** a revenue stamp to the contract before you send it to them.　契約書は、忘れずに収入印紙を貼ってから先方へ送ってください。

B: Oh, thanks for reminding me.　あっそうか、ありがとう、思い出させてくれて。

> **ワンポイントレッスン**　これを英語で言ってみよう！
>
> **忘れずに、締め切り日前にセミナーに申し込んでください。**
> ◆ヒント：「セミナーに申し込む」は apply for the seminar。

(解答例は p. 247)

49 Can I just remind you (that)...?
ちょっと確認なんだけれども〜、〜することを覚えていた？

Can I just remind you we have a meeting at 2:00 tomorrow?
（忘れているといけないから）念のために言っておくと明日2時から会議だからね。

「ちょっと確認なんだけど」と言って、あることについて確認する状況での表現は Can I just remind you that...? がピッタリです。Just a quick reminder.（念のために一言）といった表現も会話ではよく使われます。

また、remember を使って確認する表現には Oh, did you remember that...?（〜について覚えていた？）や、You do remember that..., don't you?（〜をちゃんと覚えているよね）といった思いを伝える表現もあります。

関連表現
Just a quick reminder. 念のために一言
Did you remember that...? 〜について覚えていた？
You do remember that..., don't you? 〜をちゃんと覚えているよね？

例文

- **Can I just remind you Ms. Heath will visit us on November 17th?**
念のために言っておくけど、ヒースさんが11月17日に訪ねて来るよ。

会話例

A: Can I just remind you that you need to reserve a hotel room for Mr. Hamada? 確認するけど、浜田さんが泊まるホテルを予約する必要があるよね？
B: Yes. I've already done it. ええ。もうやりました。

A: Can I just remind you that you should arrange the meeting with the marketing team? 確認だけど、マーケティング班との打ち合わせの手配をしておいてね。
B: Why me? I thought Judith would do that.
なぜ私が？ ジュディスがやると思ってましたけど。

ワンポイントレッスン　これを英語で言ってみよう！

念のために言うけど、今月の締め日はあさってだよ。
◆ヒント：「締め日」は the cutoff day。

（解答例は p. 247）

50 Try to remember (that)...
〜することを忘れないようにしてくださいね

Try to remember we all need our IDs to access every office in the building.
この建物のオフィスは、どこも入室の際に各自のIDが必要になるので、お忘れなく。

　いろいろ忘れっぽい人には「〜することを忘れないようにしてくださいね」と念押ししますが、そういう場合には、Try to remember (that)... がぴったり。
　「何があっても、忘れないようにしてね」だと Whatever you do, try to remember... のように、Whatever you do などを加えます。
　Try to remember (that) 以外にも Just remember (that)... や Please remember (that)... も慣用化した表現です。

関連表現
Whatever you do, try to remember (that)...　何があっても、〜を忘れないようにしてね
Just remember (that)...　〜を忘れないでね
Please remember (that)...　どうか〜を忘れないようにしてね

例文
- **Try to remember that** you need to have your boss's signature on your expense slips.　経費精算伝票には、上長のサインをもらうのを忘れないように。

会話例
A: I didn't know our internal e-mail system had changed.
社内メールの仕組みが変わったなんて知らなかった。

B: Yeah. **Try to remember that** you need to log onto our intranet first.
うん。忘れずに、まず社内のイントラネットにログオンしなくちゃいけないんだ。

ワンポイントレッスン　これを英語で言ってみよう!

会議に参加するにはこの参加証が必要だから忘れないでね。
◆ヒント：「会議に参加する」は attend the conference、「参加証」は participation certificate。

(解答例は p. 247)

Unit 5

提案する① 〜してはどうですか

相手に何かを提案する表現には、「〜しないとまずいことになる」という脅迫的なニュアンスをもつものから、「絶対〜したほうがいい」「〜することをすすめます」「〜してはどうですか?」そして「ひょっとすると〜することも可能なんじゃないかな」という控えめな提案まで、いろいろなバリエーションがあります。

51 you may...
〜してもいいですよ、ひょっとしたら〜することも可能なんじゃないかな

相手の気持ちを慮って提案

I suggest that... 〜を提案します
I propose that... 〜を提案します
if I were you, I'd do...
私があなたの立場だったら、〜するでしょう

52 you really ought to do
ぜひ〜することをすすめます

you really should do
本当に〜すべきだ

提案者の強い思い

53 you had better...
〜しないとまずいことになる

you must... ぜひ〜すべきだ

親密な関係で指示を出せる立場で

話し手

相手の意向を重視

55 Would you like to do...?
(〜してみたいですか→)
〜してはどうですか?、〜しませんか?

Would you like...? 〜はどうですか?
Do you want to do...?
〜したいですか?

「じゃあ〜してはどうか」と提案するポピュラーな定番表現

54 Why don't you...?
じゃあ〜したらどうですか?

51 you may...

mp3_055　〜してもいいですよ、ひょっとしたら〜することも可能なんじゃないかな

You may use this smartphone if your smartphone's battery is running out.　もしあなたのスマホのバッテリーが切れかかっているのならこのスマホを使ってもいいですよ。

　何かの提案を行う際の最も直接的な表現はI suggest that... とI propose that... のふたつで、これはともに「〜することを提案します」という意味です。
　しかし、会話などでは、相手の気持ちを慮って、「ひょっとして〜したら」とやんわりと提案するのが普通です。You may... は「ひょっとして〜することも可能なんじゃないかな」といった感じです。If I were you, I'd... （私が君の立場だったら〜するでしょう）といった提案も日本語英語を問わずよく使われます。

> **関連表現**
> I suggest that... / I propose that...　〜することを提案します
> if I were you, I'd...　私があなたの立場だったら、〜するでしょう

例文

- **You may** use the scanner here for making PDFs.
  ここのスキャナーを使ってPDFを作っていいですよ。
- **You may** use these materials to prepare for your presentation.
  これらの材料を使ってプレゼンの準備をしていいですよ。

会話例

A: **You may** use the reception space downstairs for the meeting with your client.　下の階の応接スペースを使って、お客さんと打ち合わせすれば？
B: That sounds good, thanks.　よさそうですね、ありがとうございます。

A: I don't know where to put these documents.
　これらの書類をどこに置けばいいのか、わからないんですが。
B: **You may** put them on the shelves by the window.　窓際の棚の上に置いてもかまわないよ。

> **ワンポイントレッスン**　これを英語で言ってみよう!
>
> それは段ボール箱に詰めて宅配便で送ればいんじゃない。
> ◆ヒント：「段ボール箱」はa carton。

（解答例はp. 247）

52 you really ought to do
ぜひ～することをすすめます

You really ought to talk to Mr. Aoki about this issue.
この件についてはやはり青木さんに相談したほうがいいですよ。

　こうするのが絶対よいという提案者の強い思いがあるときは、You really ought to do... という慣用表現の出番です。この ought to は should と意味が近く、したがって、You really should... という言い方も同様の意味をもちます。この ought to を積極的に使う日本人は多くないようですが、英語ではとてもよく使われる表現です。have to のように自由に使いたいですね。

関連表現
you really should...　本当に～すべきだ。

例文
- **You really ought to use** the new application for organizing this kind of data.　この種のデータを整理するなら、ぜひその新しいソフトを使うとがいい。

会話例
A: Where should I take my client from Hong Kong for dinner?
香港から来るお客さんなんだけど、夕食にどこへ連れて行けばいいかな？

B: You really ought to go to Restaurant Tanabe in Ginza.
銀座のレストラン田辺へ行くのが絶対にいいよ。

A: You really ought to attend the lecture by Mr. Makoto Omori.
大森誠氏の講演には、絶対に行ったほうがいいよ。

B: You think so? He's a well-known business consultant, right?
そう？　彼は有名なビジネスコンサルタントだよね？

ワンポイントレッスン
これを英語で言ってみよう！

仕事の効率を上げるには、絶対にハードディスクを交換したほうがいいよ。
◆ヒント：「ハードディスク」は hard drive、「効率を上げる」は increase efficiency。

（解答例は p. 247）

53 you had better...
~しないとまずいことになる

You had better see a doctor.　お医者さんに診てもらったほうがいいぞ。

　この表現は「AとBの選択肢があって、Aをするほうがよい」あるいは「Aをしないとまずいことになる」という意味合いがあます。この表現を用いるのは、相手との関係が親密な場合、あるいは相手に指示を出すことができる立場にいる場合に限られる傾向があります。You'd better see a doctor. は「お医者さん診てもらうほうがいいぞ」ということですが、「そうしなければまずいことになる」という含意があります。

　これに近い（が丁寧な）表現に、It might be better to see a doctor. があります。外国のお客さんに「ぜひ、高山に行ってみるといいですよ」と提案する際には、You really ought to [should] visit Takayama. であって、You'd better visit Takayama. とは言いません。むしろ、You must visit Takayama.（絶対に高山に行くべきです）と言い切るほうが自然です。

関連表現
it might be better to do...　～したほうがいい
you really ought to do　ぜひ～すべきだ
you must...　絶対に～すべきだ

例文

- **You'd better** visit Maxon Inc. immediately and explain the situation.　すぐにマクソン社へ行って、状況を説明しないとまずいことになるよ。

会話例

A: **You'd better** let her know soon about the schedule change.
　すぐに彼女にスケジュール変更を伝えないと。
B: I know. I've been calling her, but she doesn't answer.
　わかってます。電話してるんだけど、出ないんです。

ワンポイントレッスン　これを英語で言ってみよう！

すぐにセキュリティーソフトを導入しないとまずいよ。
◆ヒント：「～を導入する」は start using...。

（解答例は p. 247）

54 Why don't you...?
じゃあ〜したらどうですか？

Why don't you take a break?
休憩してはどうですか？

Why don't you...? は「じゃあ〜したらどうですか？」と提案する場合、一番よく耳にする定番表現です。直訳では「あなたはどうして〜しないんですか？」となりますが、「〜しない理由はあるんですか？」から「〜しない理由なんかないですよ」という話し手の思いを含む表現です。

たとえば、海外で音楽を勉強したいと考えている人に、Why don't you go to New York? Berklee is there. といえば「じゃあ、ニューヨークがいいんじゃない。バークリー音楽学校があるし」といった感じです。

例文

- **Why don't you** take part in the upcoming product training workshop? 今度の商品研修会に参加してはどうですか？
- **Why don't you** research it on the Internet?
それはインターネットで検索してはどうですか？

会話例

A: I can't find the sales records from the last two years.
過去2年間の販売記録が見つからないんだ。

B: Why don't you ask the Financial Department? 財務部に聞いてみたらどう？

A: You look very tired. **Why don't you** take a day off?
ずいぶん疲れているようだね。1日、休みを取ったら？

B: I'm too busy to take a day off this month.
今月は忙しすぎて、休みが取れないんです。

ワンポイントレッスン　これを英語で言ってみよう！

駅からホテルまでは、タクシーを使えばいいんじゃない？
◆ヒント：「タクシーを使う」は take a taxi。

（解答例は p. 247）

55 Would you like to do?
mp3_059 〜してはどうですか？、〜しませんか？

Would you like to have something to drink?
何かお飲みになりますか？

　相手の意向を重視し「〜してみたいですか」と問うことで、「〜するのはどうですか」と提案する表現が Would you like to do...? です。「〜というのはどう？ 気に入りそう？」といった感じです。Would you like to go study abroad? だと「海外留学して勉強するっていうのはどうですか？」という感じで、留学して勉強するという手があるよ、といった提案になります。
　この表現よりはっきり相手の意向を尋ねるものに Do you want to...?（〜したいですか？）があります。Do you want to go for a drink?（飲みに行きたいですか？）にしても Would you like to go for a drink?（飲みに行くのはどうですか？）にしても、相手の意向を問うわけですが、状況によっては「いっしょに飲みに行かない」と解釈するのが自然な場合があります。

関連表現
Do you want to do? 〜したいですか？

例文
- **Would you like to go to Osaka for me next month?**
  来月、ぼくのかわりに大阪へ行ってはどうですか？
- **Would you like to see a demo on my computer?**
  私のパソコンでデモをご覧になりますか？

会話例
A: **Would you like to stay the night in Nagoya after you visit them?**
　彼らを訪ねた後、名古屋で一泊したらどう？
B: I'd like to, but I can't. I have another appointment the next morning in Tokyo.　そうしたいけど、無理なんだ。翌朝、東京で別のアポがあってね。

ワンポイントレッスン　これを英語で言ってみよう！

明日、いっしょに LDI 社を訪問しませんか？
◆ヒント：「訪問する」は visit。

（解答例は p. 247）

Unit 6

提案する②　いっしょに〜しませんか?

　提案といっても相手への提案だけでなく、「いっしょに〜しませんか」という提案もあります。ここでは後者の「いっしょに〜しませんか」という提案の表現を取り上げます。

　何といっても、以下の4つが代表的です。それぞれを自在に使えるようにしたいですね。

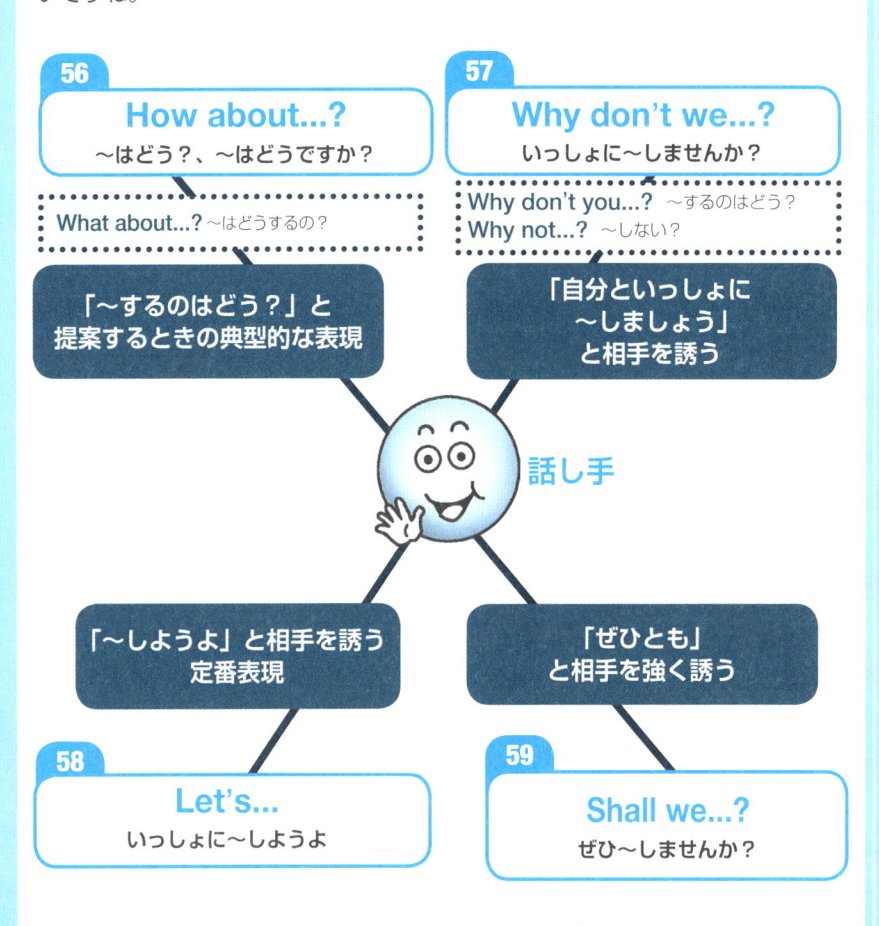

56
How about...?
〜はどう？、〜はどうですか？

What about...? 〜はどうするの？

「〜するのはどう？」と提案するときの典型的な表現

57
Why don't we...?
いっしょに〜しませんか？

Why don't you...? 〜するのはどう？
Why not...? 〜しない？

「自分といっしょに〜しましょう」と相手を誘う

話し手

「〜しようよ」と相手を誘う定番表現

「ぜひとも」と相手を強く誘う

58
Let's...
いっしょに〜しようよ

59
Shall we...?
ぜひ〜しませんか？

56 How about...?
mp3_060 　〜はどう？、〜はどうですか？

How about having a brainstorming session on this?
これについてブレーンストーミングをしてはどうですか？

　「〜はどう？」とか「〜するのはどうですか？」と問う際の最も典型的な慣用表現が How about...? です。How do you feel about...? が省略されて How about...? になり慣用化されたものと思われます。
　How about... に続くのは、How about a drink?（一杯どう？）のように名詞（句）である場合と、How about having a beer with me?（いっしょにビール一杯飲まない？）のように動名詞である場合があります。
　なお、What about...? という言い方もありますが、これは「気持ちや見解」を聞くというより「物事がどうなっているのか」と聞く場合に使う傾向があります。How about going to an onsen?（温泉はどう？）と提案され、I'd love to, but what about the kids?（行きたいけど、子どものことはどうする？）のような使い方をします。

関連表現
What about...?　〜はどうなの？

例文
- **How about advertising** the new service online?
  新サービスをネットで宣伝してはどうだろう？

会話例
A: **How about running** a booth at an international fair?
　国際見本市にブースを出してはどうですか？
B: That sounds interesting, but what about our budget?
　おもしろそうだね、でも予算はどうなの？

ワンポイントレッスン　これを英語で言ってみよう！
うちの新商品に関するアンケート調査をしてはどうだろう？
◆ヒント：「アンケート調査をする」は conduct a survey。

（解答例は p. 247）

57 Why don't we...?
（いっしょに）〜しませんか？

Why don't we have some coffee?
コーヒーでも飲みませんか？

　Why don't you...? だと「（相手に）〜するのはどう？」となりますが、Why don't we...? は「自分を含めていっしょに〜しない理由は何」から「いっしょに〜しない？」となります。そこで、Why don't we have some coffee ? だと「お茶でも飲まない？」といった意味になります。
　近い表現としては、Why don't we...? に近い表現には、Why not...? があり、Why not talk over a cup of coffee at a café? と言えば「カフェでコーヒーでも飲みながら話さない？」といった意味です。

関連表現
Why don't you...?　〜するのはどう？
Why not...?　〜しない？

例文

- **Why don't we** talk about the next project?
  次のプロジェクトについて話し合いませんか？

会話例

A: So far we haven't come up with a good idea.
　これまでのところ、いいアイデアが挙がっていないが。
B: **Why don't we** take a break?　ひと休みしませんか？

A: **Why don't we** revise our sales strategy?　販売戦略を見直してはどうですか？
B: OK, I'll make a proposal to the boss.　よし。課長に提案してみよう。

ワンポイントレッスン　これを英語で言ってみよう！

まずは今期の売り上げを振り返ってみませんか？
◆ヒント：「振り返る」は review、「今期」は this quarter。

（解答例は p. 247）

58 Let's...
いっしょに〜しようよ

Let's have eat something good around here.
このあたりで何かおいしいものを食べようよ。

let's... は「いっしょに〜しよう」という際におそらく最もよく使われる慣用表現です。「何か飲もうよ」だと Let's have something to drink. だし、「六本木へ飲みに行こうよ、ね」だと Let's go to Roppongi for a drink, shall we? のように shall we? を付加することで誘う気持ちが強くなります。なお、「〜しないようにしよう」という場合は Let's not go to Ginza.（銀座には行かないようにしよう）と Let's not... の形を使います。

関連表現
Let's..., shall we? 〜しよう、ね
Let's not... 〜しないようにしよう

例文
- **Let's** discuss the ideas from the project team.
  プロジェクトチームから出た案について話し合おう。
- **Let's** check our sales trends for the past three years.
  過去3年間の売り上げの推移をチェックしよう。

会話例
A: I think we've had enough discussion.　もう議論は出尽くしたと思うよ。
B: OK, so **let's** call it a day.　わかりました。じゃあ、きょうは終わりにしましょう。

A: David, **let's** go out for a drink tonight.　デービッド、今夜、飲みに行こうよ。
B: Oh, sorry. I have to work overtime today because I'll have a day off tomorrow.　ああ、ごめん。今夜は残業しなきゃいけないんだ。明日、休みを取るんでね。

ワンポイントレッスン　これを英語で言ってみよう！

10時半から、簡単な打ち合わせをしよう。
◆ヒント：「簡単な打ち合わせ」は a quick meeting。

（解答例は p. 247）

59 Shall we...?
ぜひ〜しませんか？

Shall we dance? ダンスをしませんか？

shall は米語などでは契約書や法律文書の中ででもない限り、あまり日常的に使われることのない助動詞です。しかし、Shall we...? だけは慣用表現として米英を問わずたいへんによく使われます。

「ぜひ〜しませんか？」といった意味合いです。「いっしょに〜しよう」の代表格である Let's..., shall we? の形にみられるように、let's と shall we は密接な関係があるのです。

通常、「一杯飲まない？」だと Shall we have a drink? だし、「映画見に行かない？」だと Shall we go to the movies? と言います。

関連表現
Let's..., shall we?　〜しよう、ね
Let's...　いっしょに〜しようよ

例文

- **Shall we** go on to the next topic?　次の議題に移りましょうか。
- **Shall we** get down to business, then?　では、仕事の話を始めましょうか。

会話例

A: So, **shall we** get together again next week?
じゃあ、来週また集まりましょうか。

B: That sounds good. I'll prepare more materials by then.
いいですね。　そのときまでに、もっと資料を用意しますよ。

A: Shall we go to our office and continue the discussion?
会社へ行って、話の続きをしましょうか。

B: Why not?　そうしましょう。

ワンポイントレッスン　これを英語で言ってみよう！

当期の売上報告書を見てみましょうか。
◆ヒント：「売上報告書」は the sales report.

（解答例は p. 247）

Unit 7

禁止する

　禁止を表す表現のニュアンスの違いもさまざまです。ここでは端的に禁止を表す don't、相手にまったく反論の余地を与えずに禁止する must not、上から目線の may not、比較的穏やかに禁止を表す、you are not allowed to do の4つの表現をみていきましょう。

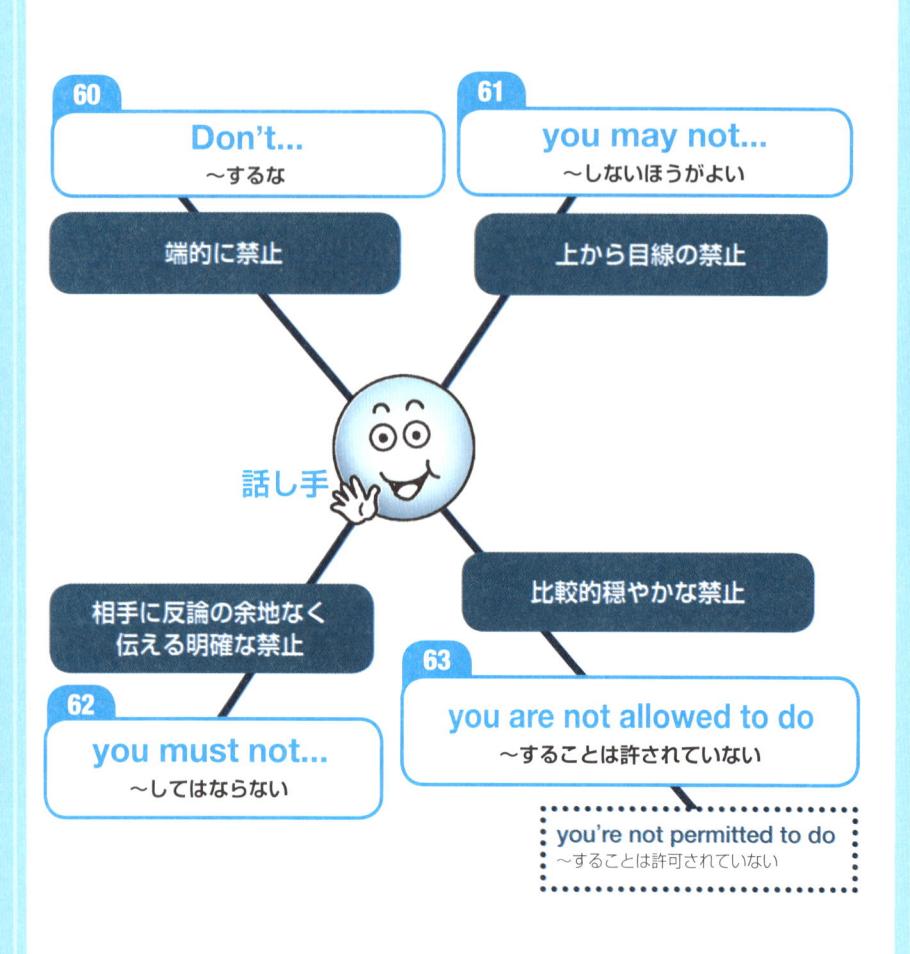

60 Don't...
〜するな

端的に禁止

61 you may not...
〜しないほうがよい

上から目線の禁止

話し手

相手に反論の余地なく
伝える明確な禁止

比較的穏やかな禁止

62 you must not...
〜してはならない

63 you are not allowed to do
〜することは許されていない

you're not permitted to do
〜することは許可されていない

60 Don't...
~するな

Don't smoke here.　ここでタバコを吸わないで。

　端的に禁止を表す表現といえば Don't... です。Don't smoke here. は「ここではタバコを吸わないで」ということですが、Do not smoke here. のように、do と not を離して発音すればより強い禁止になります。
　この Don't... は強い禁止だけでなく、Don't be unsociable, Meg. Remember, we're a team. と言えば「つき合いが悪いわよ、メグ。仲間でしょう？」といった感じです。「～はやめたら」といった提案にもなります。
　同様に、「自分にそんなに厳しくしないで」だと Don't be so hard on yourself. と表現することができます。

例文

- **Don't** work too hard if you don't feel well.
  気分がすぐれないのなら、あまり仕事をしすぎないでください。
- **Don't** be late for meetings with people outside the company.
  社外の人たちとの会議には、遅れないように。

会話例

A: I don't know if I can give a good presentation.
プレゼンがうまくいくかどうか、わからないよ。

B: Don't be so nervous. I'm sure you'll be successful.
そんなに緊張しないで。絶対にうまくいくわよ。

A: Don't touch the keyboard of that computer. The OS is being updated.
そのパソコンのキーボードに触らないで。OS をアップデートしてるところだから。

B: OK, I'll stay away from it.
わかった。触らないわ。

ワンポイントレッスン　これを英語で言ってみよう!

倉庫の扉を明けっぱなしにしないでください。
◆ヒント：「倉庫の扉」は the warehouse door。

（解答例は p. 247）

61 you may not...
mp3_065 〜しないほうがよい

You may not throw away plastic bottles in this trash can.
このゴミ箱にペットボトルを捨てないでください。

　You may not... は、文字通りには「(してもよいが) しないほうがいい」といった意味合いがあるため、一見柔らかい禁止に思えますが、実際は、「〜はやめてもらいたい」という強い禁止になります。そこで、You may not smoke here. と言われたら、OK. とか Sorry. と答え、タバコを吸うという選択肢はありません。
　立場の強い側が弱い側に「〜はやらないでほしい」と伝達する状況が連想されます。だから禁止の効力をもつのです。

例文

- **You may not copy the data in this CD-ROM.**
  この CD-ROM の中のデータはコピーしないでください。
- **You may not use your company computer for private purposes.**
  会社のパソコンを私用で使わないでください。

会話例

A: You may not take any confidential documents out of the office.
機密書類を職場の外へ持ち出さないでください。
B: I won't.　はい。

A: You may not access this facility without permission in advance.
事前の許可なしにこの施設へ入らないでください。
B: Sorry, I didn't know that.　すみません、知らなかったもので。

ワンポイントレッスン　これを英語で言ってみよう！

午後 5 時以降はこのスペースを使わないでください。
◆ヒント：「午後 5 時以降」は after 5:00 p.m.。

(解答例は p. 247)

62 you must not...
～してはならない

You must not drive a car after you drinking.
お酒を飲んだら運転してはいけない。

　この You must not... は、何の遠慮もなく明確に「あることをしてはならない」と伝える際の表現で、相手に反論の余地をまったく与えない表現です。
　「ここに入るべからず」という表示を、Don't enter here. と書かないで、You must not enter here. と書くと、「絶対にここに入ってはいけない（入ることは許さない）」という発信者の態度がはっきり出てきます。
　Don't... は「行為の否定」ですが、You must not... は「行為の否定」に加え、「～しないように絶対にしなければならない」といった主観が入った表現です。

関連表現
Don't... ～するな（行為の否定）

例文
- **You must not** violate the company regulations for any reason.
  理由いかんによらず、会社の規定に違反してはいけません。

会話例
A: Could I have the password for opening the locked spreadsheet file?
　ロックが掛かった表計算ソフトのファイルを開くパスワードを教えていただけますか？
B: No, **you must not** access those confidential files.
　いや、それらの部外秘のファイルは見ないようにしてください。

A: **You must not** enter this building without permission.
　許可なくこの建物に入らないでください。
B: I have a permit. 　許可証をもらっています。

ワンポイントレッスン　これを英語で言ってみよう！
このパソコンをインターネットの閲覧に使ってはいけません。
◆ヒント：「インターネットの閲覧」は Internet browsing

（解答例は p. 247）

63 you are not allowed to do
~することは許されていない

You are not allowed to use electronic devices here.
ここでは電子機器を使わないようにしてください。

　allow は「〜することを許す」という意味の動詞であることから、You are not allowed to do... は「〜することは許されていない」という意味合いの禁止を表します。「許す」といっても allow は「許容する」といった感じで、permit の「許可を与える」とはやや異なります。実際、「許可書」は permit であって、allowance とは言いません。You are not allowed to enter this building. と言えば、「この建物に入ることは許されていません」ということで、Don't や You may not... や You must not... と比べ、高圧的な響きはありません。You're not permitted to enter this building. だと「この建物に入ることは許可されていない」となり、禁止しているのが話し手でなく、当局であるといった含意があります。

関連表現
you may not...　〜しなほうがいい
you must not...　〜してはならない
you're not permitted to do...　〜することは許可されていない

例文
- **You are not allowed to smoke in this facility.**　この施設内は禁煙です。

会話例
A: I don't know why I can't open this webpage.
どういうわけか、このウェブページを開けないんだ。

B: You're not allowed to **access** the page. You need to register first.
そのページにアクセスすることが許されていません。まず登録することが必要です。

A: How can I use this application on my computer?
どうすれば自分のコンピュータでこのアプリケーションを使うことができるんだろう？

B: You are not allowed to **install** a new program. You need to call someone in the IT division.　あなたは新しいプログラムをインストールすることが許されていないのよ。IT 課の人を呼ばなくちゃだめね。

ワンポイントレッスン　これを英語で言ってみよう！

きみは社用車を使っちゃだめなんだ。
◆ヒント：「社用車」は a company car。

Unit 8

相手に何かをさせる―「使役」

　ここでは、誰かにはたらきかけて動かす使役の表現をみていきます。相手に対する「～させる」という強制力が強いものから、相手の意志を尊重して「～してもらう」表現までニュアンスはさまざまです。動詞のもつ本来の性格がニュアンスにでてきたものと言えるでしょう。

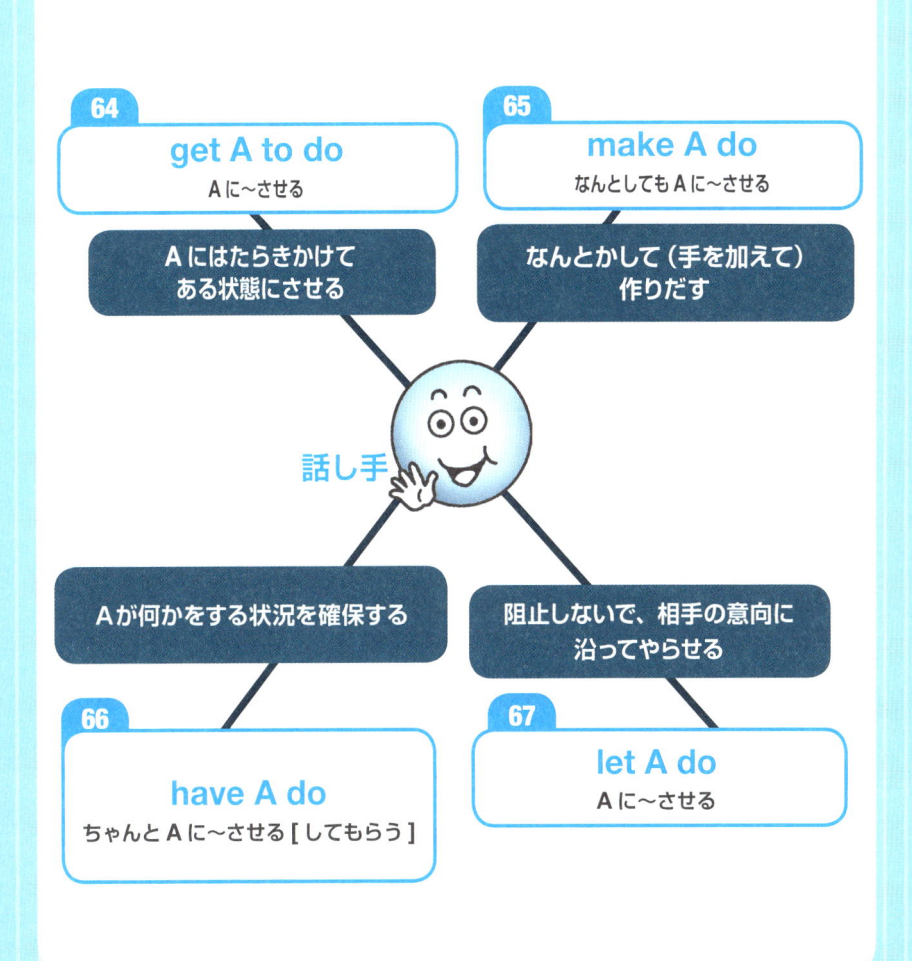

64 get A to do
Aに～させる

Aにはたらきかけて ある状態にさせる

65 make A do
なんとしてもAに～させる

なんとかして（手を加えて）作りだす

話し手

Aが何かをする状況を確保する

阻止しないで、相手の意向に沿ってやらせる

66 have A do
ちゃんとAに～させる[してもらう]

67 let A do
Aに～させる

64 get A to do
Aに〜させる

I'll get him to understand that "healthy" doesn't mean "expensive." 「健康な」ということは「高価な」を意味しないことを彼に理解させよう。

get は「ある状態にさせる」というはたらきかけと変化が含まれる動詞です。そこで、get A to do といえば「Aにはたらきかけて、〜する状態に向かわせる」という意味合いです。I'll get Bobby to clean his room. を説明的に言えば、「ボビーにはたらきかけて（たとえば、ボビーに必要性を説明して）、自分の部屋を掃除する状態に向かわせる」ということです。

例文

- **I'll get someone to prepare materials for the workshop.**
  研修会用の資料を誰かに用意させます。
- **I'll get Joe to reserve a table at the Italian restaurant.**
  ジョーに、イタリアンレストランの席を予約してもらいます。

会話例

A: Did you **get Susan to arrange** the schedule for Mr. Amano?
スーザンに天野さんのスケジュールを調整させたの？
B: No, I asked Ken to do that. いや、それはケンに頼んだ。

A: Should I **get someone to carry** those packages?
誰かにその梱包を運ばせましょうか？
B: Yes, please. I can't do it by myself. ええ、お願いします。ひとりでは無理なので。

ワンポイントレッスン これを英語で言ってみよう！

トム・テイラーを空港までお迎えに上がらせます。
◆ヒント：「迎える」は meet。

（解答例は p. 247）

65 make A do
なんとしてもAに~させる

I'll make him eat healthy food.
彼にはなんとしても健康的な食べ物を食べさせるつもりだ。

　make A do と get A to do は、to が含まれていないという点で違いがあります。make は「手を加えて何かを作る」という意味の動詞ですが、make A do の場合は、「[A do]（Aが何かをする）という状況をなんとかして（手を加えて）作りだす」という意味です。Mom made me eat spinach. だと「母はぼくにホウレンソウを食べさせた」ということですが、食べたくないといっても「ぼくホウレンソウを食べる状況（[me eat spinach]）を作りだした」ということから、時に強制力が感じられます。

例文

- I'll **make** my team **work** overtime if necessary.
  必要なら、部下たちに残業させますよ。

- I **made** George **apologize** to one of our clients.
  ジョージに、取引先のひとつに対して謝罪させました。

会話例

A: I wonder why he always **makes** me **feel** so bad.
どうして彼はいつもぼくの気分を悪くさせるのかな。

B: Who are you talking about?
誰のことを言ってるの？

A: Did Kate go to see the problematic client?
ケートは問題のお客に会いに行ったの？

B: Yeah, Mr. Kaneko **made** her **go**, even though she didn't want to.
うん。金子さんが行かせたんだ。彼女は行きたくなかったんだけどね。

ワンポイントレッスン　これを英語で言ってみよう！

技術者を御社へ行かせて問題を解決させます。
◆ヒント：「問題を解決する」は solve the problem。

（解答例は p. 247）

66 have A do

ちゃんと A に〜をさせる [してもらう]

I'll have him pay more attention to what he eats.
彼には食べ物にもっと注意させます。

　have A do は make A do と構文的には同じです。make の場合には「変化（手を加える）」と「産物」の両方に関心がいきますが、have だと「産物」だけに焦点が置かれます。つまり、「A が何かをする状況を確保する (have)」というのが have A do です。そこから、have A do には結果をちゃんと保証するといった意味合いが生まれ、「ちゃんと A に何かをさせる」だけでなく「ちゃんと A に何かをしてもらう」といった状況で使います。
　たとえば、夫にちゃんと皿洗いをしてもらおう、と考えている妻が、I'll have my husband do the dishes. と言う状況が連想されます。これは妻のスタンスによって「ちゃんとやらせる」と「ちゃんとしてもらう」の両方があります。

例文

- I'll **have** my subordinate **take** care of it.　部下にそれを処理させます。

会話例

A: Did you **have** anyone **go** to their office?
　誰かに先方のオフィスへ行ってもらったの？
B: Yes. Michael went there.　はい。マイケルが行きました。

A: Could you **have** Ms. Yano **help** me with those files this afternoon?
　今日の午後、矢野さんにこれらのファイルの仕事で私を手伝うように言ってくれる？
B: OK, I'll ask her.　わかりました。頼んでおきます。

ワンポイントレッスン　これを英語で言ってみよう！

アシスタントにインターネットで調査をしてもらった。
◆ヒント：「調査をする」は research。

（解答例は p. 247）

67 let A do
Aに~させる

I'll let him eat his favorite food. 彼に好きな物を食べさせてあげよう。

let は「そのままにさせる、自然のままにする」という意味合いの動詞です。そこで let A do と言えばAが何かをすることを阻止しないでやらせるという状況でピッタリの表現です。つまり相手の意に従うということです。

I'll make him eat spinach. は I'll let him eat spinach. と対照的です。前者は「無理にでも食べさせる」、後者は「食べたければ食べさせてやる」という意味になります。

例文

- I **let** Ms. Tomita **go** home because she said she was sick.
  体調が悪いということだったので、富田さんには帰宅してもらった。
- If you find a problem, please **let** me **know**.
  問題が見つかったら、知らせてください。

会話例

A: Could you **let** me **talk** to your manager about this?
この件で、そちらの課長さんとお話させていただけますか?

B: I'm very sorry, but he's out right now.
大変申し訳ありませんが、課長はただいま外出中です。

A: It seems some information is missing on the spreadsheet you sent me.
送ってくれた表には、情報が抜けているみたいだよ。

B: Oh, really? **Let** me **check.** え、本当ですか? チェックします。

ワンポイントレッスン これを英語で言ってみよう!

情報が入り次第、お知らせします。
◆ヒント:「情報が入る」は get information。

(解答例は p. 247)

Unit 9

尋ねる・伝える・示す

　what や where などは疑問文を作る際の言葉です。When did he arrive in Japan?（彼はいつ日本に到着したのですか）のように文頭で使うのが典型的ですが、英語では、I asked him when he arrived in Japan. のように「ask + 人 + WH 語」の構文も頻繁に使われます。

　この構文の典型的な動詞といえば ask 以外に tell と show があります。以下のような WH 語と組み合わせることで表現の幅が広がります。ask と一緒に使える WH 語には whether (if) も含まれます。

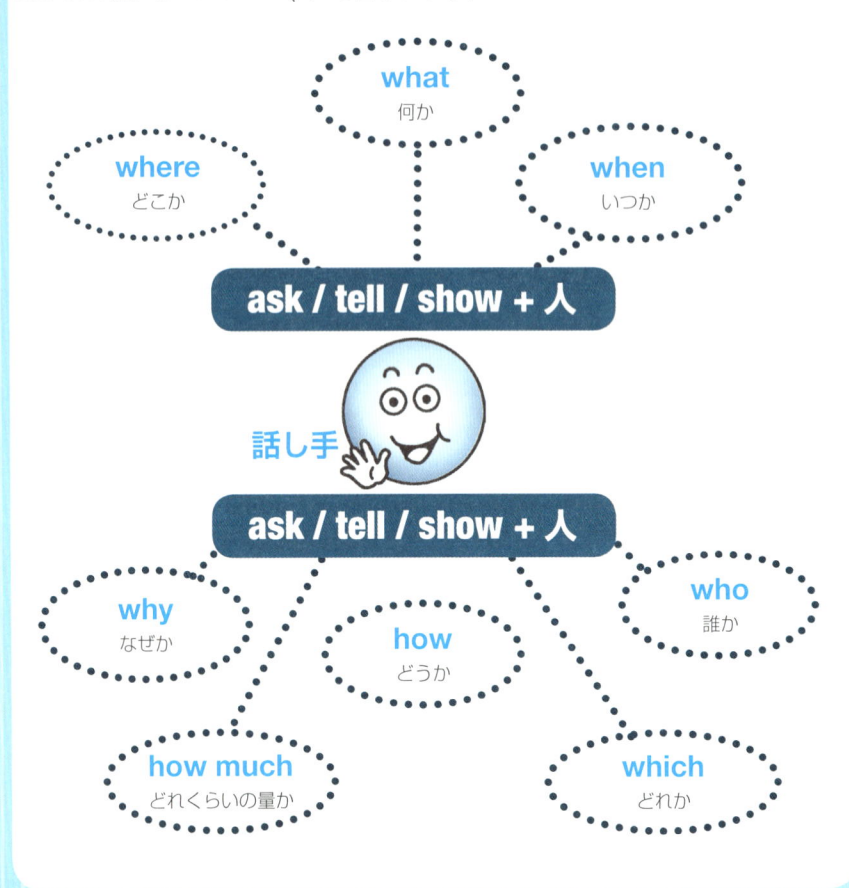

- **what** 何か
- **where** どこか
- **when** いつか

ask / tell / show + 人

話し手

ask / tell / show + 人

- **why** なぜか
- **how** どうか
- **who** 誰か
- **how much** どれくらいの量か
- **which** どれか

68 ask + 人 + WH 節
～に……を尋ねる

I asked him when he arrived in Japan.
私は彼にいつ日本に着いたのか尋ねた。

　この慣用表現の基本的意味は「人に何かを尋ねる」ということです。Ask him where he lives. だと「彼がどこに住んでいるかを尋ねてくれる」ということ。I asked him how long he would stay in Japan. は「ぼくは彼にどれぐらい日本に滞在するのかを尋ねた」、さらに、Let me ask him how he did it. だと「彼がどうやってそれをしたか尋ねさせてくれ」という意味になります。
　ask と tell は whether... or not あるいは if を用いることができます。I have to ask the coach whether we can use the tennis court tomorrow or not. は「明日、テニスコートを使えるかどうかコーチに尋ねてみなければいけない」、Can you tell me if this is correct? なら「これが正しいかどうか言えますか?」。

例文

- I'll **ask her when** she can get this done.
  彼女に、いつこれを仕上げられるか聞いてみます。

- My boss **asked me whether or not** I could take a day business trip to Kyoto.　上司に、京都へ日帰り出張できるかどうか尋ねられた。

会話例

A: Can I **ask you when** you will finish the work?
　　いつ、その仕事が終わるか聞いてもいいですか?
B: Well, I think I'll be able to finish this by tomorrow morning.
　　えーと、これは明朝までに終えられると思います。

A: Where is Ruth?　ルースはどこ?
B: She went out. I **asked her where** she was going, but she didn't answer.　出掛けたよ。どこへ行くのか聞いたんだけど、答えてくれなかった。

ワンポイントレッスン　これを英語で言ってみよう!

どこでこの用紙のコピーが手に入るかお伺いしてもよろしいですか?
◆ヒント：「用紙」は form。

（解答例は p. 247）

69 tell + 人 + WH節 / to do
～に……を言う

Tell me when you are going to leave here.
いつここを発つのか教えて。

　tell + 人 + WH 語は、以下の比較にみられるように、「人に～かを教える（告げる）」ということで、ask + 人 + WH 語の解答版と考えることができます。He asked me how much money I had earned.（彼はぼくがどれぐらいお金を稼いだかを尋ねた）に対して、I told him how much money I had earned. と言えば「ぼくは彼にぼくがどれぐらいお金を稼いだかを教えた」という意味です。
　WH 語の後は「主語＋動詞」の節がくる場合と、to do がくる場合があります。to do がくる例には、I told him how to make money. や I told him who to talk to. があります。

例文

- I **told Harry how to fix** the data, but he wasn't able to do it.
  ハリーにデータの直し方を教えたのだが、彼はできなかった。

- I'll **tell her what to do** when she receives complaints from customers.　顧客から苦情を受けたらどうすればいいか、彼女に教えるつもりだ。

会話例

A: You seem to be good at using the database software.
データベースソフトを使うのが得意そうだね。

B: Not very, actually. Julian just **told me how to use** it.
実はそうでもないんです。ジュリアンがちょうど使い方を教えてくれたので。

A: Did the boss **tell you where** he was going?
課長はきみに、どこへ行くのか伝えたの？

B: No, he didn't. I think he's away on personal business.
いいえ、言わなかった。私用で出掛けたんだと思う。

ワンポイントレッスン　これを英語で言ってみよう！

いつも彼女に、次に何をすべきかを伝えなければならない。
◆ヒント：「次に何をすべきか」は what to do next。

（解答例は p. 247）

70 show + 人 + WH節 / to do
~に……を示す

I'm going to show you how you can make delicious bread. おいしいパンの作り方を教えてあげましょう。

　show は「人前に示す」というのが本質的な意味で、そこから「場所や方法などを示す（教える）」という意味になります。I'm going to show you what you should do in case of emergency. と言えば「非常時にどうすべきかこれから示します」ということ。
　tell と同様に show も WH 語の後は「主語＋動詞」の節がくる場合と、show +人+how to do のように to do がくる場合があります。Let me show you how to use this machine. (この機械の使い方を教えてあげよう) のようにもよく使われています。

例文

- Could you show me how we can use this device?
  このデバイスの使い方を教えていただけますか？
- Mr. Kawase showed us how to clear a paper jam in the printer.
  川瀬さんが、プリンターの紙詰まりの解消の仕方を教えてくれました。

会話例

A: Could you show me how to make enlargements with this copier? この機械でどうやって拡大コピーを取るのか教えていただけますか？
B: Sure. いいよ。

A: Could you show me where the facility is on this map?
この地図上でその施設がどこにあるか教えてくれる？
B: Let's see... ええと……。

ワンポイントレッスン　これを英語で言ってみよう！

このアプリの初期設定をどうすればいいか、お見せします。
◆ヒント：「初期設定」は the initial setting。

（解答例は p. 247）

Part 2

EXERCISES

Exercise 1

次の各英文をSNSで友人に送るとき、いっしょに送るのにふさわしい「スタンプ」を選んでください。

(1)

Do you mind if I use your company tablet while you're away on vacation?

(2)

Do you mean you're not going to attend the farewell party for Marie?

(3)

Be sure to come to the south exit of JR Shinjuku Station at 2:00 tomorrow.

(4)

You may use my old pictures in the share folder for your demo.

Part2 ●相手にはたらきかける表現 37

(5)

You'd better let the boss know about the problem immediately.

(6)

How about shooting a short video on your smartphone at the international fair?

(7)

Why don't we go to the party to network and collect information?

(8)

Don't tell them about the possible delay of our product release.

(A) いいよ〜

(B) かまわない?

(C) きっとだよ!

(D) そういうこと?

(E) どうかな?

(F) まずいかも…

(G) ダメ!

(H) 一緒にどう?

Exercise 2

文意に注意しながら、(1) ～ (4) の 3 つの英文の各空欄に共通して用いられるべき表現を、リストの中からひとつずつ選んでください。なお、リストには使われない表現も含まれています。

- Are you telling me
- Why don't you
- I was wondering if you could
- You are not allowed to
- Is it possible for me to

(1)
- [   ] help me finish the sales report for the meeting.
- [   ] contact the new client while I'm away in Hong Kong next week.
- [   ] visit them with me to explore the possibility of a new deal.

(2)
- [   ] spend more than 10,000 yen a night on hotels during your business trips.
- [   ] take your company laptop out of the office unless it is unavoidable.
- [   ] use the meeting room on the third floor without permission.

(3)
- [   ] join us at the industry party the day after tomorrow?
- [   ] speak directly to the boss about this kind of issue?
- [   ] take a sick leave day tomorrow if you don't feel well?

(4)
- [   ] I'm not doing my best on the project?
- [   ] our company's going to reduce personnel this autumn?
- [   ] I'm to blame for the failure of the event last week?

Exercise 3

*(1)~(4) の A と B の会話は解答を入れて 2 回繰り返し読まれます。1 回目は (1)~(4) の順でポーズなしで、2 回目は (1)~(4) の順にポーズありになっています。

自然なやりとりが成立するように、カッコ内から適切な表現を選んで英文を完成させてください。ただし、使える表現はひとつだけとは限りません。
なお、一方の話者の発言に日本語訳を付けているので、やりとりを把握するためのヒントとしてください。

(1)
A: [Can we say / Shall we / Would you like] more information about NewLand Corporation before you visit them next week?
B: Thanks, if you have some more.
　　ありがとう、もし、もっとあるなら。

(2)
A: I've just received a floor plan of the event venue as an e-mail attachment.
　　ちょうど、メール添付でイベント会場の見取り図を受け取ったところなんだ。
B: [Can I / May I / Shall we] see it, too, to plan the booth layout?

(3)
A: [Do you mean / Is it possible for me to / Why don't you] stay here and wait for Mr. Takahashi to come back?
B: Sure, no problem. I'll bring you some coffee.
　　もちろん、かまいませんよ。コーヒーをお持ちしますね。

(4)
A: I'm going to go to their office directly tomorrow morning. See you in front of the building.
　　明朝、先方のオフィスへ直行するよ。建物の前で会おう。
B: OK. [Can we say / Don't forget to / Let me make sure] bring the documents for the negotiation.

Part 1 **EXERCISES** 解答・解説

Exercise 1

正解 (1)-**(B)** (2)-**(D)** (3)-**(C)** (4)-**(A)** (5)-**(F)** (6)-**(E)** (7)-**(H)** (8)-**(G)**

訳
(1) きみが休みの間に、きみが使ってる会社のタブレットを借りてもいい?
(2) マリーのお別れ会に来ないってこと?
(3) 必ず、明日2時にJR新宿駅の南口に来てね。
(4) 共有フォルダーの中の、ぼくが昔撮った写真を、デモに使ってもいいよ。
(5) すぐに課長に問題を知らせないと、まずいことになるよ。
(6) 国際見本市のとき、スマホで短いビデオを撮影したらどう?
(7) いっしょにパーティーへ行って、人脈作りと情報収集をしない?
(8) 先方に、うちの商品の発売が遅れるかもしれないって話しちゃだめだよ。

解説
(1)の Do you mind...? は「~でもかまいませんか」の意味だが、直訳的に言うと「~だと嫌ですか」なので、返答が「かまわない」なら No. となる点に注意。
(5)の You'd better は「~したほうがいい、さもないとまずいことになる」というニュアンスで使われる表現。
(7)の Why don't we...? は「いっしょに~しない?」と勧誘するときに用いる表現。(8)の Don't... は相手に何かを強く禁止するときの表現。

Exercise 2

正解 (1) **I was wondering if you could** (2) **You are not allowed to** (3) **Why don't you** (4) **Are you telling me**

訳
(1) 会議に使う営業報告書を仕上げるのを手伝ってもらえればと思うのだが。
来週、私が香港へ行っている間に、新しい顧客に連絡を取ってもらえればと思うのだが。
新たな取引の可能性を探るために、私と一緒に先方を訪問してもらえればと思うのだが。
(2) 出張で1泊1万円以上宿泊費を使うことは許されていない。
やむを得ない場合を除いて会社のノートパソコンを持ち出すことは許されていない。
無許可で3階の会議室を使うことは許されていない。
(3) あさっての業界のパーティーに来ませんか?
この種の問題は課長に直接相談したらどうですか?
気分がすぐれないのなら、明日病気休暇を取ってはどうですか?

(4) 私がプロジェクトのために最善を尽くしていないと言うのですか？
うちの会社がこの秋に人員を削減すると言うのですか？
先週のイベントでの失敗の責任は私にあると言うのですか？

解説
(1) はどれも相手への依頼を表していると考えられるので、間接的で丁寧なニュアンスの依頼表現 I was wondering if you could を共通して用いることができる。
(2) の文はどれも規定や決まりごとを表していると解釈できるので、You are not allowed to（～することは許されていない、～してはいけない）を使う。
(3) には提案・勧誘を表す Why don't you を用いれば、どの文も意味が通る。
(4) では、相手の発言の真意を問いただしたり、相手の発言に対する不満を述べるときに用いる表現 Are you telling me を当てはめればよい。

Exercise 3

正解 (1) **Would you like** (2) **Can I / May I** (3) **Is it possible for me to** (4) **Don't forget to**

訳 (1) A: 来週、訪問する前に、ニューランド社についてもっと情報が欲しい？
B: ありがとう、もし、もっとあるなら。
(2) A: ちょうど、メール添付でイベント会場の見取り図を受け取ったところなんだ。
B: ブースの配置を考えたいから、ぼくにも見せてもらえる？
(3) A: ここにいて高橋さんが戻られるまで待たせていただくことはできますか？
B: もちろん、かまいませんよ。コーヒーをお持ちしますね。

解説
(1) の Would you like は相手の意向や希望を尋ねる表現で、提案のニュアンスもある。ここでは「情報が欲しいなら提供しようか？」と意向を尋ねて提案していると考えられるので、この表現が使える。他のふたつは意味上、もしくは文法的に当てはまらない。
(2) は、相手に許可を求めている場面と考えられるので、「～してもいいですか」の意味の Can I または May I を用いることができる。Shall we は提案・勧誘の表現で、ここでは当てはまらない。
(3) では許可を求める表現を使えばやりとりが成立する。Is it possible for me to は「私が～することはできますか」の意味で、事実上、相手に許可を求める役割をもつ表現なので、これが使える。Do you mean は相手の発言の真意を確認する表現、Why don't you は提案・勧誘の表現なので、当てはまらない。
(4) は、相手に念を押す場面。Don't forget to（忘れずに～してくれ）を用いれば、やりとりが成り立つ。他のふたつは、意味的にも文法的にも当てはまらない。

column 1

形が違えば意味も違う
――to 不定詞と that 節

　動詞の中には to 不定詞と that 節の両方をとるものがあります。その典型例は expect と hope で、このふたつは以下のようにふたつの構文で使うことができます。

(1) 彼女がぼくと結婚してくれると予想していた。
　A. I **expected** her **to** marry me.
　B. I **expected that** she would marry me.

(2) 正午にお会いしたいと思います。
　A. I **hope to** see you at noon.
　B. I **hope that** we can meet at noon.

　このふたつは言い換えが可能な表現として取り扱われることがありますが、それぞれを 100 名の英語の母語話者に示し、どちらがよりふつうかという質問をしたことがあります。すると、(1) については、A を B より自然と見なした人は 96% であり、日常会話では不定詞を使った表現が圧倒的に自然とみなされることがわかりました。
　(2) についても同様に、that 節より to 不定詞の構文を自然とみなしたネイティブは 83% になりました。このことから、expect や hope という動詞の場合、to 不定詞が相性がよいということがわかります。
　しかし、that 節も文法的には何ら問題はなく使うことができるということも事実です。ここで重要なのは、AとBの間にはニュアンスの違いがあるということです。I expected her to marry me. は「彼女結婚してくれるとばかり思っていたのに実際はしなかった」あるいは「(実際に結婚した場合には) 何らかのプレッシャーを与えて自分と結婚させた」という意味合いがあると指摘したネイティブがいます。
　一方、I expected that she would marry me. だと "See. I was right. She did marry me."(ほら、ぼくの言うとおりだろう。ちゃんと彼女は結婚してくれたじゃないか) という意味合いになります。
　同様に、I hope (that) we can meet at noon. と I hope to see you at noon. の比較でも、hope that には**偶然性**(「正午に会えたらいいですね」) が感じられ、hope to は**計画性**(正午にお会いしたいものです) が感じられると指摘したネイティブがいます。形が違えば意味も違うということです。

Part 3

会話の流れを調整する表現

24

会話展開で会話の流れを調整することはとても大切な技能です。ここでも慣用表現を使って、「話の途中で要点をまとめる」「何が大切なのかを強調する」「言葉に詰まったときぎこちない間をあけない」「話題を変更する」「脱線した話題をもとに戻す」「具体的、詳細な情報を求める」ための表現などを紹介します。これらの表現を用いてうまく会話を展開させる方法を身につけましょう。

Unit 1

話の途中で要点をまとめる

　話をしていて自分でもポイントがズレてきたかなと思ったとき、日本語でも「つまり」「言いたいのは」「ここでのポイントは」などと言います。英語でも事情は同じです。ここでは4つの言い方をみていきましょう。

71
the point is (that)...
ポイントは、要は

- the point here is (that)... ここでのポイントは……
- the problem is (that)... 問題は……

方向がずれているときやポイントを明確にしたい

72
the thing is (that)...
つまりね、要は

「自分といっしょに〜しましょう」と相手を誘う

話し手

「〜しようよ」と相手を誘う定番表現

「ぜひとも」と相手を強く誘うときの表現

73
in other words
つまり、言い換えれば

- to put it differently... 言い換えれば

74
what I'm saying is...
どういうことかと言えば

- Where was I? 何だっけ？

71 the point is (that)...
ポイントは……、要は

The point is there's no money left in the budget, so we need to raise more.
問題は、予算が枯渇しているので、もっと資金調達が必要なことだ。

途中まで何かを話していて方向がズレてきたときに便利なのが the point is (that)... とか the point here is (that)... です。

the point I'm making here is... と言えば、「ここで私が言いたいポイントは」といった感じになります。

問題点を明確にしたいときは、the problem is (that)... を用いて、The problem is (that) we don't have enough money to carry this out.（つまり、問題は、これを仕上げるには お金が足りないということだ）となります。

関連表現
the point here is (that)...　ここでのポイントは……
the point I'm making here is (that)...　ここで私が言いたいポイントは……
the problem is (that)...　問題は……

例文
- **The point is** I need the work done by tomorrow or the project can't proceed.
  ポイントは、明日までに仕事を終えなければならず、さもないとプロジェクトが進まない、ということだ。

会話例
A: If their service is bad, why don't we just change to a different supplier?　彼らのサービスが悪いのなら、単に別の納入業者に代えればいいんじゃない？
B: **The point is that** we have a long-term contract, so we can't change.　要は長期契約を結んでいるので、代えられないんだよ。

ワンポイントレッスン　これを英語で言ってみよう！

要は、製品開発を終えるまであと 3 カ月しかないということだ。
◆ヒント：「製品開発」は developing the product。

（解答例は p. 247）

72 the thing is (that)...
mp3_079　つまりね、要は

I don't want to transfer to Colorado, but the thing is, that's where I'm needed.　コロラドへは異動したくないが、大切なのは、そこが私を必要としている場所だということだ。

よく会話で the thing is (that)... という表現を耳にします。the thing is (that)... は、これまでいろいろ言ってきて、これから何か大切なことを切り出す際のマーカーです。「大切な点」を the thing という曖昧な言葉にして表現しているのです。ずばり言いにくいこと言う際に好まれる表現です。

たとえば If you are in trouble, don't think you're alone. I'll always stand by you. The thing is, I love you. のように「困ったとき、ひとりだなんて考えないで、ぼくがいつもそばにいるから」と言って、続いて「つまりね、きみのことを愛しているんだ」と一番言いたいことを言っています。ここで The point is では感じがでません。

Hillary said she exchanges e-mails with Bill, but the thing is... と言う見出しがありましたが「ヒラリー（クリントン）はビルとメールでやりとりしたと言っているが、問題は……」といった感じになります。

例文

- I'm going to take the job. The thing is, I have to do what's best for me.　その仕事を引き受けるつもりだよ。要は、自分にとってベストのことをやるべきなんだ。

会話例

A: Did you remember to book us a table?　店の席を予約するの、忘れたの？
B: The thing is, I was really busy and I forgot.　要は、忙しすぎて忘れたのよ。

ワンポイントレッスン　これを英語で言ってみよう！

要は、うちは競合他社に追いつかなければならないということだ。
◆ヒント：「競合他社」は competitors。

（解答例は p. 247）

73 in other words
つまり、言い換えれば

We have no one to turn to. In other words, we have to solve this problem by ourselves. 私たちには頼れる人がいない。つまり自分たちでこの問題を解決しなければならないということだ。

in other words は「イナザーワーズ」といった発音で、口語、文語を問わずたいへんよく使われる慣用表現です。硬い言い方だと「換言すれば」、柔らかくいうと「つまり、言い換えると」といった感じです。to put it differently という言い方に似ていますが in other words が圧倒的によく使われます。

関連表現
to put it differently... 言い換えれば

例文

- They said they'd think about it. **In other words**, the deal's off.
先方は、考えてみるといった。つまり、取引は流れたんだよ。

会話例

A: We're running behind schedule on this project. この仕事、遅れてるね。
B: In other words, you need us to work overtime this week?
つまり、今週は残業しなくてはならないということですね?

A: Do you think the deal with HiLand Corporation will go through?
ハイランド社との取引は成立すると思う?
B: They are looking to expand their business in this country — **in other words**, there's a good chance.
彼らはこの国でビジネスを拡大したがっている。つまり、可能性は高いということだ。

ワンポイントレッスン これを英語で言ってみよう!

彼は浮かない顔をしていた。つまり、納得していなかったということだ。
◆ヒント:「浮かない顔」は glum expression、「……を納得する」は be satisfied with...。

(解答例は p. 247)

74 what I'm saying is (that)...
mp3_081　どういうことかと言えば

I think you did a good job. What I'm saying is you can do even better.
あなたは頑張ったと思う。言いたいのは、もっとうまくやれただろうということだ。

　What I'm saying is... は話している途中で「何を話しているかと言えば」といったん仕切り直しをしたいときの表現です。何を話しているか自分でもわからなくなったら Where was I?（どこだったけ？→何だったけ？）と自問します。そして、Yes, I was talking about...（そう、〜について話していたんだった）と続けます。
　What I'm saying is... は話がどこにいっているかわからないというより、あらためて「自分が言いたいことは何かと言えば」という感じの表現だと言えます。

関連表現
Where was I?　何だっけ？
Yes, I was talking about...　そう、〜について話していたんだった

例文
- I understand it's difficult, but what I'm saying is there's no other choice.　難しいのはわかるが、言いたいのは、他に選択肢がないということだ。

会話例
A: I'm afraid we can't extend the deadline any further.
これ以上は期日を伸ばせないと思う。
B: That's not what I mean. What I'm saying is we need more staff.
そういう意味ではありません。言いたいのは、もっと人が必要だということです。

A: The sales figures for January were good.　1月の売上額はよかったよ。
B: That's true, but what I'm saying is we need to keep that up every month.　そうだね。でも私が言いたいのは、毎月上げ続ける必要があるということよ。

ワンポイントレッスン　これを英語で言ってみよう！

言いたいのは、うちの上司にもう少し融通を利かせてほしいということだよ。
◆ヒント：「融通を利かせる」は be flexible。

（解答例は p.247）

Unit 2

重要なことを強調する

　あえて重要な内容をクローズアップして語ることがあります。「重要なのはここだ」と強調するやり方として、日本語でも「何が重要かと言えば」「君がしなければならないのは〜だけだ」「問題の核心は」「ここで強調しておきたいのは」などがありますが、英語でもそれに対応する慣用表現があります。

75　what matters is (that)...
何が重要かと言えば

That's what matters. それが大切なのだ
it doesn't matter if... 〜かどうかは問題ではない

重要なことを強調する

76　all you have to do is (that)...
しなければいけないことと言えば

all you need to do is....
君がする必要のあることと言えば……

重要なことを絞り込んで言う

話し手

強調点を明確に示す

77　the point to be emphasized here is (that)...
ここで強調しておきたいのは

the point to be stressed here is (that)...
ここで強調しておきたい重要な点は……

核心をつく・結論を言う

78　the bottom line is (that)...
肝心かなめのことは、要するに

That's the bottom line.
それが結論だ
The bottom line is this.
肝心なのはこれだ

75 what matters is (that)...
何が重要かと言えば

What matters is that we get results. 大切なのは、結果を出すことだ。

　「お金の問題ではなく、大切なのは人々の心の中で、そして人々の間で何が起こっているかだ」といったことを表現するのに、It's not a matter of money. What really matters is what's going on inside and between people. と言い表すことができます。主語の位置だけでなく That's (not) what matters.（それが大切なの[ではない]だ）のようにも使います。

　matter の代わりに count を使って、what counts is... もよく使う慣用表現です。count は文字通り「数に入れる」という意味。なお、「～かどうかは問題ではない」は matter を使って、it doesn't matter if... という慣用表現を使いますが、ここで count を使うことはできません。

| 関連表現 | That's what matters. それが大切なのだ
what counts is... 大切なのは～です | That's not what matters. それが大切なのではない
it doesn't matter if... ～かどうかは問題ではない |

例文

- **What really matters is that** we understand the clients' situation.
  本当に大切なのは、私たちが顧客の状況を理解することだ。

会話例

A: Mr. Fisher speaks so fast that I don't understand everything he is saying.　フィッシャーさんは早口すぎて、言っていることが全部はわからないよ。

B: That's OK. **What matters is that** you treat him as an important customer.　いいんだよ。大事なのは、彼を重要な顧客として扱うことだ。

A: How much time do you need to get the report finished?
報告書を仕上げるのに、どのくらい時間が必要？

B: Time isn't the important thing. **What really matters is** getting access to the data.　時間は重要なことじゃない。本当に大事なのは、データを手に入れることだよ。

ワンポイントレッスン　これを英語で言ってみよう!

重要なのは、細部にとらわれず問題の本質を見抜くことだ。
◆ヒント：「細部にとらわれず本質を見抜く」は cut through the details to the heart of the matter。

（解答例は p. 247）

76 all you have to do is (that)...
しなければならないことと言えば

All you have to do is call him at once.
しなければならないのは、すぐに彼に電話をすることだけだ。

「(いろいろ考えられるかもしれないが、) きみがしなければいけないことと言えば」と重要なことを絞り込んで話す際の慣用表現が all you have to do is... です。この have to を need to にして all you need to do is...（きみがする必要のあることと言えば）という言い方もあります。

関連表現

all you need to do is...　　きみがする必要のあることと言えば……

例文

- **All you have to do is** call, and I'll help in any way I can.
  電話さえくれれば、できるだけ手伝うよ。

- **All you have to do is** check the document quickly and call me right back.　単に書類をさっとチェックして、折り返し電話をくれればいいんだ。

会話例

A: I'm worried about my presentation tomorrow.　明日のプレゼンが不安だよ。
B: **All you have to do is** tell them the same thing you told me just now.　いま言ったのと同じことを彼らにも言えばいいだけよ。

A: How do I apply for the seminar?　どうやってセミナーに申し込めばいいの？
B: It's easy. **All you have to do is** write your name on the sign-up page and click the button.
簡単よ。登録ページに名前を入力して、ボタンをクリックするだけ。

ワンポイントレッスン　これを英語で言ってみよう!

ただ総務部へ行って用紙に記入するだけだよ。
◆ヒント:「総務部」は the General Affairs Department、「……に記入する」は fill in...。

（解答例は p. 247）

77 the point to be emphasized here is (that)... ここで強調しておきたいのは

mp3_084

The point to be emphasized here is that there are many ways of approaching the problem.
ここで強調しておきたいのは、問題への対処法はたくさんあるということです。

　強調点を明確に示すのがこの慣用表現です。the point（重要点）と言葉にして、to be emphasized here で「ここで強調されるべき」を足す形になっています。少しあらたまった場面（商談や発表など）で多用される表現です。emphasized の部分は stressed や accentuated などに置き替えることができます。

関連表現
the point to be stressed here is (that)... ここで強調しておきたい重要な点は……
the point to be accentuated is (that)... ここで強調しておきたい重要な点は……

例文

- **The point to be emphasized here is that** there is no room for mistakes. ここで強調しておきますが、間違いは許されません。

会話例

A: So I need to have the proposal ready to deliver by the 17th of May.
では、提案書を用意して5月17日までに届けなければならないのですね。

B: Yes, and **the point to be emphasized here is that** this deadline is final. そうです。強調しておきますが、この締め切りは最終ですよ。

A: Shall we meet again tomorrow to decide on a plan?
明日もう一度集まって、計画を決定しましょうか。

B: OK. **The point to be emphasized here is that** we should all agree before we proceed.
わかりました。強調すべきは、全員が賛成してから進めるということですね。

ワンポイントレッスン　これを英語で言ってみよう！

ここで強調しておきたいのは、そのウェブサイトがスマホ上でもちゃんと表示されるという点だ。◆ヒント：「ウェブサイトが表示される」は the website should work。

（解答例は p. 247）

130

78 the bottom line is (that)...
mp3_0085 肝心かなめのことは、要するに

Well, the bottom line is that he had to take responsibility for the company's failure.
まあ、要するに彼は会社の失敗の責任を取らざるを得なかったんだね。

 the bottom line は「肝心かなめのところ」「結論、要点」「最終結果」という意味合いでよく使われる表現です。That's the bottom line.（それが結論だ）、The bottom line is this.（肝心なのはこれだ）、The bottom line is (that) he loves you.（なんだかんだ言っても要するに、彼はあなたのことを好きなのよ）のように使います。

 the bottom line の原義は「最終的な収益[損益]」ということです。the bottom line は「計算書の一番下の線」を表し、そこに記す数字が最終的な結果であることから、「要点」「結論」という意味になるのです。the bottom line に近い表現に the crux of the matter があります。これは「問題の核心」ということです。

> **関連表現**
> That's the bottom line.　それが結論だ
> The bottom line is this.　肝心なのはこれだ
> the crux of the matter is (that)...　問題の核心は……

例文

- **The bottom line is that** we can't afford to spend money on unprofitable parts of the business.
  要するに、事業の不採算部分に費用を掛ける余裕はないということだ。

会話例

A: How much should we offer to pay the designers?
デザイナーにいくら支払うと提案すればいいかな？

B: The bottom line is that we can't go above 500,000 yen.
要は、うちは50万円以上は払えないということだよ。

> **ワンポイントレッスン　これを英語で言ってみよう！**
>
> **要はこの計画を実現するための資金を調達する必要があるということだ。**
> ◆ヒント：「資金を調達する」は raise funds。

（解答例は p. 248）

Unit 3

言葉に詰まったときのつなぎ言葉

　即興で行う日常会話では、言葉に詰まるということはごく当たり前のことです。特に、英語が外国語である私たちの場合、言葉が出てこないとか言葉が続かないときにどうするかは会話力をつける上で重要です。

　ポイントは沈黙を避け、「つなぎ言葉」を使ってその場をしのぐということです。

80 what should I say (?)
どう言ったらいいか

how should I say　どう言えばいいか
I don't know what [how] I should say.　なんと（どう）言っていいかわからない。

79 I mean
ええと、言いたいのは

表現が思い浮かばない

ピッタリした言葉を探しながら

話し手

そのものズバリの表現が思いつかない

考える時間がほしい

81 I can't think of the right expression
ちょうどよい表現が見つかりません

I don't know how to say it in English.
英語でどう言っていいかわかりません。

82 let me see...
ええと、そうですね

79 I mean
ええと、言いたいのは

I mean, I'd like to work with you.
つまり、私はあなたといっしょに仕事をしたいのです。

　何か話していて、言葉が出てこなくなったときの定番が I mean です。mean は「意味する、意図する」ということで、「つまり、言いたいのは」といった感じです。まとまった内容のことを即興で話す際に、言ったことの説明を補うとき、訂正するとき、うまく表現できず言い直すとき、言いたいことがわかっていても表現が浮かばず詰まっているときに I mean を用います。

例文

- **I mean** we should bring in some younger staff members.
  つまり、もっと若い人材を何人か引き入れるべきだということです。
- We need this to be done by next week ― **I mean**, by the end of the quarter.　われわれはこれを来週までに、つまり今期末までに終わらせなければなりません。

会話例

A: I didn't understand what you said about overseas markets.
　　海外市場についてきみが言ったことがよくわからなかったんだけど。
B: **I mean**, we've been gaining more customers in Brazil and China recently.　つまり、うちは最近、ブラジルと中国で顧客を増やしているということです。

A: I have no idea. **I mean**, I'm not in charge of the project.
　　まったくわかりません。つまり、私はこのプロジェクトの担当ではないので。
B: So who should I talk to about it?　じゃあ、その件は誰に話せばいいのかしら？

ワンポイントレッスン　これを英語で言ってみよう！

つまり、われわれはお客さんと話すときにはもっと注意しなければならないんだ。
◆ヒント：「注意する」は be careful。

（解答例は p. 248）

80 what should I say (?)

mp3_087　どう言ったらいいか

That's not... what should I say? That's quite unlikely to happen.　それは……何と言うか、まずめったに起こらないことなんだ。

　ぴったりした表現が見つからず「なんと言うか」と言いながら言葉を探すという状況で使うのが what should I say (?) です。how should I say it (?)（どう言えばいいか）も同様によく使われます。I don't know what I should say [how I should say it].（なんと [どう] 言えばいいのかわからない）と自問する場合にも使われます。もちろん、相手への質問で What should I say? だと「(その場合) どう言えばいいですか？」となります。

> **関連表現**
> how should I say it　どう言えばいいか
> I don't know what I should say [how I should say it].
> なんと（どう）言っていいかわからない
> What should I say?　（その場合）どう言えばいいですか？

例文

- He's a kind of... **what should I say**, a sort of artisan rather than an engineer.　彼はある意味で……何と言うか、技術者というよりも一種の職人だ。

会話例

A: Did you enjoy the party after the seminar?
セミナーの後のパーティー、楽しかった？

B: Well, **what should I say?** The food was good, but...
うーん、何と言うか、食べ物はおいしかったけど……。

A: If they ask for more money, **what should I say?**
彼らがもっと報酬を求めてきたら、何と言えばいいでしょうか？

B: As long as it's within the budget, you can decide that yourself.
予算の範囲内なら、自分で決めていいよ。

> **ワンポイントレッスン**　これを英語で言ってみよう！
>
> うーん、何と言うか、それはちょっと普通じゃないね。
> ◆ヒント:「普通じゃない」は unusual。

（解答例は p. 248）

81 I can't think of the right expression.
ちょうどよい表現が見つかりません

What should I say? I can't think of the right expression.
何て言うか、ピッタリの表現が思いつきません。

　ずばり表現が思いつかなければ I can't think of the right expression. が慣用的に使われます。この think of は「思いつく」ということなので of が必要です。的確な表現がみつからないと言うより、「英語どういってよいかわからない」ということだと I don't know how to say it in English. となります。
　左ページで解説した、What should I say? と組み合わせて、冒頭の例文のように使うこともよくあります。

> **関連表現** I don't know how to say it in English　英語でどう言っていいかわかりません

例文

- Do you know what I mean? I can't think of the right expression.
言いたいこと、わかりますか？ うまい言い方が思い浮かばないのですが。

会話例

A: How do I turn this work request down? I can't think of the right expression.　どんなふうに、この仕事の依頼を断ればいいかな？ うまい言い方が見つからないよ。
B: How about saying, "I'm sorry, but my schedule is full at the moment"?
こう言ったら、「申し訳ありませんが、いまスケジュールが埋まっておりまして」って？

A: I should thank Ms. Ryan for her work, but I can't think of the right expression.　ライアンさんに仕事のお礼を言うべきなんだけど、うまい言い方が思いつかなくて。
B: Just tell her you appreciate everything she's done these past weeks.
単に、この数週間に彼女がやってくれたことすべてに感謝してるって言えばいいよ。

> **ワンポイントレッスン** これを英語で言ってみよう！
>
> **うまい言い方が浮かばないんだけど、そういう意味ではないんだ。**
> ◆ヒント：「意味（する）」は mean。

（解答例は p. 248）

82 let me see...
ええと、そうですねえ

Let me see..., sorry, I can't think of a good idea.
そうねえ……ごめんなさい。いい考えが思いつかない。

　let me see は文字通りには「(どういうことか) 私に見させて (考えさせて) ください」という意味になりますが、実際は、慣用化され、「ええと、そうですね」と考える時間を確保する際に使います。let's see も「そうですね」と間をとるときに使います。let's see は元来 let us see の短縮形 (ただし、let us see とは言わない) であることから推測できるように、相手を巻き込んだような形で「ねえ、どうしよう、ええとそうだね」とか「そうですね、われわれとしてはですね」といったニュアンスがあるようですが、実際は、let me see も let's see も同じように使うことができると考えられます。

関連表現
let's see... そうですね

例文

- Shall we meet to discuss ideas on, **let me see...** how about Friday afternoon? お会いしてアイデアを出し合いましょうか？ ええと……金曜日の午後はどうですか？
- **Let me see...** I think the first suggestion has the best chance of success. そうですね……最初の提案が、最もうまくいく可能性が高いと思います。

会話例

A: Who do you think is the best candidate for the job?
誰がこの仕事に一番向いている候補者かな？

B: **Let me see...,** I think Ms. Gardner has the best qualifications.
そうですね……ガードナーさんが最も適任だと思います。

A: What time shall we break for lunch? 何時に昼休みにしましょうか？

B: **Let me see...** uh... how about 12:30? そうですね……えーと、12時半はどうですか？

ワンポイントレッスン　これを英語で言ってみよう！

そうですね……これの出荷には少なくとも1週間必要だと思います。
◆ヒント：「出荷 (する)」は ship、「少なくとも」は at least。

Unit 4

会話の途中で話題を変えたり、話題を元に戻す

　会話力の決め手は、会話の流れを作り、それに乗り、それを変えるという積極性にあります。ここで取り上げるのは、会話の流れを変える（あるいは話を戻す）際の慣用表現です。話題を変える際によく使われるが by the way ですが、話を戻す際には Let's get back to the point. のようにはっきりその旨を伝えるか、anyway を利用する方法があります。

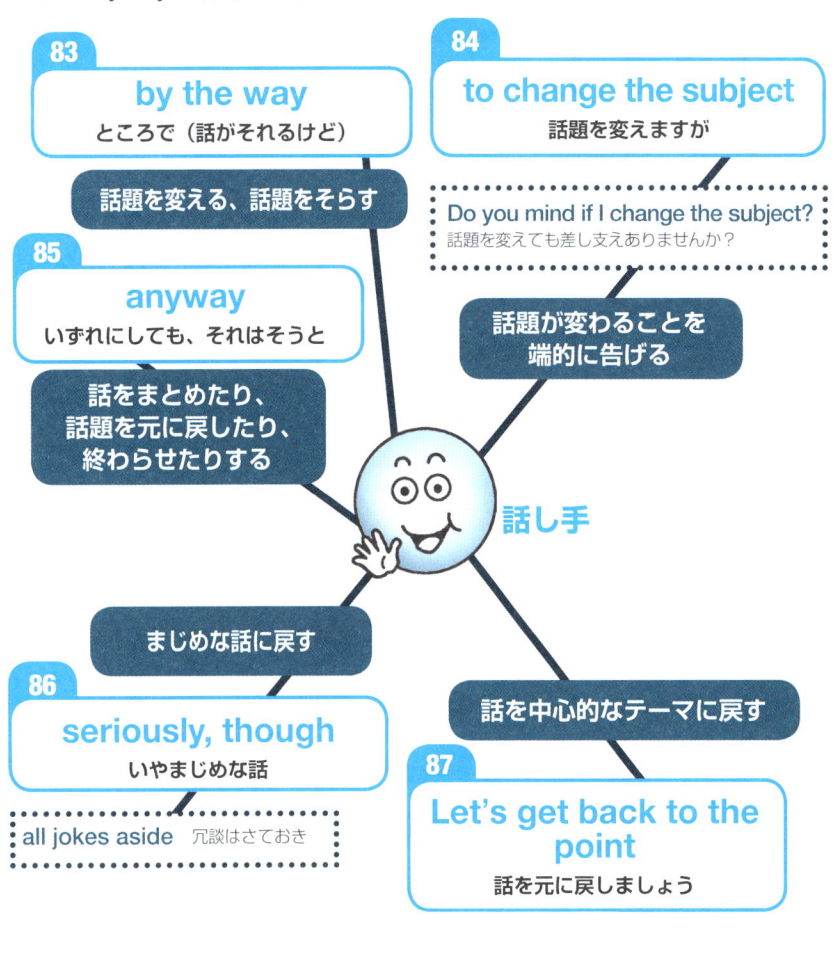

83 by the way
ところで（話がそれるけど）

話題を変える、話題をそらす

84 to change the subject
話題を変えますが

Do you mind if I change the subject?
話題を変えても差し支えありませんか？

85 anyway
いずれにしても、それはそうと

話題が変わることを端的に告げる

話をまとめたり、話題を元に戻したり、終わらせたりする

話し手

まじめな話に戻す

86 seriously, though
いやまじめな話

all jokes aside　冗談はさておき

話を中心的なテーマに戻す

87 Let's get back to the point
話を元に戻しましょう

83 by the way

mp3_090　ところで（話がそれるけど）

By the way, what's the matter with Kawaguchi-san?
ところで川口さんはどうしたんですか？

　話題を変えるときに定番である by the way は「ところで（話がそれるけど）」という意味合いで使います。Oh, by the way, ... のように oh を先につけて言うことが多く、何かを思い出して「あ、そういえばさあ」といった感じです。いずれにせよ、本論からそれるというのが by the way（文字通りには「経路（議論の流れ）のそば」）の意味合いです。

　日本語では「ところで」と言いながら本論に関連がある内容を導入することがありますが、英語で by the way は「脇にそれる」感じだと押さえておきましょう。

例文

- That's fine. **By the way**, when is this work due?
  わかりました。ところで、この仕事の期限はいつですか？
- **By the way**, have you finished typing up the minutes from our last meeting?　ところで、前回の会議の議事録は打ち終わりましたか？

会話例

A: Don't forget the meeting this afternoon. And **by the way**, remember it's in Room 204 now.
今日の午後の会議を忘れないように。ちなみに、今は 204 号室でやってるから。

B: No problem. I'll be there.　わかりました。そこへ行きます。

A: Did the new brochures arrive?　新しいパンフレット、届いた？

B: Yes. **By the way**, the product samples were also delivered today.
ええ。ちなみに、商品サンプルも今日届きました。

ワンポイントレッスン　これを英語で言ってみよう！

ところで、馬場さんが福岡へ転勤になるって聞いた？
◆ヒント：「転勤になる」は be transferred。

（解答例は p. 248）

84 to change the subject
話題を変えますが

To change the subject, would anyone like coffee?
ところで、コーヒーが飲みたい人いる？

「話題は変えますが」という内容を端的に表すのが to change the subject です。また、Do you mind if I change the subject? のように、直接「話題を変えても差し支えないですか」と問う方法もあります。

That reminds me of something. も定番表現で、「それで思い出したことがあるんだけど」と相手の言葉にからめながら話題を変えることもあります。

関連表現
Do you mind if I change the subject?　話題を変えても差し支えありませんか？
That reminds me of something.　それで思い出したことがあるんだけど

例文
- **To change the subject** a bit, did you hear about Mr. Leonard's promotion?　話は少しそれますが、レオナルド氏のプロモーションについて聞いていますか？

会話例
A: That's good to hear. **To change the subject**, does Fred Ulrich still work there?　それはよかった。そういえば、フレッド・ウルリッチはまだあそこで働いてるの？
B: I heard he quit three months ago.　3カ月前に辞めたと聞いたよ。

A: **To change the subject**, shouldn't we also discuss marketing?
話はそれますが、マーケティングについても話し合ったほうがいいのでは？
B: We'll come to that later.　その話は後ほど。

ワンポイントレッスン　これを英語で言ってみよう！
話は変わるけど、誰が見本市でブースを管理することになってるの？
◆ヒント：「見本市」は the fair、「管理する」は manage。

（解答例は p. 248）

85 anyway

いずれにしても、それはそうと

There are many things to resolve, but anyway, let's call it a day.
解決しなければならないことはたくさんあるけれど、とにかく、今日は終わりにしよう。

　anyway は「いずれにしても」だとか「まあともかく」という意味合いで、これまでの話をまとめたり、前言を支持・補足する際に用いるシグナルです。
　また、「それはそうと」「それで」「とにかく」という意味合いで、話題を変えたり、元に戻したり、会話を終わらせる際にもよく使う便利な表現です。
　口語では anyways と言う人もいます。

例文

- **There is a lot more to decide, but anyway, I think this is a good starting point.**　決めるべきことはまだたくさんありますが、とにかくここはよい出発点だと思います。

- **It's too late to fix the problem now, anyway.**
いずれにせよ、問題点を修正するにはもう遅い。

会話例

A: Sorry for the delay. My train was about 30 minutes late.
遅れてすみません。電車が30分遅れたもので。

B: No problem. We need to postpone the meeting anyway.
大丈夫だよ。どのみち会議は延期しなければならないから。

A: Is there time to do a final check on the document?
書類を最終チェックする時間はあるの？

B: Not really. And anyway, I've already checked it twice.
ないよ。とはいえ、すでに2回チェックしてるからね。

ワンポイントレッスン　これを英語で言ってみよう！

とにかく、もし何か問題が見つかったら、すぐに電話かメールをください。
◆ヒント：「すぐに」は immediately。

（解答例は p. 248）

86 seriously, though
いやまじめな話（まじめな話に戻す）

Seriously, though, I wonder if he will really come here.
冗談はさておき、彼はほんとうにここに来るのかな。

　話題がそれて、何か冗談やつまらない話をしているとき、「いや、まじめな話」といって軌道を戻すことがあります。その際の定番表現が seriously, though です。冗談が先行していれば all jokes aside（冗談はさておき）となります。

関連表現

all jokes aside, ...　冗談はさておき

例文

- So they give promotions to everyone nowadays, do they? **Seriously, though**, congratulations.　きょう、会社はみんなを昇進させるんでしょ？　なんて、まじめな話、おめでとう。
- **All jokes aside**, we cannot afford any more cost overruns.
冗談は抜きにして、これ以上コストが掛かりすぎると負担できない。

会話例

A: The shipment has been delayed until September now.
船積みが9月まで遅れている状況だよ。

B: If it ever arrives! **Seriously, though**, I'm getting worried.
本当に届くのであればね！　まじめな話、心配になってきた。

A: I'm moving to Singapore at the end of the month.
月末にシンガポールへ引っ越すんだ。

B: So you're their problem now! **Seriously, though**, we'll miss you.
じゃ、今度は向こうのお荷物だね。なんて、まじめな話、いなくなると寂しいよ。

ワンポイントレッスン　これを英語で言ってみよう！

冗談はさておき、本当に時間がなくなってきたわ。
◆ヒント：「時間がなくなる」は run out of time。

（解答例は p. 248）

87 Let's get back to the point

mp3_094　話を元に戻しましょう（中心的なテーマに戻す）

Let's get back to the point. It's almost 8:00.
話を元に戻しましょう。もうほとんど8時も近いから。

　話題を元に戻す際に、let's get back to... をよく使います。Let's get back to the point. の the point の部分は the matter at hand、business、the original topic などと入れ替えて使えます。いずれも「話を元に戻しましょう」ということです。
　話題からそれる際に get off the track という言い方をしますが、それた話題を戻す際には Let's get back on track. とここでは on になります。

関連表現
Let's get back to the matter at hand.　Let's get back to business.
Let's get back to the original topic.　Let's get back on track.
話を元に戻しましょう。

例文

- This discussion is interesting, but **let's get back to the point**.
  この議論はおもしろいけど、話を元に戻そう。

会話例

A: What shall we do about the digital publishing market?
電子出版市場についてはどうしましょうか？

B: We'll come to that later, but **let's get back to the point**.
それについては後にして、話を元に戻そう。

A: Can we take a few minutes to discuss the product launch as well?
少し時間を取って、商品の発売の件も話せますか？

B: Sorry, but we're short of time, so **let's get back to the point**.
すみませんが時間がないので、話を元に戻しましょう。

ワンポイントレッスン　これを英語で言ってみよう！

話を元に戻そう。会議を早く終わらせないと。
◆ヒント：「早く」は quickly。

（解答例は p. 248）

Unit 5

反論する

相手に反論するということは、それが誰であれ、どういう状況であれ、気を使います。そこでやんわりと、相手のことも立てながら反論する必要があるわけです。ここでは相手に反論する場合の代表的な慣用表現をみていきます。

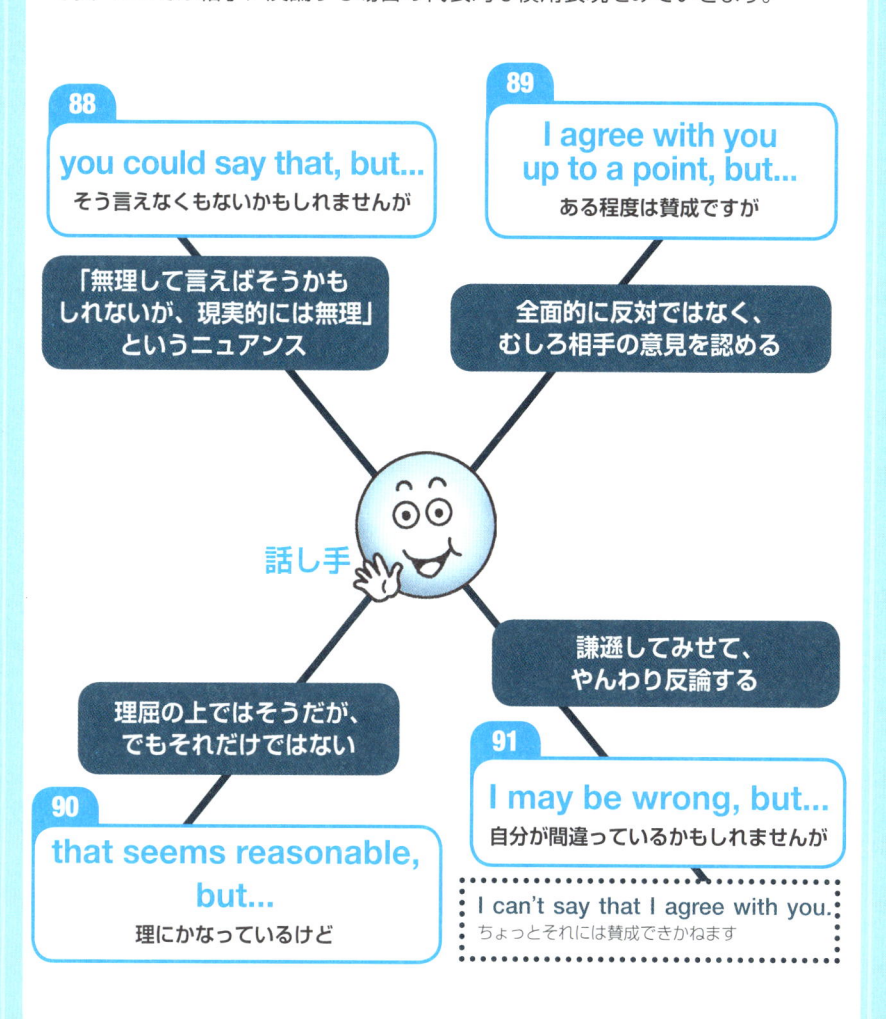

88 you could say that, but...
そう言えなくもないかもしれませんが

「無理して言えばそうかもしれないが、現実的には無理」というニュアンス

89 I agree with you up to a point, but...
ある程度は賛成ですが

全面的に反対ではなく、むしろ相手の意見を認める

話し手

理屈の上ではそうだが、でもそれだけではない

謙遜してみせて、やんわり反論する

90 that seems reasonable, but...
理にかなっているけど

91 I may be wrong, but...
自分が間違っているかもしれませんが

I can't say that I agree with you.
ちょっとそれには賛成できかねます

88 you could say that, but...

そう言えなくもないかもしれませんが

You could say that, but how about forgiving him?
He really regrets what he did. そうも言えなくもないかもしれませんが、彼を許してあげてはどうですか。自分がやったことを本当に後悔しているようだから。

「あえて言おうと思えば、そういうことも言えるかもしれないが」というのが you could say that, but... の意味合いです。could が使われていることから「無理して言えばそうかもしれないが」ということで、現実的には「無理」ということを暗に示しています。

You could say that, but I really think you're mistaken about this. だと「まあそうかもしれませんが、正直あなたの意見は間違っていると思います」といった感じで使います。

例文

- **You could say that, but** I don't think the problem is so bad.
  そうも言えるが、この問題はそれほどまずいことではないと思う。

- **You could say that, but** I think it misses the point.
  そうも言えるけれど、論点を外していると思う。

会話例

A: Don't you think the product is overpriced?
この商品は値付けが高すぎると思いませんか？

B: **You could say that, but** other products are similarly priced.
そう言えなくもないけど、他の商品も似たような価格だよ。

A: So you think we're wasting our time with these negotiations?
じゃ、これらの交渉で時間を無駄にしていると思うのですか？

B: **You could say that, but** let's wait and see.
そうも言えるが、状況を静観しよう。

ワンポイントレッスン これを英語で言ってみよう！

そう言えなくもないけど、うちの会社の CEO は先見の明があるとも言えるよ。
◆ヒント：「先見の明がある」は be proactive。

(解答例は p. 248)

89 I agree with you up to a point, but…
ある程度は賛成ですが

I agree with you up to a point, but don't you think we need to reconsider the budget?
ある程度は賛成ですが、予算は再考の必要があるとは思いませんか？

「ある程度まではあなたのおっしゃることに賛成だけど」という意味合いです。これは全面的に反対というわけでなく、むしろ相手の意見を認める言い方です。

冒頭の例文の but 以下の部分 don't you think we need to reconsider the budget? は、相手の意見に対して、具体にその欠けている点（賛成できない部分）をただす内容になります。

例文

- **I agree with you up to a point, but** I drew a different conclusion.
  ある点までは賛成だが、私は別の結論を出した。

- **I agree with you up to a point, but** don't you think others should share the blame?　ある程度は賛成ですが、他の人たちにも責任はあると思いませんか？

会話例

A: I think it's time to rebrand our company image.
そろそろ、うちの会社のイメージを一新するときだと思います。

B: I agree with you up to a point, but we mustn't alienate older customers.　ある程度は賛成だけど、昔からのお客さんを遠ざけてはいけないからね。

A: I suggest forming a partnership with Tex Corporation.
テックス社と業務提携してはどうかと思いますが。

B: I agree with you up to a point, but we should investigate other opportunities first.　ある程度は賛成だが、まずは他の可能性を探ったほうがいい。

ワンポイントレッスン これを英語で言ってみよう！

ある程度は賛成だけど、この件はもう少し議論しないとね。
◆ヒント：「議論」は discussion。

（解答例は p. 248）

90 that seems reasonable, but...

理にかなっているけど

That seems reasonable, but I'd like more time to decide.
それも道理に思えるけれども、もう少し時間をかけて決めたい。

　reasonableとは「道理に合っている」とか「理にかなっている」という意味です。ですから、相手の言った内容は、「理屈の上ではそうだが、でもそれだけではない」という思いを伝える際には、that seems reasonable, but... がピッタリの表現です。
　たとえば、「理にかなってはいるが、誰かを傷つけることになる」という際には、That seems reasonable, but don't you think it might hurt your partner?（それは理にはかなっているけども、相手を傷つけることになると思いませんか？）と言います。

例文

- **That seems reasonable, but** our market research suggests otherwise.　理にかなっているようだが、うちの市場調査は別の結果を示唆している。

会話例

A: Why don't we hire extra staff over the busy season?
　　繁忙期には臨時のスタッフを雇いましょうよ。

B: That seems reasonable, but let's see if we really need to first.
　　それも道理だけれど、それが本当に最初に必要なのか考えよう。

A: Given the economic problems, we should close some branches.
　　経済的な問題を考えると、いくつかの支店を閉鎖したほうがいいよ。

B: That seems reasonable, but I think it would be unwise in the long term.　それは理にかなっているようだけれど、長期的には賢明なやり方じゃないと思う。

ワンポイントレッスン　これを英語で言ってみよう！

理にかなっているようだけど、市場の動向も考慮に入れたほうがいい。

◆ヒント：「市場の動向」は the market trends、「……を考慮に入れる」は take... into account。

（解答例は p. 248）

146

91 I may be wrong, but...

自分が間違っているかもしれませんが

I may be wrong, but it seems that your idea will be costly when you put it into action.　私が間違っているかもしれませんが、あなたのアイディアを実践しようとすると、コストが高くつくように思われます。

　この表現は少なくとも表向きは、「自分が間違っているかもしれないが」ということで、「間違っているかもしれないが、あえて言わせてもらえれば」という含みがあります。
　I can't say that I agree with you. も「ちょっとそれには賛成できかねます」とやんわりと反論する表現です。

関連表現
I can't say that I agree with you.　ちょっとそれには賛成できかねます

例文

- **I may be wrong, but** I think that slogan was used by another company last year.　間違っているかもしれないが、そのスローガンは去年、別の会社が使ったと思う。

会話例

A: Is Mr. Davies available next Tuesday?
デービスさんは来週の火曜日、時間を取ってくれるのかな？

B: I may be wrong, but I think he'll be in Miami at that time.
間違ってるかもしれないけど、彼はその時、マイアミに行ってると思う。

A: Who is in charge of the presentation for the new campaign?
今度のキャンペーンのプレゼンは誰が担当？

B: I may be wrong, but I think it's Ms. Travis.
違ってるかもしれないけど、トラビスさんだと思う。

ワンポイントレッスン　これを英語で言ってみよう！

間違ってるかもしれないが、この種の商品はすでに出ている気がする。
◆ヒント：「(商品が)出ている」は be on the market。

(解答例は p. 248)

Unit 6

明瞭化を求める

　会話ではお互いの意味や意図を確認し合いながら相互理解を深めていきます。聞き手からすれば意味の明瞭化を求めるということです。この意味の明瞭化は、「例示を求める」「定義を求める」そして「具体化を求める」の3つが代表的です。以下はそれぞれ代表的な慣用表現ですが、ほかにもいろいろな言い方があります。

92
Can you give me an example?
たとえば？

- For example?　たとえば？
- For instance?　たとえば？
- Like what?　どんな？

具体例がないとわからないとき

話し手

相手の言っていることの意味がわからないとき

93
What do you mean by that?
それはどういう意味ですか？

- What do you mean by A?
  A ってどういう意味ですか？

相手の言っていることが一般論過ぎてわからないとき

94
Could you be more specific?
もっと具体的に言うとどういうことですか？

- Would you elaborate on that?　詳しく言うとどうなりますか？
- Would you explain that in detail?　それを詳しく説明していただけますか？

92 Can you give me an example?
たとえば？

You said you have held various part-time jobs. Can you give me an example? あなたはいろいろなアルバイトを経験したんですね。たとえばどんなことを経験しましたか？

具体例がないと言いたいことがよくわからないという場合、よく使われるのが Can you give me an example? です。実際のやりとりでは For example? や For instance? が「たとえば？」といった感じでよく使われます。もっとくだけた感じだと Like what?（どんな？）があります。あらたまった言い方としては、Would you give me an example? や I'd like an example of... があります。

関連表現

For example? たとえば？	For instance? たとえば？
Like what? どんな？	I'd like an example of... ～の例がほしいのですが
Would you give me an example? 例を挙げていただけますか？	

例文

- What kind of problems have you experienced? **Can you give me an example?** どんな問題を経験しましたか？ 例を挙げてもらえますか？

会話例

A: I believe moving production offshore would be beneficial.
生産の海外移転は有益だと思いますが。

B: In what way? **Can you give me an example?**
どんなふうに？ 例を挙げてもらえるかな？

A: We should be developing new products to appeal to young people.
若者に訴求する新商品を開発したほうがいいよ。

B: What kind of products do you mean? **Can you give me an example?**
どんな商品のこと？ 例を挙げてもらえる？

ワンポイントレッスン これを英語で言ってみよう！

メキシコで人気のアジアのブランドがあるの？ 例を挙げてもらえる？
◆ヒント：「人気の」は popular。

（解答例は p. 248）

93 What do you mean by that?
それはどういう意味ですか？

You said you "re-evaluate our priorities". **What do you mean by that?** 「優先度を再評価する」とはどういう意味ですか？

相手の言っていることの意味がわからないという場合、What do you mean by that? と聞きます。ここで that が指すのは具体的な語句である場合もあれば、相手の言った発話それ自体ということもあります。前者であれば、たとえば What do you mean by "sad case"? のように、その語句の意味を直接問います。あらたまった場面であれば、How do you define "the right of collective self-defense"? ("the right of collective self-defense"[集団的自衛権] をどう定義しますか？) と直接定義を求めることもあります。

関連表現
What do you mean by A? Aってどういう意味ですか？
How do you define A? Aをどう定義しますか？

例文
- You said you believe we should be more proactive, but **what do you mean by that?** もっと物事を先取りすべきだと思うと言ったけど、それはどういう意味？

会話例
A: I believe that now is a good time to move to a longer-term strategy.
今は長期戦略へ移る好機だと思います。

B: Sorry to interrupt, but **what do you mean by** "longer-term strategy"?
ちょっとすみませんが、「長期戦略」とはどういう意味ですか？

A: We need to make our company more competitive.
うちの会社は、もっと競争力を高める必要があります。

B: **What do you mean by that?** それはどういう意味かな？

ワンポイントレッスン　これを英語で言ってみよう！

同じ日付の異なる報告書が 3 種類あるって？　それ、どういう意味？
◆ヒント：「同じ日付の」は with the same date。

（解答例は p. 248）

94 Could you be more specific?
mp3_101　もっと具体的に言うとどういうことですか？

That's an interesting point, but could you be more specific?
それは面白いポイントですが、もっと具体的に言うとどういうことですか？

相手の言っていることが一般論過ぎて言いたいことがわからないときはCould you be more specific?（もっと具体的に言うとどうなりますか？）がよく使われます。

この表現以外にもWould you elaborate on that? という言い方もします。このelaborate on... は「〜について話をさらに展開させる」という意味合いです。Would you explain that in detail? という言い方もあり、これはin detailがあるように「それを詳細に説明してください」と求める言い方です。文章などでは、I'd appreciate it if you could give me a little bit more detailed information about...（〜についてもう少し詳細な情報をいただけるとありがたいのですが）も使います。

関連表現

Would you elaborate on that?　詳しく言うとどうなりますか？
Would you explain that in detail?　それを詳しく説明していただけますか？
I'd appreciate it if you could give me a little bit more detailed information about...　〜についてもう少し詳細な情報をいただけるとありがたいのですが

例文

- What proposals would you make? **Could you be more specific?**
  どんなご提案をいただけるのですか？　もう少し具体的にお願いできますか？

会話例

A: I think we need to take cost-cutting measures.
　コスト削減策を取る必要があると思いますね。

B: Where would you like to see cuts? **Could you be more specific?**
　どこを削減すればいいでしょうか。もっと具体的に言っていただけますか？

ワンポイントレッスン　これを英語で言ってみよう！

ちょっとわかりにくいな。もっと具体的に言ってくれる？
◆ヒント：「わかりにくい」はbe hard to understand。

（解答例はp. 248）

Part 3

EXERCISES

Exercise 1

次の各英文を SNS で友人に送るとき、いっしょに送るのにふさわしい「スタンプ」を選んでください。

(1)

> I mean, I'd like to take a few days off after the event.

(2)

> By the way, did you hear Ms. Tamura is quitting at the end of the month?

(3)

> One of us has to send an apology e-mail anyway.

(4)

> Seriously, though, I'm worried about the possible restructuring.

Part 3 ●会話の流れを調整する表現 24

(5)

I agree with you up to a point, but I have a different opinion.

(6)

I may be wrong, but I think Mr. Lee is from Singapore.

(7)

What kind? Can you give me an example?

(8)

Secondhand products? What do you mean by that?

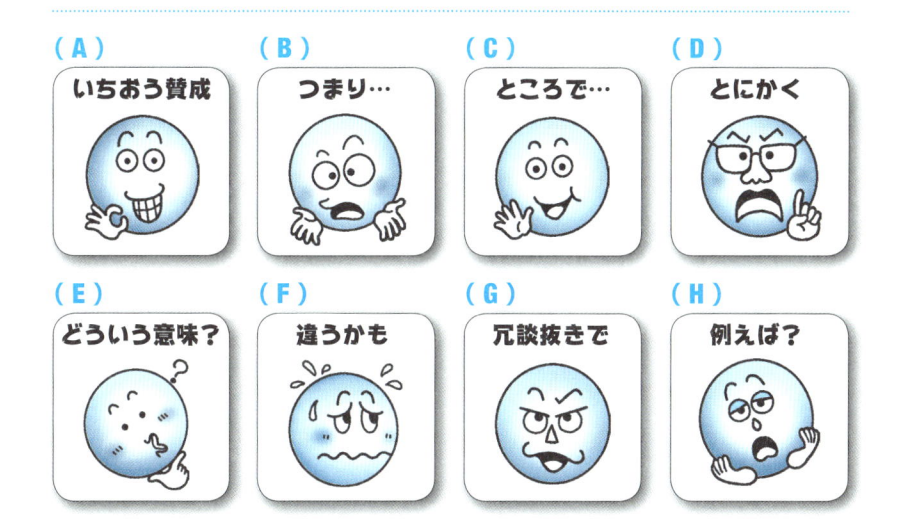

(A) いちおう賛成

(B) つまり…

(C) ところで…

(D) とにかく

(E) どういう意味?

(F) 違うかも

(G) 冗談抜きで

(H) 例えば?

Exercise 2

文意に注意しながら、(1) – (4) の3つの英文の各空欄に共通して用いられるべき表現を、リストの中からひとつずつ選んでください。なお、リストには使われない表現も含まれています。

- All you have to do is
- Could you be more specific?
- In other words,
- The thing is,
- You could say that, but

(1)
- [　　] we need to increase our sales by the end of the quarter.
- [　　] you should do your best to contribute to the company.
- [　　] I can't afford such an expensive device.

(2)
- We need to increase sales. [　　] we have to be more strategic.
- We are running out of time. [　　] we have to work overtime.
- We failed in the negotiation. [　　] the boss is mad.

(3)
- [　　] I think about it a little differently.
- [　　] I don't think it's how others see this issue.
- [　　] you could also say we still have a chance of being successful.

(4)
- What kind of improvement would you like to see? [　　]
- I still don't understand your point. [　　]
- What part of the presentation was inappropriate? [　　]

Exercise 3

*(1)~(4)のAとBの会話は解答を入れて2回繰り返し読まれます。1回目は(1)~(4)の順でポーズなしで、2回目は(1)~(4)の順にポーズありになっています。

自然なやりとりが成立するように、カッコ内から適切な表現を選んで英文を完成させてください。ただし、使える表現はひとつだけとは限りません。
なお、一方の話者の発言に日本語訳を付けてあるので、やりとりを把握するためのヒントとしてください。

（1）
A: If you don't like their approach, you can just replace them with another subcontractor.
彼らのやり方が気に入らないなら、別の下請け業者に代えればいいのに。
B: [In other words, / The point is / The thing is,] the boss is on good terms with them and he won't like our replacing them.

（2）
A: I don't know how to update the OS on my computer. Could you help me with it?
パソコンのOSのアップデート方法がわからないんだ。手伝ってくれる？
B: [All you have to do is / Seriously, though, / What should I say?] click "Yes" after the dialog box comes up.

（3）
A: How long do you think you need to complete this flyer?
このチラシを完成させるのに、どのくらい時間が必要だと思いますか？
B: [Anyway, / Let me see… / That seems reasonable, but…] I think we can finish it before Christmas.

（4）
A: He was very funny. I didn't know he liked making jokes that much. 彼は面白かったよね。あんなに冗談が好きな人だとは思わなかった。
B: [I can't think of the right expression. / Let's get back to the point. / What do you mean by that?] We still have quite a few subjects to talk about in this meeting.

Part 3 EXERCISES 解答・解説

Exercise 1

正解 (1)-**(B)** (2)-**(C)** (3)-**(D)** (4)-**(G)** (5)-**(A)** (6)-**(F)** (7)-**(H)** (8)-**(E)**

訳
(1) つまり、イベントの前に 2、3 日休みを取りたいんだ。
(2) ところで、田村さんが月末で辞めるって聞いた？
(3) とにかく、われわれの誰かが謝罪のメールを出さなければね。
(4) まじめな話、リストラがありそうで心配してるんだ。
(5) 賛成しないでもないけど、私には別の考えがある。
(6) 間違ってるかもしれないけど、リーさんはシンガポール出身だよ。
(7) どういうの？ 例を挙げてもらえる？
(8) 中古品？ それ、どういう意味？

解説
(3) の anyway は、「とにかく、どうあっても、いずれにせよ」といった意味の副詞表現で、文頭か、この例のように文末に用いられるのが普通。
(4) の Seriously, though, ... は、直前で冗談を言ったり、冗談めかした軽口をたたいたりした後に、「冗談はさておき、まじめな話」と軌道修正するときの前置き表現。
(5) の I agree with you up to a point は、限定付きで相手に賛成する、つまり相手の考えを否定はしないが、自分にはいくぶん違う見方があるといったニュアンスで用いられる。
(8) の What do you mean by that? は、直前に相手が口に出した事柄や、その発言の真意を問いただすときに使われる。

Exercise 2

正解 (1) **The thing is,** (2) **In other words,** (3) **You could say that, but** (4) **Could you be more specific?**

訳
(1) 要するに、われわれは期末までに売り上げを増やさなければならない。
　　要するに、きみは最善を尽くして会社に貢献しなければならない。
　　要するに、あんなに高価なデバイスを買う余裕はないのだ。
(2) もっと売り上げを上げないと。つまり、もっと戦略的にならなくてはいけない。
　　時間がなくなってきている。つまり、残業しなければならない。
　　交渉に失敗した。つまり、課長は怒っている。
(3) そうも言えるが、私はそれについては少し違った考えだ。
　　そうも言えるが、他の人たちはこの件をそういうふうには見ていないと思う。
　　そうも言えるが、われわれにはまだ成功するチャンスがあるとも言える。
(4) どんな改善を望んでいるのですか。もっと具体的に言ってもらえますか？
　　まだ要点がよくわかりません。もっと具体的に言ってもらえますか？
　　プレゼンのどの部分が不適切だったのですか。もっと具体的に言ってもらえますか？

解説

(1) では、各文の内容の重要性を前置きする言葉を選ぶのがよい。The thing is は「要は、つまりは、問題は」といった意味で、その役割を持っている。
(2) では、前後の文を結びつける役割を持った表現を選ぶ。In other words は「言い換えれば、つまり」という意味で、直前の言葉を別の言い方に置き換えるサイン。
(3) には、相手の発言内容を限定的に認めたうえで、別の見方を述べる You could say that, but（そうとも言えるが）を用いれば、文意が通る。この could は仮定法で「言おうと思えばそうとも言える」といったニュアンス。
(4) では、直前の言葉を補足する役割の表現を選ぶ。Could you be more specific?（もっと具体的に言ってもらえますか）を用いればよい。

Exercise 3

正解 (1) **The point is, / The thing is,** (2) **All you have to do is**
(3) **Let me see...** (4) **Let's get back to the point.**

訳 (1) A: 彼らのやり方が気に入らないなら、別の下請け業者に代えればいいのに。
B: 要するに／問題は、課長が彼らとじっこんで、代えたがらないんだ。
(2) A: パソコンの OS のアップデート方法がわからないんだ。手伝ってくれる？
B: ダイアログボックスが立ち上がったら、ただ「はい」をクリックするだけだよ。
(3) A: このチラシを完成させるのに、どのくらい時間が必要だと思いますか。
B: そうですね……クリスマス前には終えられると思いますが。
(4) A: 彼は面白かったよね。あんなに冗談が好きな人だとは思わなかった。
B: 話を元に戻そう。まだ、この会議で話すべき議題が山ほどあるんだ。

解説

(1) の The point is は「要点は、ポイントは」の意味、The thing is も「要点は、問題は」というほぼ同じ意味を表し、話の重要なポイントが続く。このふたつのどちらかを用いればよい。In other words は「言い換えれば」の意味だが、ここでは直前の言葉の言い換えや要約が続いているわけではないので使えない。
(2) の All you have to do is は「ただ〜しさえすればいい」という意味の表現で、多くを行う必要がないということを言い表している。ここでは OS のアップデートが簡単であることを言わんとしていると考えられるので、これを用いればよい。他のふたつは意味上、あるいは文法的に不適切。
(3) の Let me see... は「ええと……」と言いよどむときの決まった言い回し。How long...? と聞かれて即答できず、時間を稼いだと考えられるので、これを選ぶのがよい。文頭で anyway を用いると、話の流れを変えることになるので、ここでは不適切。That seems reasonable, but...（それも一理あるけれど）は文意にそぐわない。
(4) の Let's get back to the point.（話を元に戻そう）は文字通り、話の軌道修正を図るときの言葉。これを用いれば、やりとりがつながる。他のふたつは、ここでは意味をなさない。

column 2

文頭にくる副詞節は状況を設定し、文尾にくる副詞節は情報を追加する

　副詞節は文頭にくると状況を設定するはたらきをし、文尾にくると情報を追加するはたらきをするというのが一般的な原則です。以下のふたつを比べてみましょう。

(1) 6カ月で帰って来ると約束しないなら、中国には行かせないよ。
　A. Unless you promise to come back in six months, I won't let you go to China.
　B. I won't let you go to China, unless you promise to come back in six months.

(2) 私だってフルタイムで働いているんだから、家事を少し手伝ってくれてもいいんじゃない。
　A. Now that I'm working full-time, you could help me a little bit with the chores.
　B. You could help me a little bit with the chores, now that I'm working full-time.

　(1)と(2)のふたつの文A、Bはいずれも文法的です。(1)のAでは、「もし6カ月以内に帰国すると約束しないなら」が状況（条件）として設定され、それに「中国行きは許さないよ」と続けています。(1)のBでは「中国行きは許さないよ」とまず述べ、それに条件を補足している感じがします。
　同様に、(2)のAは、「私はフルタイムで働いているんだから」を状況として設定し、「少しは家事を手伝ってもいいじゃない」と主張しています。(2)のBでは「少しは家事を手伝ってもいいんじゃない」とまず言いたいことを主張し、それに自分の状況を補足するという感じになっています。
　このように基本的には前置が「状況の設定」で、後置が「情報の追加」と考えることができます。しかし、上のペアを100名の英語の母語話者に見せ、「どちらが自然な言い方か」を問うたところ、(1)では76%がBを自然とみなし、(2)では71%がAを自然とみなしました。unlessは強い条件で脅迫的、高圧的な響きを持つことがあり、文頭におくより、文尾でそういう響きをやや弱めるほうが無難であるというのがその理由のようです。逆に、now thatは自分が置かれているのはこういう状況だからとまず示し、それに何をしてほしいかを述べるというのが自然な情報の組み立て方のようです。

Part 4

予定、目的、理由、仮定など、さまざまな具体的な意味や機能を伝える表現

56

ここでは、「〜する計画である」ことを述べるとか「〜するために」と目的を英語で表現するなど、さまざまな具体的な内容を表す表現をみていきます。ここで紹介する表現の多くは、学習参考書などで文法の慣用表現とみなされるものです。

Unit 1

予定や計画を述べる

　これから先の計画を述べる際に、「〜するつもりだ」「〜する計画をしている」「〜することになっている」「〜する予定になっている」といった言い方を日本語でしますが、英語でもまったく同じです。
　典型的な4つの表現のニュアンスの違いをみてみましょう。

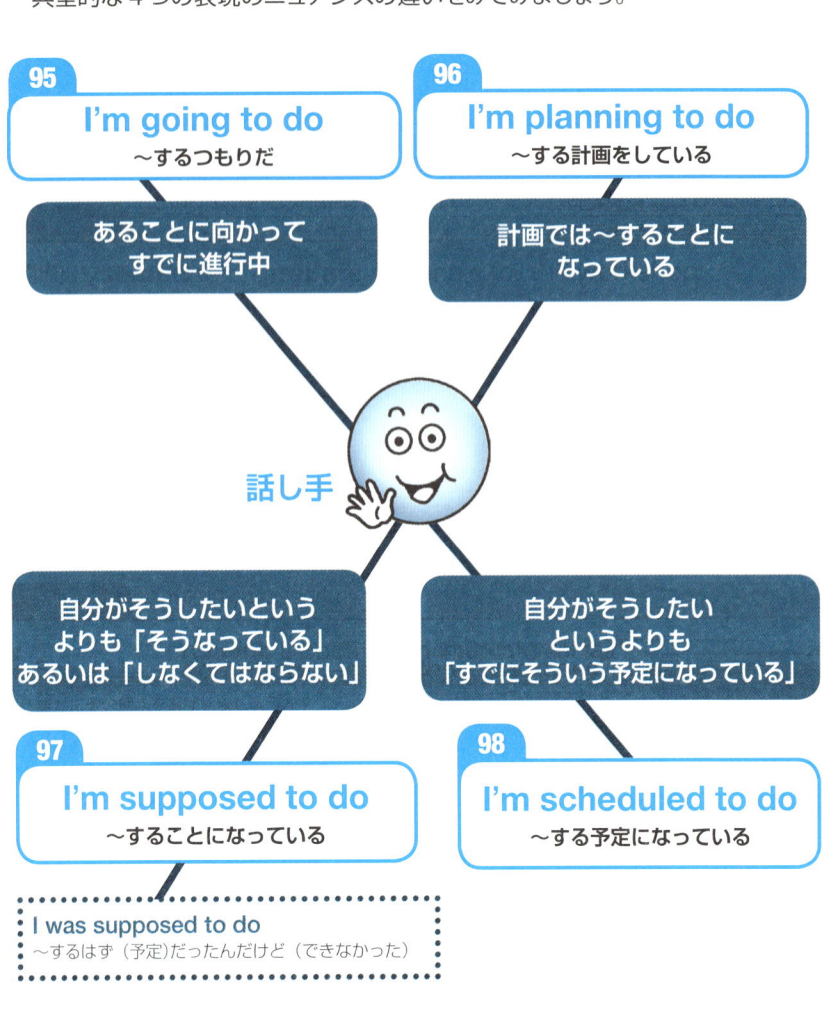

95 I'm going to do
〜するつもりだ

あることに向かって
すでに進行中

96 I'm planning to do
〜する計画をしている

計画では〜することに
なっている

話し手

自分がそうしたいという
よりも「そうなっている」
あるいは「しなくてはならない」

自分がそうしたい
というよりも
「すでにそういう予定になっている」

97 I'm supposed to do
〜することになっている

98 I'm scheduled to do
〜する予定になっている

I was supposed to do
〜するはず（予定）だったんだけど（できなかった）

95 I'm going to do
~するつもりだ

I'm going to learn Chinese again.
ふたたび中国語を学ぶつもりだ。

　I'm going to do は be going to do であることから「〜することに向かって移動中」という感じがあります。すでに進行中であるということです。
　そこで、I'm going to marry this coming June. と言えば、「婚約もすませ、6月には結婚式を挙げる」といった状況を想定することができます。I will marry this coming June. だと「そうだ、この6月に結婚しよう」とその場で結婚することを決めたような意味合いがありますが、be going to do だと結婚に向けてすでに事態が進行している状態にあるということです。

例文

- **I'm going to check** the figures later.　あとで数字をチェックするつもりだ。
- **I'm going to prepare** materials for tomorrow's training session.
  明日の研修会向けに資料を用意するつもりだ。

会話例

A: I'm going to go to the client's office this afternoon.
今日の午後、お客さんの事務所へ行くよ。

B: OK. I'll let you know if there are any calls.
わかった。何か連絡があったら知らせるわ。

A: Do you plan to demonstrate our new product this week?
今週、新製品のデモをやる予定？

B: Yes. **I'm going to make** a short presentation at the product fair.
ええ。商品見本市で短いプレゼンをやるつもりです。

ワンポイントレッスン　これを英語で言ってみよう！

この見本を、明日お客さんのところへ持って行くつもりだ。
◆ヒント：「見本」は sample

（解答例は p. 248）

96 I'm planning to do
mp3_106　〜する計画をしている

I'm planning to have a private exhibition of my artwork at a gallery two years from now.
今から2年後に画廊で個展を開くことを計画している。

　plan は「計画」という名詞でもあり、「計画する」という動詞でもあります。I plan to clean my place this weekend. だと「週末に掃除をする計画だ」といった意味で、進行形の形でなくても予定を表すことができます。なお、plan on もあり、この場合は I plan on cleaning my place this weekend. と doing になります。I'm planning to clean my place this weekend. だと「もうすでにそういう計画を立てており、その計画に向かっている」といった感じです。
　be going to do と be planning to do を比べると、後者だと「計画上は〜することになっている」ということで、計画で終わる可能性もありますが、be going to do は「確実に〜することに向かっている」感じです。

関連表現	plan to do 〜する計画だ plan on doing 〜する計画だ	be going to do (確実に〜することに向かっている)〜するつもりだ

例文
- **I'm planning to change jobs in a few years.**　2、3年後に転職するつもりだ。
- **I'm planning to finish the sales report by next week.**
来週までに、販売報告書を仕上げる予定だ。

会話例
A: Have you read his book on management?　彼のマネジメントの本、読んだことある？
B: No, but **I'm planning to read** it.　いや、でも読もうと思っているんだ。

A: **I'm planning to organize** a company retreat.
　　社員旅行を企画しています。
B: That sounds great!　そりゃ、いいね！

ワンポイントレッスン　これを英語で言ってみよう！

今度の合同会議で企画提案をするつもりなんだ。
◆ヒント：「企画を提案する」は make a proposal、「合同会議」は the joint meeting。

97 I'm supposed to do
〜することになっている

I'm supposed to send the requested data to their office by this Friday. 依頼されたデータを今週の金曜までに先方のオフィスに送ることになっている。

　直訳すれば「〜することが想定されている」となり、そこから「〜することになっている」という意味合いで使います。I'm going to do や I'm planning to do だと「自分の意志」が感じられますが、I'm supposed to do だと「自分のことはともかく、そうなっている」という含意があるため、「〜しなくてはならない」といった感じでさまざまな状況で使用することができます。また、**You are not supposed to smoke here.**（ここでは喫煙はご遠慮ください）のように否定形で遠回しな禁止を表します。

　I was supposed to do の過去形も「〜するはず（予定）だったんだけど」という意味合いで、「結局できなかった」というニュアンスを含むことが多いと言えます。

> **関連表現**
> **you are not supposed to do** 〜することはご遠慮ください
> **I was supposed to do** 〜するはず（予定）だったんだけど（できなかった）

例文

- **I'm supposed to make** a prototype of the new product with my team. 部下といっしょに新製品の試作品を作ることになっています。
- **I'm supposed to use** my business card temporarily in place of my lost IC name tag. IC ネームタグをなくしたので、代わりに名刺を一時的に使うことになっています。

会話例

A: **I'm supposed to make** presentation slides for my boss.
課長のためにプレゼンのスライドを作ることになってるんだ。
B: Let me know if I can be of any help. 手伝えることがあったら言ってね。

A: Can you join us for golf on Saturday? 日曜日にいっしょにゴルフへ行かない？
B: Thanks, but **I'm supposed to attend** a business seminar that day.
ありがとう。でも、その日はビジネスセミナーに出ることになっててね。

> **ワンポイントレッスン** これを英語で言ってみよう！
>
> **会社のブース設営を担当することになっているんです。**
> ◆ヒント：「……を担当する」は be in charge of...、「会社のブースを設営する」は set up the company booth。

（解答例は p. 248）

98 I'm scheduled to do
mp3_108 　〜する予定になっている

I'm scheduled to be in Frankfurt until the end of next week.　来週末までフランクフルトにいる予定だ。

　この I'm scheduled to do も I'm supposed to do のように受け身の構文であることから、「そういう予定になっている」という意味合いがあります。自分の意志でそうするというより、予定がもうすでにそうなっているということを伝えたい状況でぴったりの表現です。出産予定のときにも I'm scheduled to give birth on October 10th.（10月10日に出産の予定だ）のように客観的な表現として使うことができます。
　もちろんI以外の主語を使って The new president is scheduled to visit Bangkok next month.（新社長は来月バンコクを訪問する予定だ）や The interview is scheduled for 10:00 a.m. tomorrow.（インタビューは明日午後10時に予定されている）のように表すことができる「予定」を表す際の定番表現です。

例文

- **I'm scheduled to attend the national sales conference in September.**　9月に全国営業会議に参加する予定になっている。
- **I'm scheduled to meet with people from Vietnam next week.**　来週、ベトナムから人を迎える予定だ。

会話例

A: I'm nervous because **I'm scheduled to chair** the next meeting.　緊張するよ。次の会議で議長を務める予定なんだ。
B: Don't worry—you'll do a great job.　心配ないよ、きみならうまくやるさ。

A: Hey, I heard you're transferring to the U.S.　ねえ、アメリカへ転勤なんだって？
B: Yes, **I'm scheduled to go** there at the end of October.　うん。10月末に行く予定なんだ。

ワンポイントレッスン　これを英語で言ってみよう！

来週の水曜日にウェストン氏と夕食を取る予定なんだ。
◆ヒント：「夕食を取る」は have dinner。

（解答例は p. 248）

Unit 2 目的や結果を表す

　話を展開する中で論理関係を示すことは必須です。その中でも、目的や結果はその論理関係の典型例だと言えます。「目的」は「〜するために……する」ということで不定詞の to で表すのが基本ですが、目的であることを明確にするため in order to do を使います。「結果」は、「〜してその結果……」という意味関係を表します。結果を表す英語表現としては so... が基本で、so that...（〜するようにするため）や only to do（〜するだけのために……した）なども状況に応じて使います。

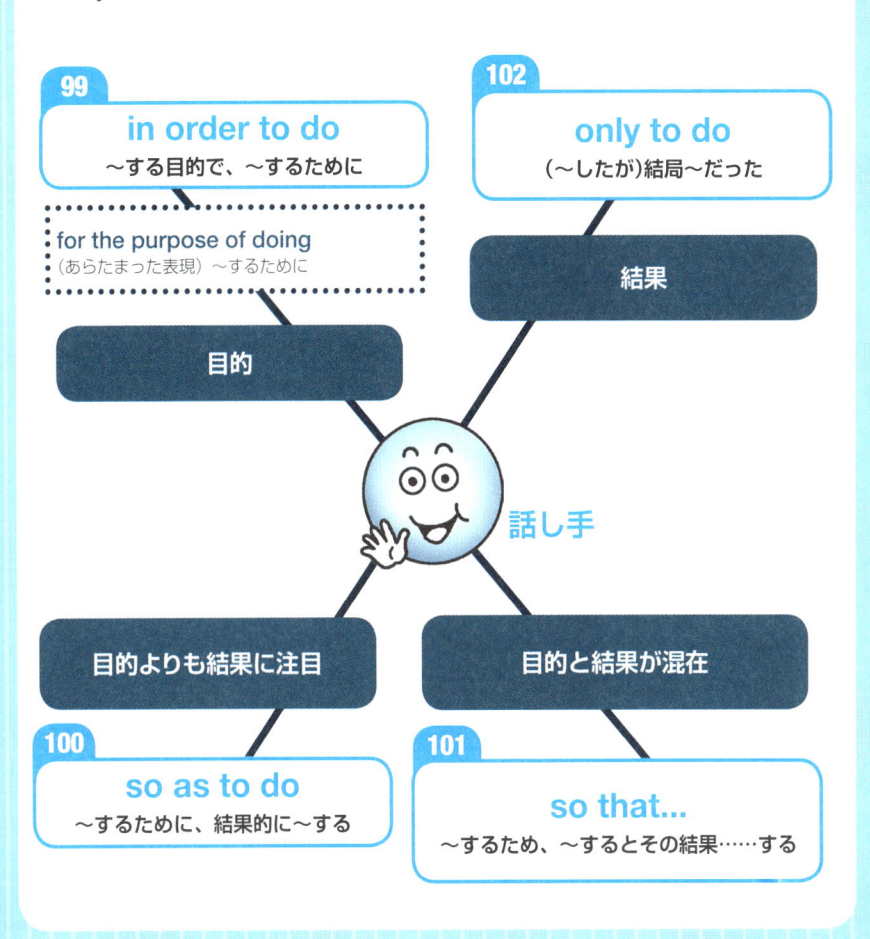

99 in order to do
〜する目的で、〜するために

for the purpose of doing
（あらたまった表現）〜するために

目的

102 only to do
（〜したが）結局〜だった

結果

話し手

目的よりも結果に注目

100 so as to do
〜するために、結果的に〜する

目的と結果が混在

101 so that...
〜するため、〜するとその結果……する

99 in order to do
～する目的で、～するために

In order to avoid rush hour, I left my house earlier than usual. ラッシュ時を避けるために、いつもより早く家を出た。

「～する目的で、～するために」を明示的に述べるには in order to do が最も典型的な表現です。for the purpose of doing という表現もありますが、これはあらたまった表現で、日常会話では in order to do のほうが圧倒的によく使います。この in order to do は文頭でも文尾でも自由に使うことができます。in order to do は状態動詞がくる場合は、I left work earlier than usual in order to spend time at home with my kids.（子どもたちと家にいるために、普通より早く仕事場を出た）のように使います。

また、「～するために」を表す硬い表現として in order that があります。これは Please close the door in order that we may have some privacy.（プライバシーのためドアを閉めてください）のように that 節内は may を使う傾向があります。

関連表現
for the purpose of doing　（あらたまった表現）～するために
in order that...(may...)　（あらたまった表現）～するために

例文

- We need to leave by 2:00 **in order to get** to their office on time.
  先方のオフィスに時間通りに着くには、2時までに出る必要がある。

- Let's send out a questionnaire **in order to get** customers' opinions on our services.　うちのサービスに関する顧客の意見を集めるために、アンケートを配ろう。

会話例

A: You live far away, don't you? 家が遠いんだよね？
B: Yes. I have to get up at 6:00 **in order to be** at my desk by 9:00.
うん。9時までに席に着いているためには、6時に起きなくちゃいけない。

ワンポイントレッスン これを英語で言ってみよう！

情報収集のために契約販売業者らと話をしたほうがいいね。
◆ヒント：「契約販売業者」は contracted dealers、「情報収集（する）」は collect information。

（解答例は p. 248）

100 so as to do
~するために、結果的に~する

She packed yesterday so as to be ready early today.
彼女は、昨日、荷造りを終えていたので、今日は早々と用意ができていた。

　in order to do は「目的」に重点がありますが、so as to do は「~するために」といっても結果に注目し、「そうすれば、その結果~できるようにするために」といった意味合いがあります。冒頭の文も、She packed yesterday（昨日彼女は荷造りを終えた結果）so as to be ready early today.（今日は早々と用意ができていた）のように解釈できます。このように、「ある結果を見越して何かをする」という意味合いが so as to do にはあります。
　We stayed home for Christmas so as to avoid heavy traffic. は「交通渋滞を避けるためにクリスマスは自宅にいた」ということですが、「クリスマスは自宅にいた、そうすれば交通渋滞を避けられるからだ」ともとれます。

例文

- I got that app so as to **keep** up with the latest economic news.
  最新の経済ニュースを追いかけるために、そのアプリを入れた。
- We need to agree on this issue so as to **move** forward with the plan.　計画を前進させるためには、この問題で合意する必要がある。

会話例

A: How do you think we can increase sales?　どうすれば売り上げが上がると思う？
B: Let's advertise online, so as to **attract** a younger market.
　　ネット広告を打とう。そうすれば、より若い顧客層に訴求できる。

A: We should obtain these paid reports so as to **analyze** market trends.
　　市場動向を分析するために、この手の有料の報告書を手に入れたほうがいいね。
B: I know, but they are quite expensive.　そうは思うけど、結構値段が張るんだよ。

ワンポイントレッスン　これを英語で言ってみよう！

もっと多くの外国人のお客さんに興味をもってもらえるように、カタログに手を入れたほうがいいね。

◆ヒント:「手を入れる」は revise、「興味をもってもらう」は attract。

（解答例は p. 248）

101 so that...
~するために、~するとその結果……する

You should read this report in advance so that you can understand the seminar this afternoon. この報告書を事前に読んでおいたほうがいい。そうすれば、午後のセミナーを理解できる。

　so that は「~するようにするために」という目的の意味と、「~する、その結果……になる」という結果の意味が混在した表現です。I gave him some warm milk so that he would be able to fall asleep. は「子どもがよく眠れるように、温かいミルクをあげた」と訳されますが、「温かいミルクをあげた」が最初に示され、そして、その結果として「よく眠れるように」と続くと考えることができます。

例文

- Could you prepare handouts so that we can run the meeting more efficiently tomorrow?
  配布資料を用意してもらえますか。そうすれば、明日の会議をより効率的に進められます。

会話例

A: Are you writing a report? 報告書を書いているの？
B: No. I'm editing an operation manual so that the newcomers can easily get accustomed to working here.
いや、業務マニュアルを編集してるんだ。新人たちがここでの仕事に早く慣れることができるようにね。

A: We're going to make some changes in our online services soon.
もうじき、うちのオンラインサービスの一部が変更されるね。
B: Yes, so we need to revise our website so that customers won't be confused. うん。だから、ウェブサイトを改訂して、お客さんが混乱しないようにしないと。

ワンポイントレッスン　これを英語で言ってみよう！

データはクラウドに保存したほうがいいね。そうすれば、いつでもアクセスできる。◆ヒント：「クラウド」は cloud storage。

（解答例は p. 248）

102 only to do
(〜したが) 結局〜だった

I walked all the way to the restaurant, only to find that it was closed. レストランまですっと歩いて行ったのに、結局閉まっていた。

この only to do は冒頭の例文のように、「〜したのに結局……だった」という意味合いの表現で、日常会話でも比較的よく使われます。

この例文のように、多くの場合、only to find that... や only to discover [realize] that... のように「結局〜がわかることになる」という意味合いで使われます。

I ran all the way to the station, only to miss the last train. (駅までずっと走り続けたが、結局最終電車には間に合わなかった) のような使い方もありますが、only to の前にカンマを置くというのが共通点です。

例文

- **I downloaded a free business app, only to discover that I can't use it on my laptop.** 無料のビジネスアプリをダウンロードしたのに、結局、自分のノートパソコンでは使えないことがわかった。

会話例

A: I ran here from the station, **only to find** an empty meeting room.
駅からここまで走って来たのに、会議室は空っぽだったんだ。

B: Didn't anyone tell you the room had been changed?
誰も会議の部屋が代わったことを言わなかったの？

A: I heard we didn't get the Y&B Corporation account.
Y&B 社との取引、だめになったんだって。

B: They acted really interested, **only to back** out at the last minute.
彼らはずいぶん興味がある様子だったんだが、結局、最後に断られた。

ワンポイントレッスン これを英語で言ってみよう！

わざわざ千葉までお客さんを訪ねて行ったのに、結局先方は休みを取っていたんだ。 ◆ヒント：「休みを取る」は have a day off。

(解答例は p. 248)

Unit 3

理由や方法を示す

　何か話をしようとすると、必ずと言っていいぐらい「理由を述べる」局面がでてきます。「これが〜した理由だ」だとか「それが〜の理由だ」という表現に相当する英語としては以下があります。また、何かのやり方を説明して「これが〜のやり方です」という際の表現も the way を使う表現と how を使う表現があります。

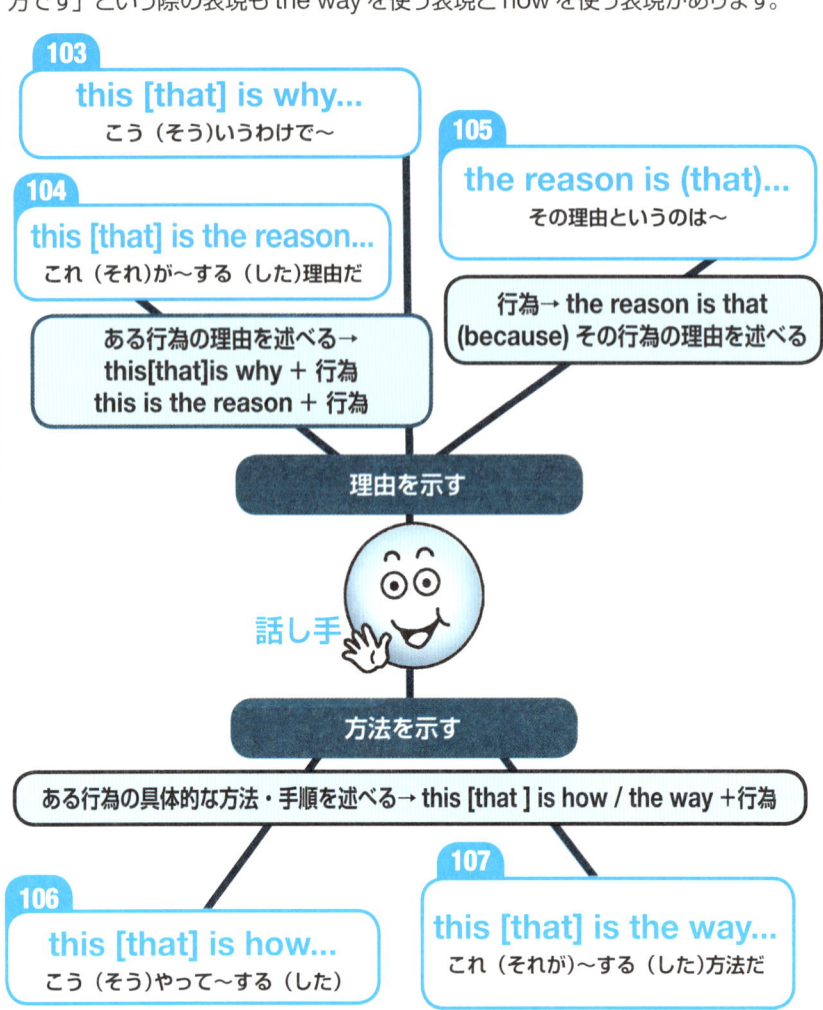

103 this [that] is why...
こう（そう）いうわけで〜

104 this [that] is the reason...
これ（それ）が〜する（した）理由だ

ある行為の理由を述べる→
this[that]is why ＋ 行為
this is the reason ＋ 行為

105 the reason is (that)...
その理由というのは〜

行為→ the reason is that (because) その行為の理由を述べる

理由を示す

話し手

方法を示す

ある行為の具体的な方法・手順を述べる→ this [that] is how / the way ＋行為

106 this [that] is how...
こう（そう）やって〜する（した）

107 this [that] is the way...
これ（それが）〜する（した）方法だ

103 this [that] is why...
こう（そう）いうわけで〜

I want to learn from the best teachers in the world. This is why I want to go to Harvard University. 世界で最高の教師から学びたい。これが私がハーバード大学に行きたいわけです。

「これが〜するわけです」という意味の表現。上の例文は、最初の文を受けて、This is why I want to go to Harvard University. と言っているのです。もっとくだけた言い方だと「だからハーバード大学に行きたいんだ」という感じです。

that's why... は this is why...（これが〜というわけでだ、こんなわけで〜である）と基本的には同じ意味合いですが、that's why... といえば「それが〜というわけだ」「そういうわけで〜である」という意味になります。He is a man of action. That's why he got my vote. だと「彼は実行力のある男だ。そうだから彼はぼくの票を獲得したんだ（支持を得たのだ）」という意味です。

例文

- Oh, another e-mail. **This is why** I always have to carry my smartphone.　ああ、またメールだ。これだから、いつもスマホを持ってなくちゃいけないんだ。
- My computer is too slow. **That's why** I need a new one.
　パソコンが遅すぎる。だから新しいのが必要なんだ。

会話例

A: How can we finish such a big project in one week?
　どうやって、そんな大規模プロジェクトを1週間で終わらせるの？
B: **This is why** we should ask the company to hire more people.
　だから、会社にもっと人を入れてくれって頼むべきなんだ。

A: Oh, no. Look at the line of people waiting.　まいったな。あの人の列を見てよ。
B: **This is why** we should always reserve a table.
　これだから、必ず席を予約したほうがいいんだ。

ワンポイントレッスン　これを英語で言ってみよう!

これが理由で、当社は新たな配送サービスを始めたのです。
◆ヒント：「始める」は launch、「配送」は delivery。

（解答例は p. 248）

104 this [that] is the reason...
mp3_114　これ（それ）が〜する（した）理由だ

This is the reason I don't want to eat at that restaurant today. これが今日私があのレストランで食べたくない理由です。

　the reason はまさに「その理由」ということで、this is the reason... と言えば「これが〜する理由です」という意味になります。この this is the reason... をあえて the reason why と表現することがあります。「なぜってその理由は」となぜに対する理由であることを強調する際には、この this is the reason ... をあえて this is the reason why... と表現することがあります。この the reason を the main reason にして this is the main reason... にすると「これが〜する大きな理由だ」となります。that's the reason... は「それが〜する理由だ、それが理由で〜する」といった感じで、何かはっきりとした理由が前提になる表現です。
　that's the reason... と that's why... と that's the reason why... はいずれも、あることを述べて、「それが〜する理由である」ことを述べるという意味において共通しています。

関連表現
this is the main reason...　これが〜する主な理由です
this is the reason why...　これが〜する理由です

例文

- **That's the reason** their products are popular in China.
そういう理由で、同社の商品は中国で人気がある。

会話例

A: This delivery company's service is excellent.
この配送会社のサービスは素晴らしいね。

B: **That's the reason** we always use them.　それだから、うちはいつも彼らを使うのよ。

ワンポイントレッスン　これを英語で言ってみよう！

このような理由で、当社はそうした製品の開発を中止することを決めたのです。
◆ヒント：「開発を中止する」は stop developing。

（解答例は p. 248）

Part 4 ●さまざまな具体的な意味や機能を伝える表現 56

105 the reason is (that)...
その理由というのは〜

I don't feel like eating Chinese food. The reason is that I just came back after a three-month stay in Beijing.
中華料理は食べたくない。理由は3カ月の北京滞在から返ってきたばかりだからだ。

　その理由の中味を説明するには the reason is that... の構文を使います。上では「中華料理を食べる気になれない」と述べ、「その理由は何かと言えば3カ月の北京滞在から帰ってきたばかりだから」と、自分の主張の正当化をするために the reason is that を使っています。これを The reason I don't feel like eating Chinese food is that I just came back after a three-month stay in Beijing. と表現することも可能です。なお、the reason is that... が文法的には正しい言い方ですが、because も会話ではよく使います。

例文

- **The reason is that** we didn't have enough time to prepare.
  理由は、十分な準備時間がなかったからだ。
- **The reason is that** a lot of people at this branch are on vacation.
  理由は、この支社で大勢が休暇中だからだ。

会話例

A: I'm surprised so few people came to the event.
イベントの来場者があまりにも少なくて驚いたよ。

B: The reason is that we didn't publicize it well enough.
理由は、十分に告知しなかったからだね。

A: This delivery is two hours late.　この配送は2時間遅れていますよ。

B: We're sorry. **The reason is that** traffic was very heavy.
申し訳ありません。道路の渋滞がとてもひどかったものですから。

ワンポイントレッスン これを英語で言ってみよう！

理由は、古いOSとの互換性を確保する必要があるからです。
◆ヒント：「互換性を確保する」は ensure the compatibility。

（解答例はp. 248）

173

106 this [that] is how...
mp3_116　こう（そう）やって〜する（した）

This is how we usually obtain train tickets for our business trips.　いつもこうやって出張用の列車のチケットを取るんです。

　this is how ... は「こうやって〜した」、that is how... は「そうやって〜した」とやり方を説明する際の定番表現です。
　何かのやり方を実地で説明している際に、This is how we do it. と言えば「ぼくらはこうやってやります」ということで、this を使えば、対象との距離感が縮まります。目の前で何かを説明しているのだから、That's is how we do. では違和感があります。
　ある脱出劇について話をしている場面だと、That's how we were able to escape from the scene.（そうやってその状況から逃れることができたのです）のように、話なので聞き手にとって対象（ある出来事）との距離感が感じられるため that 使います。

例文

- **This is how** we make a payment request to the Accounting Division.　こうやって経理課に支払依頼をするんです。

会話例

A: **This is how** you transfer a call. Press this button and hang up.
　こうやって電話を転送するんだ。このボタンを押してから切る。

B: Sorry, which button was that?　ごめん、どのボタンだって？

A: Are you sure this is the right way to organize the report?
　本当に、これが報告書の正しい書き方？

B: **This is how** Ms. Jensen said to do it.　これがジェンセンさんの言ったやり方だよ。

ワンポイントレッスン　これを英語で言ってみよう！

このようにして、当社の新たな通信サービスの開始に至りました。
◆ヒント：「通信」は communication。

（解答例は p. 248）

107 this [that] is the way...
これ（それ）が〜する（した）方法だ

This is the way we solved the problem last year.
こんなふうにして去年私たちは問題を解決した。

　the way は「やり方」という意味です。米の炊き方が独特だという人が、その実演をして This is the way we cook rice. と言えば「これがわが家での米の炊き方です」ということです。あるやり方を説明して、「それが以前米を炊いていたやり方です」と言いたい場合もこの表現を使って、That's the way we used to cook rice. と表現することができます。
　This [That] is the way の後に続くのは節だけでなく、This is the way to write a good essay.（これがよいエッセイを書く方法です）のように to do もよく使います。

> **関連表現**
> this [that] is the way to do　これ（それ）が〜する（した）方法だ

例文

- **This is the way** we're going to advertise our new product.
  こうやってうちの新製品を広告する予定だ。
- **That's the way** to submit an expense report.
  そうやって支出報告書を提出してください。

会話例

A: This is the way we dip sushi in soy sauce.
　こうやって、寿司をしょうゆに付けるんです。
B: Oh, I see. You put the fish in, not the rice.
　ああ、なるほど。魚は付けるけれどお米は付けないんですね。

A: What is this chart here?　ここの、この図表は何ですか？
B: This is the way we keep track of orders.　こうやって、注文の履歴を取るんです。

> **ワンポイントレッスン**　これを英語で言ってみよう！
>
> **こうやって大事なデータファイルをバックアップしているんだ。**
> ◆ヒント：「……をバックアップする」は back up...。

（解答例は p. 248）

Unit 4

比較を表す (1)

ここで取り上げるのは、数量や質に関する比較の慣用表現です。as many as...「〜もの数」「〜もの（〜を下ることはない）」「〜と同然で（ちっとも変わらない）」それに、「ただの〜に過ぎない」という言い方です。

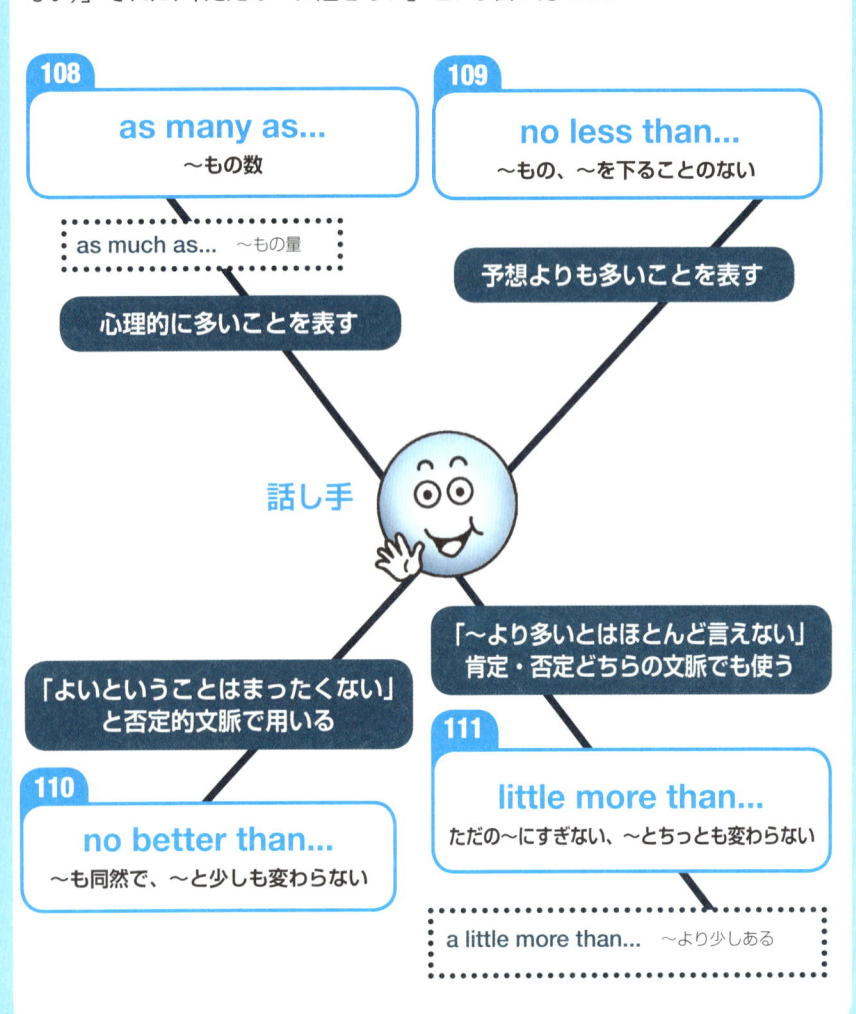

108 as many as...
〜もの数

as much as... 〜もの量

心理的に多いことを表す

109 no less than...
〜もの、〜を下ることのない

予想よりも多いことを表す

話し手

「〜より多いとはほとんど言えない」
肯定・否定どちらの文脈でも使う

「よいということはまったくない」
と否定的文脈で用いる

110 no better than...
〜も同然で、〜と少しも変わらない

111 little more than...
ただの〜にすぎない、〜とちっとも変わらない

a little more than... 〜より少しある

108 as many as...
~もの数

The stadium can hold as many as 50,000 people.
あのスタジアムは 50,000 人も収容できる。

　as many as は「~もの数」という意味を表す慣用表現で、日常会話でも大変よく使います。I've had eight meetings in a day. だと「1 日に 8 つの会議があった」ですが、「8 つもの」とその数の多さを感情的に表現する際には、I've had as many as eight meetings in a day. と言います。
　「~もの量」だと as much as... になります。「彼は 1 年で 50 万ドルも稼ぐ」だと He earns as much as 500,000 dollars a year. となります。

関連表現
as much as...　~もの量

例文
- We're expecting as many as 2,000 people at the event.
  イベントに 2,000 人もの来場を見込んでいる。

会話例
A: How are we doing with the online campaign?
うちのオンラインキャンペーンはどんな具合？

B: Great. We're getting as many as 1,000 views a day.
うまくいってるよ。1 日に 1,000 回も閲覧されてる。

A: I noticed that some of their directly-managed stores have closed.
彼らの直営店のいくつかが閉店してるのを知っているよ。

B: Yes. There aren't as many as there used to be.
そう。かつてほどの数じゃなくなってる。

ワンポイントレッスン　これを英語で言ってみよう！

新しいコンベンションセンターには、大小取りまぜて 200 もの会議室がある。
◆ヒント：「会議室」は conference rooms、「大小取りまぜて」は of all sizes。

（解答例は p. 248）

109 no less than...
〜もの、〜を下ることのない

It will take no less than 10 hours to get there by car.
車でそこへ行くにはどうみても10時間はかかる。

　no less than は「数量の多さ」を強調し、「〜もの」という意味合いに近い表現です。no less than 10 hours だと「10時間も」ということで、「10時間を下ることのないほど多い時間」という意味合い。ここで「10時間」は多い時間です。
　not less than 10 hours だと「少なくとも10時間」という意味になります。not less than は言い換えれば a minimum of 10 hours（少なくとも10時間）ということで、実際はそれ以上かかってもおかしくないという前提があります。ただし、no less than と比べ、not less than が会話で使用される頻度は高くありません。

関連表現
not less than... 少なくとも〜

例文

- They have no less than 150 small brands under their umbrella.
  彼らは傘下に150もの小ブランドを抱えている。

- It will take no less than three months for us to get those products in stock.　これらの商品が入荷するのに3カ月はかかるだろう。

会話例

A: How long do you need to complete the research?
　調査を完了するのにどのくらいの時間が必要？

B: It will probably take no less than three weeks.　たぶん3週間はかかるだろうね。

A: Did you hear about the restructuring of TechMaster Ltd.?
　テックマスター社のリストラの話、聞いた？

B: I heard they laid off no less than 1,500 employees.
　1,500人もの人を解雇したと聞いているわ。

ワンポイントレッスン　これを英語で言ってみよう！

その会社が年間に流通させる商品点数は、15万点にもなる。
◆ヒント：「流通させる」は distribute、「商品点数」は units of merchandise。

110 no better than...
~も同然で、~と少しも変わらない

His works are no better than imitations of Paul Klee.
彼の作品は、パウル・クレーの模倣も同然だ。

　日本語でも「~と少しも変らない」という言い方をよくしますが、それに近い感覚の表現です。A is no better than B だと「AがBと比べてさらによいということはまったくない」というのが文字通りの意味合いです。
　何か悪いことをした人を指して、That guy is no better than a common criminal. といえば「あいつはそこらにいる犯罪者と少しも変わらない」ということ。「小論文を書くことにおいては、私は自分の学生と少しも変らない」だと、I'm no better than my students when it comes to writing essays. となります。

例文

- He said my data analysis was no better than what other people have done in the past.
  彼が言うには、私のデータ分析は過去に他の人がやったものと変わらないそうだ。

- To me, online business training is no better than an actual training session.
  私には、オンラインのビジネス研修は実際の研修会を超えるものではない。

会話例

A: What do you think of Smith Corporation's proposal?
スミス社の提案をどう思う？

B: It's no better than Jones Corporation's.　ジョーンズ社のものと変わらないね。

A: This expensive hotel is no better than a chain business hotel.
この高いホテルは、チェーンのビジネスホテルと変わらないよ。

B: I think that's an exaggeration.　それは大げさだと思うけど。

ワンポイントレッスン　これを英語で言ってみよう！

私の意見では、彼らのニューモデルは、うちの MX-550 を超えるものじゃないよ。◆ヒント：「私の意見では」は in my opinion。

（解答例は p. 248）

111 little more than...
mp3_121 ただの〜にすぎない、〜とちっとも変わらない

I have little more than 2,000 yen.　2,000円くらいしか持ち合わせがない。

　no better than... が「〜よりはちっともよくない」という発想であるのに対して、little more than... は「〜より多いとはほとんど言えない」といった発想です。いずれも、否定的な意味合いで使えば「〜とちっとも変らない」という感じになりますが、no better than が否定的な文脈で使われるのに対して、little more than は必ずしも否定的な文脈に限定されません。
　たとえば、These pictures represent little more than a sampling of the photographer's skill. と言えば「ここにある写真は写真家の実力のほんの一端を示すサンプルにすぎない」という意味になります。
　なお、何かを説明していて「それだけですか」と聞かれた際に、It's a little more than that.（もう少しあります）と言うことがありますが、この a little more than の a little は more の程度を表しており、「〜より少し」となり、little（ほとんどない）とは違います。in a little more than three hours と言えば「3時間ちょっとで」で、in little more than three hours だと「わずか3時間で」となります。

> **関連表現**
> a little more than...　〜より少しある

例文

- Their new service does little more than advertise their other existing services.　彼らの新しいサービスは、自分たちの既存のサービスの広告にすぎない。

会話例

A: What do you know about this Chinese IT startup?
　この中国の新興企業についてどんなことを知ってるの？
B: I know little more than the fact that the CEO is only 21 years old.
　CEOがまだ21歳だという事実くらいしか知らないね。

> **ワンポイントレッスン**　これを英語で言ってみよう！
>
> **上司から、この報告書は概要の域を出ていないって言われたよ。**
> ◆ヒント：「概要」は an outline。

（解答例は p. 248）

Unit 5

比較を表す (2)

ここでは more than を用いて「他の何よりも〜だ」とか「B ほど A なものはない」などという最上級を表すものや、it's not so much A as B「〜なのは A だからではなく B だ」などのように、さまざま比較を表す構文をみていきます。

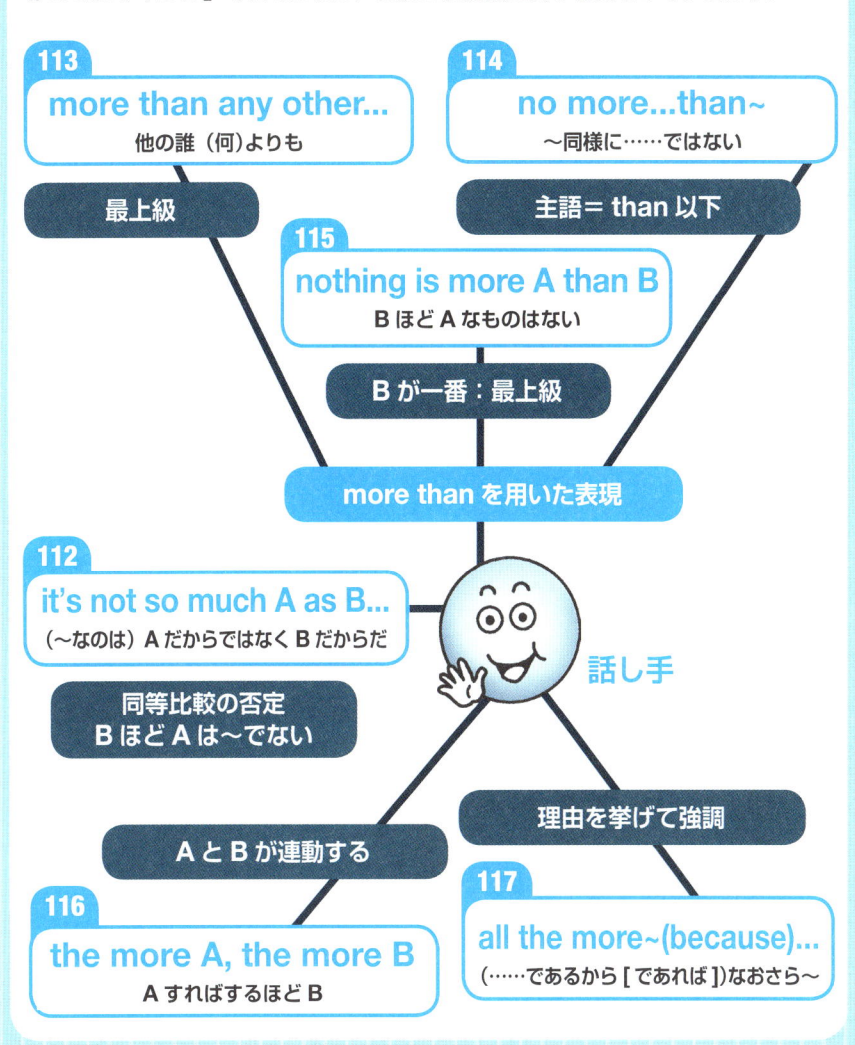

113 more than any other...
他の誰（何）よりも

最上級

114 no more...than〜
〜同様に……ではない

主語＝ than 以下

115 nothing is more A than B
B ほど A なものはない

B が一番：最上級

more than を用いた表現

112 it's not so much A as B...
（〜なのは）A だからではなく B だからだ

同等比較の否定
B ほど A は〜でない

話し手

A と B が連動する

理由を挙げて強調

116 the more A, the more B
A すればするほど B

117 all the more〜(because)...
（……であるから [であれば]）なおさら〜

112 it's not so much A as B

(〜なのは) A だからではなく B だからだ

It's not so much the language barrier **as** the cultural barrier that makes our business difficult.
私たちの事業を難しくしているのは、言葉の壁ではなく文化の壁だ。

「(〜なのは)A だからではなく B だからだ」という意味合いを表すのがこの表現。たとえば「気になるのは商品の価格じゃなくて、その質なんだ」は、It's not so much the price of the product that bothers me as the quality. と表現できます。この構文の応用として、「問題なのはあなたが嘘をついたということ (the fact that you lied) ではなく、お金を稼いでくれないということ (the fact you don't earn money) なのよ」という状況も It's not so much the fact that you lied that is a problem as the fact that you don't earn money. と表現することができます。上の例文で下線を引いたところ (関係詞節) が「〜なのは」に当たります。

例文

- **It's not so much** the money aspect **as** the time aspect.
  問題はお金の面ではなく、時間的なことだ。

会話例

A: This fast food chain is running into financial trouble. Anything wrong with their food?
このファストフードのチェーンは経営難に陥っている。料理に何か問題があったのかな？

B: It's not so much the food **as** the unfriendly service.
問題は料理じゃなくて、サービスの悪さだよ。

A: Do you think I should make my speech shorter?
スピーチをもっと短くしたほうがいいと思う？

B: It isn't so much the length **as** the way it's organized.
問題は長さじゃなくて、話の組み立て方だよ。

ワンポイントレッスン これを英語で言ってみよう！

人々の働き方を変えてきたのは、ハードではなくソフトだよ。
◆ヒント：「人々の働き方」は the way people work。

(解答例は p. 248)

113 more than any other...
他の誰（何）よりも

I like history more than any other subject.
他のどんな教科よりも私は歴史が好きだ。

　more than any other は「他の誰（何）よりも」の意味を表す慣用表現で日常的にも大変よく使います。
　I love him more than any other guy alive. だと「この世のどんな男より彼のことを愛している」という意味。More than any other season, I like spring the best. は「他のどんな季節よりも、私は春が好きだ」という意味になります。more than any other には単数形の名詞が続きます。また、more than any other の位置は、文尾同様に文頭でもよく使われます。

例文

- This train line is delayed more than any other line in Tokyo.
  この電車は都内のどの路線よりもよく遅れる。
- More than any other software company, they understand the needs of the market.　他のどのソフトウェア企業よりも、彼らは市場のニーズを理解している。

会話例

A: Did all the booths get a lot of visitors?　どのブースも盛況だった？
B: Yes, but our booth got more than any other.
　うん、でもうちのブースはどこよりもにぎわってたわよ。

A: More than any other product, this one appeals to a wide range of people.　他のどの商品よりも、これは幅広い層の人たちに訴求している。
B: That's why it's been so successful.　だからあんなに売れてるんだね。

ワンポイントレッスン　これを英語で言ってみよう！

仕事では、他のどのアプリよりもこの PDF リーダーをスマホで使ってるんだ。
◆ヒント：「仕事では」は for my work、「アプリ」は apps。

（解答例は p. 248）

114 no more... than~
～同様に……ではない

She is no more satisfied with this situation than I am.
彼女は私と同様この状況に満足していない。

no more... than ～の形で「～同様に……ではない」という意味合いを表す慣用表現。He is no more a Romeo than I am a Juliet. だと「彼は私がジュリエットなんかじゃないように、ロメオなんかじゃない」という意味。

no more の後には形容詞を使うことも多く、He is no more knowledgeable about computers than I am. と言えば「彼は私と同様にコンピュータについては知識がない」という意味です。He is no more of a sportsman than I am.（彼は私同様にスポーツマンではない）のような使い方もあります。

例文

- We are no more technologically innovative than Nagata Electronics Company is. うちもナガタ電子と同じように技術的に革新性があるわけではない。

会話例

A: Could you help me with this computer? Nothing comes on the screen. このパソコン、見ていただけますか。画面に何も映らないんです。
B: Sorry, I'm no more of a computer expert than you are.
悪いけど、私もあなたと同じようにパソコンの専門家じゃないのよ。

A: We should lower the price. It's too expensive.
値段を下げたほうがいいよ。高すぎる。
B: It's no more expensive than the competitors' products.
競合他社の商品と同じで、高いわけじゃないよ。

ワンポイントレッスン　これを英語で言ってみよう！

ショーンは私と同じで、大勢の前で話すのが不得意なんだ。
◆ヒント：「……が得意だ」は be skilled at...、「大勢」は a large audience。

（解答例は p. 248）

115 nothing is more A than B

BほどAなものはない

Nothing is more refreshing **than** a cold beer.
冷たいビールほど生き返る気持ちになれるものはない。

「BほどAなものはない」という意味で、nothing is more 形容詞 than... の形で使います。つまり、「Bが一番Aである」ということです。Nothing is more irritating than my brother. （弟ほどイライラさせるものはいない）のようにBには名詞がくることが多いのですが、Nothing is more fulfilling than doing a worthwhile deed. （価値のある行動をとるほど満足することはない）のように動名詞（doing）がくることもあります。「私にとって」を付け加えるには Nothing is more fulfilling to me than... とします。

例文

- **Nothing is more** valuable **than** time at this stage of the project.
  プロジェクトもこの段階になると、時間ほど大事なものはない。

- **Nothing is more** troublesome **than** debugging the program.
  プログラムのデバッグほど面倒なものはない。

会話例

A: How should we advertise this product?　この商品はどう宣伝すればいいんだろう？
B: If you ask me, **nothing is more** effective **than** TV commercials.
　　私としては、テレビコマーシャルほど効果的なものはないと思うけど。

A: Nothing is more nerve-racking **than** giving a presentation.
　　プレゼンすることほど神経を使うものはないな。
B: Relax. It'll go fine.　リラックスして。うまくいくわ。

ワンポイントレッスン　これを英語で言ってみよう！

物事を無計画に始めることほど無駄なことはない。
◆ヒント：「無駄な」は wasteful、「無計画に」は without planning。

（解答例は p. 248）

116 the more A, the more B
mp3_126　Aすればするほど B

The more I eat natto, the more I like it.
納豆は食べれば食べるだほど、好きになる。

　「AすればするほどB」という発想の表現で、会話でもよく使われます。The more I see him, the more I realize how much I love him. だと「彼に会えば会うほど、彼を愛していることがわかる」といった感じです。この例のようにAとBに節がくる場合が多いのですが、The more money I make, the more money I spend. （お金を稼げば稼ぐだけ、お金を使ってしまう）のようにthe moreの直後に名詞をもってくる場合もあります。
　この比較級の形は The younger, the better. （若ければ若いほどいい）だとか、The higher you go, the thinner the air becomes. （高いところへ行けば、それだけ空気は薄くなる）のようにも使います。

例文

- **The more** he explained the project, **the more** confused I got.
  彼がプロジェクトの説明をすればするほど、私は混乱する。

会話例

A: Why are we sending out so many questionnaires?
なぜ、そんなにたくさんアンケートをまくんですか？

B: The more feedback we get, **the more** we can improve our products.
回答が多ければ多いほど、自社商品を改善できるからだよ。

A: Do you really think I need to practice my speech again?
本当に、もう一度スピーチの練習をする必要があると思う？

B: The more you practice, **the more** smoothly it will go.
練習すればするほど、スムーズになるからね。

ワンポイントレッスン　これを英語で言ってみよう！

開発費をかければかけるほど、売上げ目標は大きくなる。
◆ヒント：「開発費をかける」は spend on development、「売上目標」は the sales target。

（解答例は p. 248）

117 all the more~ (because)...
（……であるから［であれば］）なおさら～

His presentation was all the more comprehensive because he used detailed slides.
彼のプレゼンは、詳しいスライドを使ったことでいっそうわかりやすくなった。

「（……であるから [であれば]）なおさら～」という意味合いの表現です。形容詞を強調する用法と、動詞句を強調する用法があります。理由や条件を述べます。「彼女はそのままでも美しい（が）」は She looks beautiful だが、all the more を使って、She looks all the more beautiful と表現し、それに「……であるから」にあたる because she had her hair done and is wearing a kimono. とすれば She looks all the more [beautiful] because she had her hair done and is wearing a kimono.（彼女は髪を結い、着物を着たことで [着れば]、なおさら美しい）となります。

例文

- Ruth's achievement is **all the more** amazing **because of** her inexperience. ルースの功績は、彼女が未経験だからいっそうすごい。

会話例

A: Their product design is very simple and original.
彼らの商品デザインは、とてもシンプルでオリジナリティーがあるね。

B: Their new models look **all the more** beautiful **because of** their simplicity. 彼らの新製品は、シンプルだからいっそう美しく見えるんだ。

A: ABC Corporation's advertisement has been popular.
ABC 社の広告は人気があるね。

B: That ad is **all the more** outstanding **because** it's mysterious.
あの広告は、謎めいているからいっそう目立つんだ。

ワンポイントレッスン　これを英語で言ってみよう！

この機械は、多くの国で特許を取得していることで、いっそう価値があります。
◆ヒント：「価値がある」は valuable、「特許を取得している」は be patented。

（解答例は p. 249）

Unit 6

仮定の状況を表す

　仮想の状況を設定して、「もし(今)〜であったなら」とか「もし(あの時)〜であったなら」という思いを表現するものとして以下の慣用表現を取り上げます。

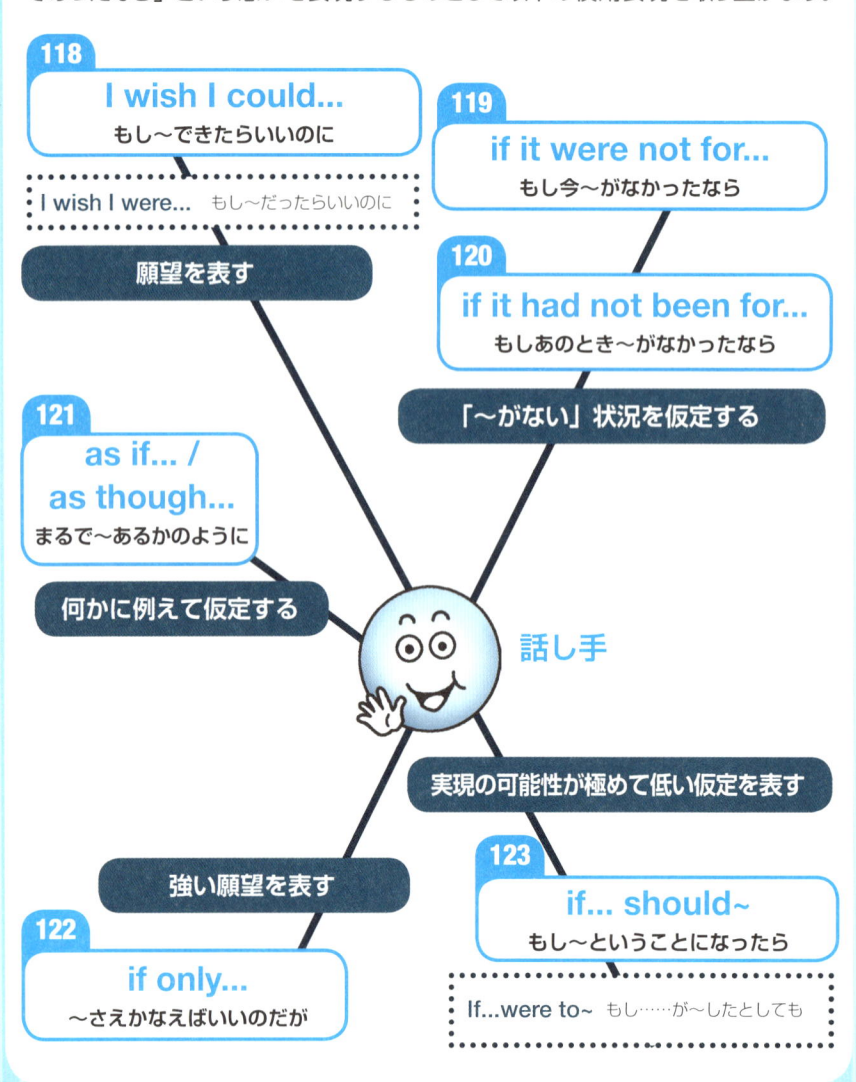

118 I wish I could...
もし〜できたらいいのに

I wish I were...　もし〜だったらいいのに

願望を表す

119 if it were not for...
もし今〜がなかったなら

120 if it had not been for...
もしあのとき〜がなかったなら

「〜がない」状況を仮定する

121 as if... / as though...
まるで〜あるかのように

何かに例えて仮定する

話し手

実現の可能性が極めて低い仮定を表す

123 if... should〜
もし〜ということになったら

If...were to〜　もし……が〜したとしても

強い願望を表す

122 if only...
〜さえかなえばいいのだが

118 I wish I could...
もし〜できたらいいのに

I wish I could make better presentations.
もっと上手にプレゼンができたらいいんだけど。

「もし〜できたらいいのに」という願望を表すには I wish I could... が代表的な表現です。I wish I could marry her now. と言えば「今、彼女と結婚することができたらいいのにな」という意味合いです。「一軒家を買うだけの余裕があったらいいのに」だと、I wish I could afford to buy a house. となります。「〜であったらいいのに」だと I wish I were... の形で、I wish I were wealthier.（もっと裕福だったらいいのに）のように使います。

関連表現
I wish I were... もし〜だったらいいのに

例文
- **I wish I could** understand the technology better.
  テクノロジーについてもっと理解できればいいのだが。

会話例

A: The negotiations with Mexico are going well, but the language barrier is a problem.　メキシコとの交渉はうまくいってるけど、言葉の壁が問題だね。
B: Yes. **I wish I could** speak better Spanish.
うん。スペイン語をもっと上手に話せればいいんだけど。

A: The convention in Rio de Janeiro is next week, right? **I wish I could** go.　リオデジャネイロでの会議は来週だよね？　行ければよかったんだけど。
B: You'll get your chance next time.　また次があるよ。

ワンポイントレッスン　これを英語で言ってみよう！

こういう場で、もっと上手にスピーチができればいいのですが。
◆ヒント：「スピーチをする」は make a speech。

（解答例は p. 249）

119 if it were not for...
もし今〜がなかったなら

If it were not for the recession, business would be booming. 景気後退がなければ、ビジネスは活況を呈していただろうに。

これは「もし〜がなければ」という状況を言葉にする際の慣用表現です。without で置き換えることもできますが、if it were not for... は日常的によく使う表現です。また、倒置形の were it not for... も同様によく使います。If it were not for John, I'd still be working in that small office.（もしジョンがいなければ、私はまだあの小さな事務所で働いているだろう）は Were it not for John, I'd... あるいは Without John, I'd... とも表現できます。

関連表現	
were it not for... もし〜がなければ	without... もし〜がなければ

例文

- **If it were not for** the heavy snow, I could have been back at the office by now. 大雪が降らなければ、今ごろオフィスへ戻れていたのに。

会話例

A: **If it weren't for** the spreadsheet app, I couldn't finish making the budget. 表計算ソフトがなければ、予算作りを終えられなかったところだ。
B: You can go home early thanks to technology. 早く帰宅できるのはテクノロジーのおかげだね。

A: Was my advice useful in your presentation? ぼくのアドバイスはプレゼンに役立った？
B: **If it were not for** your help, I could never have done it. Thanks. あなたの助けがなければ、決してできなかったわ。ありがとう。

ワンポイントレッスン これを英語で言ってみよう！

Eメールがなければ、われわれの仕事はもっと時差の影響を受けるだろうね。
◆ヒント：「時差」は international time differences。

（解答例は p. 249）

120 if it had not been for...
もしあのとき〜がなかったなら

If it had not been for Ms. King's quick thinking, the negotiations would have failed.
キングさんの機転が利かなかったら、交渉は失敗に終わっていただろう。

「もしあのとき〜がなかったら」という状況を表す慣用表現で、If it had not been for your quick thinking, I might have been killed.（もし君がすばやく機転をきかせなかったなら、ぼくは殺されていたかもしれない）のように、過去を振り返って「〜があったから助かった」という思いを表現するのによく使います。Had it not been for your quick thinking とか Without your quick thinking も同様の意味です。

関連表現
had it not been for... もし〜がなかったならば
without... もし〜がなかったならば

例文

- **If it had not been for** the smell, we would never have noticed the fire in the warehouse.
  あのにおいがなかったら、倉庫の火事には絶対に気づかなかっただろう。

会話例

A: Did Graham mess up again? I don't think he's cut out for this work.
グレアムはまたミスをしたの？ 彼はこの仕事に向いてないと思うけどな。

B: **If it hadn't been for** his father's influence, he'd never have gotten the job. 父親の影響がなければ、彼は絶対にこの職に就いてなかったよ。

A: Did you remember to bring the files, like I asked?
忘れずにファイルを持ってきた？ 頼んでおいたけど。

B: Yes. **If it had not been for** your reminder, I would have forgotten.
ええ。あなたが思い出させてくれなかったら、忘れていたところです。

ワンポイントレッスン これを英語で言ってみよう！

もしダンのひらめきがなかったら、われわれはこの製品を開発できなかっただろうね。
◆ヒント：「ひらめき」は inspiration。

（解答例は p. 249）

121 as if... / as though...
mp3_131
まるで〜であるかのように

Please do not speak as if I were to blame for this issue.
私がこの件の責任があるかのように言わないでください。

「あたかも〜であるかのように」「まるで〜であるかのように」という意味合いを表現する際には、as if... あるいは as though... が使われます。You treat me as if I were a child. だと「君は私のことをまるで子どものように扱う」ということ。この as if... を as though... で表現することもできますが、as though のほうがいくぶんあらたまった響きがあります。It's not as though we were enemies.(別にいがみあっているわけじゃあるまいし)のように it's not as though (as if) の形でもよく使います。as if は単独で As if you didn't know!(まるで全然知らないようだね)のように使います。これを as though で代替することはできません。

> 関連表現
> it's not as though (as if)... 〜ではあるまいし
> As if you didn't know! まるで知らないようだね！

例文
- The boss sometimes treats us as if we were children.
  課長はときどき、われわれを子ども扱いする。

会話例
A: She looked as if she were ill. 彼女、まるで病気のように見えたよ。
B: As you know, she is on a diet, but I'm a little bit worried about her.
あなたも知っている通り、彼女、ダイエット中なの。でもちょっと心配ね。

A: Have you seen Ms. Yamada? It seems as if she's trying to avoid us.
山田さんに会った？ まるで私たちを避けているようだ。
B: I think she's just busy. 彼女は、ただ忙しいだけだと思うわ。

> **ワンポイントレッスン** これを英語で言ってみよう！
>
> **競合他社を、あたかも敵であるかのように批判するのはよそう。**
> ◆ヒント：「批判する」は criticize、「敵」は enemies。

(解答例は p. 249)

122 if only...
~さえかなえばいいのだが

If only I could have a week's vacation, I'd go to Paris to visit museums.
1週間休みが取れたら、美術館めぐりにパリに行くのに。

「~さえかなえばいいのに」という思いを表現するには if only がぴったりです。この表現の背後には、あることを強く願望するものの、その実現性が乏しく、「~でありさえすればいいのだが」という詠嘆的な気持ちがあります。

If only it would rain. だと「雨さえ降ってくれたらいいのに」という意味合いです。If only he would call soon. も「彼がすぐに電話をよこしてくれさえすればいいのに」ということで、その背後には「でも実際はそういうことはないだろうな」という思いがあります。

例文

- I'd love to go to the party, **if only** I had enough free time.
  もっと時間が自由にさえなれば、パーティーに行きたいんだけど。
- **If only** we had accepted their offer at that time.
  あのとき、彼らのオファーを受け入れてさえいればなあ。

会話例

A: We could hold the event outdoors, **if only** the weather would clear up.　天候が回復しさえすれば、屋外でイベントを開けるんだけど。
B: There's still a chance it will improve.　まだ回復する可能性はあるよ。

A: It seems our client has changed to a new supplier.
どうやら、お客さんが新しい業者に乗り換えたようだ。
B: **If only** we'd been more flexible on delivery times.
せめて、納期についてうちがもっと柔軟だったらなぁ。

ワンポイントレッスン　これを英語で言ってみよう！

先方が、この契約の支払い条件さえ変えてくれればいいんだけど。
◆ヒント：「支払い条件」は payment terms。

（解答例は p. 249）

123 if... should~
もし〜ということになったら

If I should take a day off this week, could you cover my work? 今週、1日休みを取るようなことになったら、仕事を肩代わりしていただけますか。

　将来その可能性は極めて低いが「もし〜ということになったら」と仮の状況を想定して述べる際の表現。If something should happen, call me. は代表例で、「もし何かが起こったら、私に電話しなさい」という意味ですが、「何も起こらないとは思うが」という思いが背後にあります。これらの例のように should は命令文と相性がよいと言えます。「もし明日雪にでもなれば、びっくり仰天だ」ならば、If it should snow tomorrow, I would be upset. と言います。

　should と同様に were to も将来の低い（あり得ない）可能性について想定する際に使います。If she were to refuse, I would die. だと「彼女が断るということにでもなれば、彼は死んでしまうだろう」ということで、まず断ることはないという前提があります。

関連表現
if... were to do もし……が〜したとしても

例文

- **If Mr. Reed in Human Resources should call, tell him I'll call him back.** もし人事部のリードさんから電話があったら、かけ直すと言っておいて。

会話例

A: Where are you going? どこへ行くの？
B: I have a dentist's appointment. If anyone should ask for me, tell them I'll be back in an hour. 歯医者の予約があるの。もし誰かが私に用があったら、1時間で戻ると言っといて。

A: What should we do if the delivery is delayed? もし納品が遅れたら、どうすればいいですか？
B: If that were to happen, we'd have to push back the launch date. 万が一そうなったら、発売日を延期しなければならない。

ワンポイントレッスン これを英語で言ってみよう！

万が一この契約が解約されたら、いくらの損失になるのかな。
◆ヒント：「解除される」は be canceled、「損失になる（損失がかかっている）」は be at stake。

Unit 7

否定構文

英語で、あることを打ち消すには通常 no あるいは not を使います。no は名詞的要素を打ち消すのに対し、not は動詞的要素を打ち消します。ここでは、さまざまな否定の仕方を表す慣用表現をみていきます。

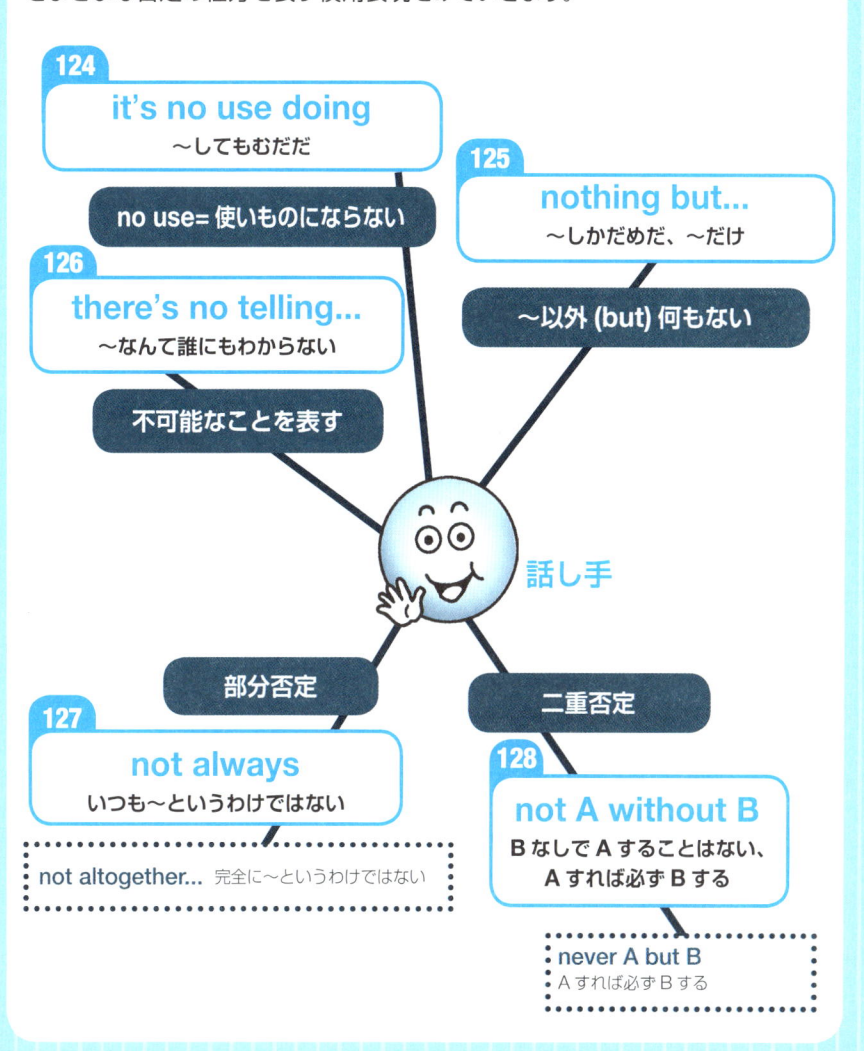

124 it's no use doing
～してもむだだ

no use= 使いものにならない

125 nothing but...
～しかだめだ、～だけ

～以外 (but) 何もない

126 there's no telling...
～なんて誰にもわからない

不可能なことを表す

話し手

部分否定

127 not always
いつも～というわけではない

not altogether... 完全に～というわけではない

二重否定

128 not A without B
B なしで A することはない、
A すれば必ず B する

never A but B
A すれば必ず B する

124 it's no use doing
~してもむだだ

Now that he has made up his mind, it's no use trying to persuade him. 彼がいったん決意を固めたら、説得しようとしてもむだだ。

　it's no use doing は「～してもむだだ」という意味で、It's no use crying over spilt (spilled) milk.（覆水盆に返らず）の成句として知っている人が多いと思います。ここでの it は crying over spilt milk を受けており、それが no use(使い物にならない、だめなもの)であるというのがこの構文の特徴です。「彼には何を言ってもむだだ。人の言うことなど聞こうとしないから」は It's no use telling him anything; he won't listen to you. となります。

例文

- **It's no use worrying** about the recall issue; we can't control it.
  回収騒ぎについて心配しても仕方がない。われわれの手に負えないことだ。
- **It's no use talking** to the manager; he never listens.
  課長に相談してもむだだ。彼は決して耳を傾けない。

会話例

A: I'll ask Jim what to do about it.
ジムにどうするか聞いてみよう。

B: It's no use asking him. It's not his area.
彼に聞いてもむだだよ。担当外のことだから。

A: I can't believe they would cancel the project like that.
彼らがああいうプロジェクトをキャンセルするなんて、信じられないよ。

B: It's no use complaining about it. The decision has already been made.
文句を言っても始まらないわ。もう決まったことなんだから。

ワンポイントレッスン これを英語で言ってみよう！

交渉の失敗を嘆いても仕方がない。
◆ヒント：「交渉の失敗」は failed negotiation。

（解答例は p. 249）

125 nothing but...
~しかだめだ、~だけ

We should have nothing but the best food and wine in this restaurant for our twentieth wedding anniversary.
私たちの結婚20周年の記念には、この店の最高の料理とワインしかない。

　nothing but の but は「~以外」という意味で、nothing と but を合わせると「~以外何もない」ということ。only に近いけれども、「~しかだめだ」という思いを伝える際によく使う表現です。I want nothing but the best for both of us. は「われわれふたりのために最高のものだけがほしい（ふたりには最高のものでなければだめだ）」という意味合いです。レストランで We use nothing but Grade A cheese. と店主が言えば、「私たちはチーズは一級のものしか扱わない」という意味です。
　なお、この nothing but は He's nothing but a friend.（彼はただの友だちにすぎない」のように「~にすぎない」という意味合いでも使います。

例文

- Don't be so serious! It's nothing but a joke.
本気にならないで。ちょっとした冗談なんだから。

- Many TV shows are criticized as being nothing but advertisements.
多くのテレビ番組が、広告以外の何物でもないと批判されている。

会話例

A: What did you think of Mr. Lee's presentation? リーさんのプレゼンをどう思った？
B: It was nothing but entertainment. あれはショー以外の何物でもなかったよ。

A: Did you find out anything useful at the convention?
大会では何か有益なことがあったの？
B: Some of it was interesting, but the rest was nothing but sales talk.
面白いこともあったけど、大半が売り込み以外の何物でもなかったな。

ワンポイントレッスン これを英語で言ってみよう！

この新しいタブレットは、技術革新以外の何物でもないね。
◆ヒント：「技術革新」は latest innovation。

（解答例は p.249）

126 there's no telling...
~なんて誰にもわからない

There is no telling when and where the next huge earthquake will happen. 次の巨大地震がいつどこで起きるか、誰にもわからない。

「~するのは（しても）無理だ」という際に典型的に使われるのが there is no doing です。There is no turning back now.（今、引き返せと言っても無理だ）のような使い方だけでなく、There is no telling when he will show up.（彼がいつ現れるかなんで誰もわからない）のように there is no telling... の形で使うことが多いようです。

there is no doing と it's no use doing を似た構文と理解している人がいますが、there is no -ing は it is not possible to do に近く、There is no lying. と言えば「(ここで)嘘は可能ではない（許されない）」という意味ですが、It's no use lying. は「嘘をついたってむだだ（君がやったことは知っているから）」という意味になり、両者はだいぶ意味が違います。

例文

- **There is no telling** when the next problem will arise.
  次にいつ問題が発生するかなど、わかりはしない。
- **There is no telling** whether the proposal will be accepted or not.
  提案が受け入れられるかどうかなど、誰にもわからない。

会話例

A: Do you think things will pick up soon? 情勢はすぐに上向くと思う？
B: **There is no telling** when they will improve.
   いつ回復するかなんてわからないよ

A: Do you think we'll get a raise at the next pay review?
   次の給与改定で昇給すると思う？
B: I'm afraid **there is no telling**. わかったものじゃないと思うよ。

ワンポイントレッスン これを英語で言ってみよう！

次に誰が異動になるか、わかったものじゃないよ。
◆ヒント：「異動になる」は be transferred。

（解答例は p. 249）

127 not always
いつも〜というわけではない

He doesn't always behave like a gentleman, even though he seems very polite.
彼がとても礼儀正しく思えたとしても、いつも紳士のようにふるまうわけではない。

　否定と言っても「いつも〜というわけではない」という部分否定もあり、その際に使う典型的な表現が not always です。He's not always in a good mood, even though he smiles all the time. だと「たとえいつも笑っていても、彼はいつも機嫌がいいとは限らない」といった意味合いです。

　同じような部分否定でよく使うのは not altogether で、「完全に〜というわけではない」という意味合いになります。I'm not altogether following what you're trying to tell me. だと「私は、あなたが言おうとしていることを完全に理解しているわけではありません」という意味合いになります。

　ほかにも not entirely や not completely も同様な意味で使われます。

関連表現
not altogether... 完全に〜というわけではない
not entirely... 完全に〜というわけではない
not completely... 完全に〜というわけではない

例文

- **Company personnel matters are not always fair.**
  会社の人事など、必ずしも平等ではない。

会話例

A: It seems obvious that we should cut costs as quickly as possible.
なるべく早くコストを削減すべきだということは明らかなようだね。

B: That kind of policy is not always the best idea.
その種の方針は、必ずしも最善の策ではありませんよ。

ワンポイントレッスン　これを英語で言ってみよう！

このセキュリティーシステムは優れているけれど、必ずしも完璧ではないね。
◆ヒント：「優れている」は excellent。

（解答例は p. 249）

128 not A without B

Bなしで A することはない、A すれば必ず B する

Do not approve a purchase without first checking if it's within the budget. まず予算内であるかどうかをチェックせずに、仕入れを承認してはいけない。

「BなしにAすることはない」という意味合いを表すのが not A without B です。簡単な例では、We won't start without you.（きみなしには始めないよ）で、I do not leave the house without eating breakfast first. だと「まず朝ごはんを食べないで家を出ることはない」ということから「家を出るときは必ずまず朝食をとる」といった意味合いになります。

類似表現として never A but B（A すれば必ず B する）があります。I never see her but I want to kiss her.（彼女に会えば決まってキスしたくなる）がその例ですが、日常会話ではそれほど一般的ではありません。

> **関連表現**
> **never A but B** A すれば必ず B する

例文

- **You should not enter the factory without wearing a hard hat.**
  ヘルメットをかぶらずに工場へ入るのはやめてください。

会話例

A: After the meeting today, the boss told me to participate more.
今日の会議の後、もっと積極的に参加しろと課長に注意されたよ。

B: Well, you shouldn't attend a meeting without bringing in any ideas.
まあ、何らかの考えを持たずに会議に出るべきではないわね。

A: You're working late again, I see. また遅くまで仕事をしてるんだね。

B: Yes. I don't leave the office without first finishing all my assignments.
うん。やるべきことをすべて終わらせずに退社することはないね。

> **ワンポイントレッスン** これを英語で言ってみよう！
>
> **アポなしでお客さんを訪問するべきではないよ。**
> ◆ヒント：「アポなしで」は without appointments。

Unit 8

ものごとがどのように行われるか―様態を表す

　何かが行われるとき、それがどのように行われるか、すなわち「様態」を表現することが頻繁に行われます。「歌を歌う」を例にしてみれば、「大声で」だとか「しっとりと」とその様子を表現します。英語では sing a song <u>loudly</u> だとか sing a song <u>gently and softly</u> のように副詞を使うのが一般的です。loudly は「大声で」、gently and softly は「しっとりと」に相当します。

　ここでは、こうした -ly の副詞以外にも様態を表現する方法として以下をみていきましょう。

129　in a... manner
〜の（な）やり方で

in a...way 〜の方法で

形容詞で様態を表す方法

話し手

to 不定詞で様態を表す方法

130　in such a way as to do
〜するようなやり方で

that 節で様態を表す方法

131　in a way (that)...
〜するようなやり方で

129 in a... manner
~の（な）やり方で

I want to know how to turn down the hard sales calls in a effective manner.　激しい売り込みの電話を上手に断る方法を知りたい。

　manner は様態を表す名詞で、in a...manner には elegant、rough、artistic など自由に形容詞を入れることができます。I'd like to know how to reject flattery in an elegant manner. と言えば「お世辞を上品にかわす方法を知りたい」といった感じ。
　in an elegant manner は in an elegant way や in an elegant fashion などと表現することもできます。
　in a manner demanded by the opponent になると「競技の相手側に要求された方法で」という意味で、この表現の可能性を広げることができます。

関連表現
| in a...way ~の方法で | in a...fashion ~の方法で |

例文
- We need to send those import items to them **in a** safe **manner**.
  これらの輸入品は、安全な方法で先方へ送らなければならない。

会話例
A: Mr. Peterson is always polite to his boss, but rude to his subordinates. ピーターソンさんはいつも、上司にはていねいだけど部下には無礼だ。
B: I agree. He always speaks to me **in a** really disrespectful **manner**.
まったくだ。あの人はいつも、実に失礼な口調で話しかけてくる。

ワンポイントレッスン　これを英語で言ってみよう！
この売り上げデータを、体系的なやり方で分析してもらえますか。
◆ヒント：「分析する」は analyze、「体系的な」は systematic。

（解答例は p. 249）

130 in such a way as to do
〜するようなやり方で

The manual should be written in such a way as to be easily understood.
マニュアルは、理解しやすいような書き方で書かれるべきだ。

in an elegant manner だと「上品な方法（やりかた）で」という意味合いですが、in such a way as to... になると「〜するようなやり方で」という意味合いになります。「聴衆に訴えるようなやり方で」だと He sang in such a way as to appeal to the audience.（彼は聴衆に訴えるような歌い方をした）といいます。このようにこの慣用表現を使えば、自由に動詞を変えることで豊かな様態を表す表現が可能となります。

例文

- **The opening ceremony was organized in such a way as to make everyone feel welcome.**
  開会式は、誰もが歓迎されていると感じるように構成されていた。

会話例

A: What did you think of the new president's speech at the conference?
会議での新社長のスピーチをどう思った？

B: He didn't speak **in such a way as to inspire** confidence. In fact, he seemed nervous. 自信を感じさせるような話し方じゃなかったね。実は緊張しているように見えた。

A: How should we lay out our company's product display?
うちの会社の商品展示は、どんなふうにレイアウトすればいいですか？

B: It should be arranged **in such a way as to draw** attention to the newest products. 新製品に目が向くような形で並べるのがいいよ。

ワンポイントレッスン　これを英語で言ってみよう！

わが社を代表するようなやり方で、彼らにサービスを説明するのがいい。
◆ヒント：「代表する」は represent。

（解答例は p. 249）

203

131 in a way (that)...
~するようなやり方で

He expressed his opinions in a way that no one could ignore. 彼は、誰も無視できないようなやり方で意見を述べた。

　in such a way as to do では do にあたる動詞はいろいろ変化させることができますが、in a way that... にすると that が関係詞節を導くことになり、表現がさらに多様になってきます。
　たとえば、He expressed his opinions（彼は自分の意見を表明した）に in a way that must have attracted millions of people を加えると「何百万人の人を魅了したにちがいないやり方で」となり、in a way (that) no one can ignore を加えると「誰も無視することのできないやり方で」となります。
　in a way の部分を in a manner にして in a manner that will be supported by a lot of mothers（多くの母親に支持されるようになるような方法で）と表現することもできます。

> 関連表現
> in such a way as to do ~するようなやり方で
> in a manner (that) ~するようなやり方で

例文

- **Our new product was launched in a way that maximized its impact.**
  私たちの新商品は、最大限にインパクトを与えるようなやり方で発売された。

会話例

A: What should we do about the advertising campaign for the new product? 新製品の広告キャンペーンは、どんなことをすればいいかな？
B: We should present it **in a way that** appeals to young women.
若い女性に訴求するようなやり方で紹介すべきだね。

> **ワンポイントレッスン** これを英語で言ってみよう！
>
> このプログラムは、理にかなったやり方で書かれていないと思う。
> ◆ヒント：「理にかなう」は make sense。

（解答例は p. 249）

Unit 9

ふたつのものや事柄の関係を表す

　ふたつのものごとを「AかBか」「AだけでなくBも」「AもBも両方」そして「AもBのどちらもない」という関係で表す代表的な表現をみていきます。

132 either A or B
AあるいはBのどちらか

AかBのどちらか片方

135 neither A nor B
AもBもどちらも〜ない

AもBもどちらも ✕

話し手

AもBも両方とも ○

134 both A and B
AもBもどちらも

Bを強調

133 not only A but also B
AだけでなくBも

132 either A or B
A あるいは B のどちらか

You can either go to the factory by bus or take a cab.
工場へ行くにはバスを使うかタクシーを拾うかだ。

「AかBのどちらか」というAとBの関係を表します。AとBには（代）名詞だけでなく動詞も入ります。Either come in or go out. だと「入ってくるか出ていくかはっきりしろ」という意味になります。You can have either a skirt or trousers, but not both. では「スカートかズボン、どっちかあげてもいいよ。でも両方はだめ」といった意味になります。

また、AとBに節を入れて、Either you are with us or you are against us.（きみは私たちに賛成するのか反対するのかどっちかにしろ）のようにも使うことができます。

例文

- **We need to either accept Swift Corporation's offer or move on.**
  スイフト社の提案を受け入れるか、次を探すかする必要がある。

会話例

A: Have you booked a hotel for my trip to London yet?
もう、ロンドン出張のホテルを予約してもらえたかな？

B: Which would you prefer? You can stay at either the Granville or the Claymore.　どちらがよろしいですか？　グランビルとクレイモアのどちらかに泊まれますが。

A: You can either cancel the order or wait another week. What are you going to do?　注文をキャンセルするか、もう1週間待つかだけど。どうする？

B: I've waited long enough already. I think I'll cancel it.
もう十分待ったからね。キャンセルするわ。

ワンポイントレッスン　これを英語で言ってみよう！

受託業者としてウェスト社（West Inc.）か川島社（Kawashima Ltd.）のどちらかを選ばなければならないね。
◆ヒント：「受託業者」は contractor。

（解答例は p. 249）

133 not only A but also B
AだけでなくBも

The product is not only cheap, but also high-quality.
その商品は安いばかりか高品質だ。

「AだけでなくBも」という意味で、AとBにはいろいろな情報が入ります。まず、前置詞句だと The tour went not only to Bangkok but also to Pattaya. (その旅行ではバンコクへだけでなくパタヤへも行った) のように使うことができます。名詞情報を入れて、He speaks not only Russian but also Chinese. といえば「彼はロシア語だけでなく中国をも話す」となります。

さらに、動詞句を情報にすれば I not only washed the car, but I also mowed the lawn. (私は車を洗っただけでなく、芝も刈った) となります。

例文

- Mr. Franklin will **not only** make a speech **but also** lead a seminar at the conference.
  フランクリンさんは、会議でスピーチをするだけではなくセミナーも仕切る予定だ。

会話例

A: Ms. Daniels seemed like a strong candidate for the position.
ダニエルズさんは、その職の有力な候補者に思えるね。

B: Yes. She's **not only** experienced, **but also** has good people skills.
うん。彼女は経験が豊富なだけでなく人間関係を築くのがうまい。

A: What approach do you recommend for the campaign?
キャンペーンにはどんな方法をとればいいだろうか？

B: We should **not only** target existing customers, **but also** try to reach a new audience. 既存のお客さんを狙うだけでなく、新たな層にも訴える必要があるね。

ワンポイントレッスン これを英語で言ってみよう！

その日は営業で、京都だけでなく神戸にも行かなければならないんだ。
◆ヒント：「営業」は sales calls。

(解答例は p. 249)

134 both A and B
AもBもどちらも

We offer delivery that is both speedy and reliable.
当社は迅速かつ信頼性の高い配送サービスをご提供します。

「AもBも両方とも」という意味の表現。AとBの位置には通常名詞がきます。Both the government and big business should become more aware of the average person's needs. と言えば「政府も大企業もふつうの人のニーズにもっと気づくべきだ」という意味合いです。ただし、I'm looking for opportunities both in this country and abroad.（私はこの国内と海外の両方に機会を探している）のように前置詞句や副詞を使うこともあります。また、The prospects both excited and worried me.（その見通しは私を興奮させもし、心配させもした）のように動詞（句）がAとBの位置に入ることもあります。

例文

- **Successful candidates should have both computer skills and sales experience.** 候補者が採用されるには、パソコンが使えて、かつ営業経験があったほうがいい。

会話例

A: What kind of material are you looking for? どんな素材を探してるの？
B: I need something both lightweight and strong.
軽量で丈夫なのが必要なんだ。

A: I need to book the meeting room for both Tuesday and Wednesday next week. ミーティングルームを来週の火曜日と水曜日の両日、予約したいのですが。
B: I'm sorry, but Wednesday is already booked.
申し訳ありませんが、水曜日はすでに埋まってしまっています。

ワンポイントレッスン これを英語で言ってみよう！

弊社は、ハードウェアの製造とソフトウェア開発の両方を手掛けてきました。
◆ヒント：「製造」は production、「開発」は development。

（解答例は p. 249）

135 neither A nor B

AもBもどちらも〜ない

I neither agree nor disagree with their plan.
彼らのプランには賛成も反対もしない。

　neither A nor B は「AもBもどちらも〜ない」という意味の構文で both A and B の逆になります。
　AとBに入るのは上の例のように動詞句もあれば、Neither time nor distance can weaken our love.（時がたとうが離れていようが、私たちの愛を弱めることはできない）のように、主語の位置に名詞が入ることもあります。その場合、動詞の数の一致はBに合わせます。また、I saw neither Mary nor her husband at the party.（パーティーでマリーにも彼女の夫にも会わなかった）のように、目的語の位置に名詞がくることもあります。

例文

- **Neither** my husband **nor** I was in our house when they visited us.
  彼らがうちを訪ねてきたとき、夫も私も家にいなかった。

会話例

A: Who did you choose to lead the negotiations? 誰に交渉を任せることにしたの？
B: We need someone who'll be **neither** nervous **nor** overconfident, so Mr. Greco is the best choice.
臆病でも自信過剰でもない人が必要だから、グレコさんを選ぶのが一番いい。

A: Due to budget restraints, we can afford **neither** the flight **nor** the hotel. 予算の引き締めで、飛行機代もホテル代も出ない。
B: Then we'll have to cancel the trip. じゃあ、出張はキャンセルしなくちゃ。

ワンポイントレッスン　これを英語で言ってみよう！

会場ではスライドプロジェクターも液晶スクリーンも使えないそうだ。
◆ヒント：「液晶スクリーン」は an LCD screen、「使える」は available、「会場」は the venue。

（解答例は p. 249）

Unit 10

「〜するとすぐに」という時間の関係を表す

　「〜するとすぐに」の最も典型的な表現は as soon as です。as soon as possible の略式で ASAP はネットなどでもよく知られた記号です。
　ほかにもふたつの事柄の同時性を表す no sooner A than B があります。hardly had A when B もよく知られた構文ですが、会話では、主語＋had hardly A when B の形のほうが一般的なようです。

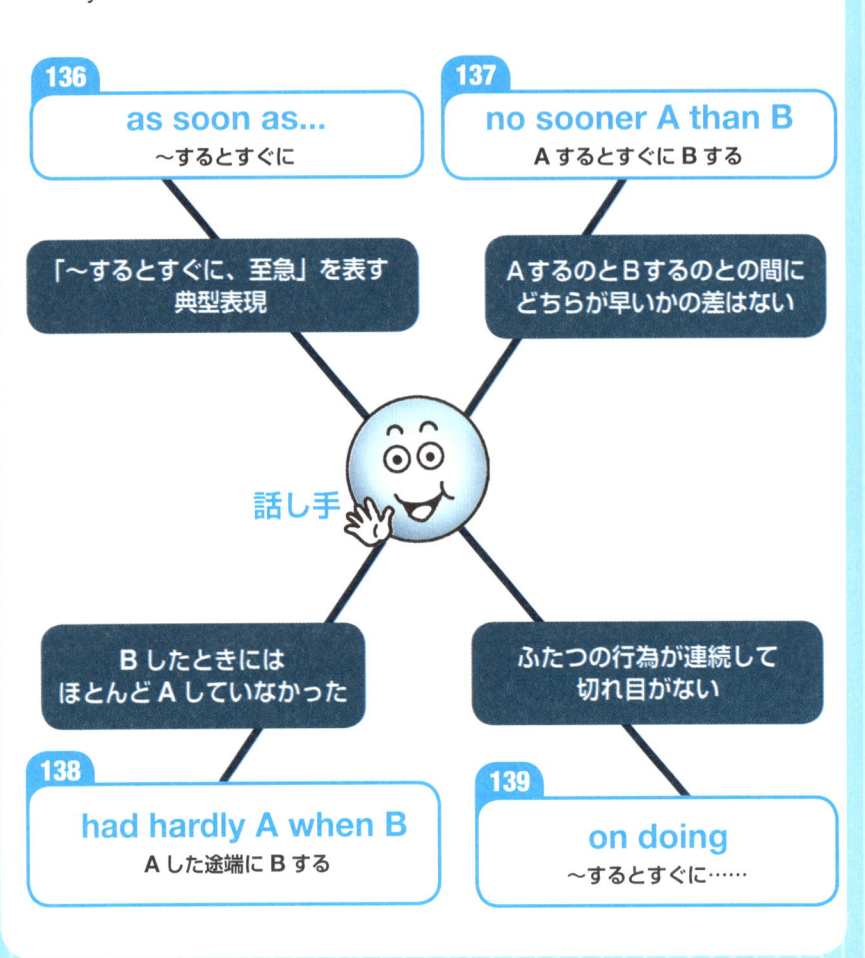

136　as soon as...
〜するとすぐに

「〜するとすぐに、至急」を表す典型表現

137　no sooner A than B
A するとすぐに B する

A するのと B するのとのあいだにどちらが早いかの差はない

話し手

B したときにはほとんど A していなかった

ふたつの行為が連続して切れ目がない

138　had hardly A when B
A した途端に B する

139　on doing
〜するとすぐに……

136 as soon as...
〜するとすぐに

I'll tell you the results of the negotiations as soon as I know.
交渉の結果がわかり次第、お知らせします。

「〜するとすぐに」ですぐに連想するのがこの as soon as です。この as soon as... は Contact the police as soon as possible.（至急、警察に連絡せよ）のような ASAP でお馴染みですが、As soon as we get the answer, we'll phone you.（答えがわかったらすぐに電話するよ）のように接続詞として使います。

as soon as は「〜するのと同じぐらい早く……する」ということから「〜するとすぐに」となります。as soon as... に近い意味の表現として soon after があります。上記の例文は、soon after を用いて、Soon after we get the answer, we'll phone you. と言うことができます。

> **関連表現**
> soon after... 〜するとすぐに

例文
- **As soon as** I receive an e-mail from Harbert Inc., I'll forward it to you.　ハーバート社からメールを受け取ったら、すぐに転送します。

会話例
A: Can you let me know **as soon as** Ms. Anderson comes back from lunch?　アンダーソンさんが昼食から戻ったら、すぐに知らせてくれる？
B: Sure thing. I'll keep an eye out for her.　わかった。気をつけておくわ。

A: How was the demonstration?　デモはどうだった？
B: It was terrible. **As soon as** we started, there was a power failure.
ひどかったよ。始めた途端に停電して。

> **ワンポイントレッスン** これを英語で言ってみよう！
>
> **できるだけ早くサンプルを送っていただけますか。**
> ◆ヒント：「サンプル」は a sample。

（解答例は p. 249）

137 no sooner A than B
Aするとすぐに B する

No sooner did the phone lines open **than** all the tickets sold out.　電話での受け付け開始と同時に、すべてのチケットが売り切れた。

「AするとすぐにBする」という意味合いの慣用表現。No sooner had the parents gone out of the door than the kids started to have a wild party. と言えば「両親が家を出た途端に、子どもたちはどんちゃん騒ぎを始めた」という意味ですが、両親が家を出たという事実があって、sooner A than B を no で打ち消す形になっており、「A（両親が家を出て行ったこと）は B（子どもたちがどんちゃん騒ぎを始めたこと）より早くはない」ということです。Aのほうが事実としては早いので過去完了形になっています。

例文

- **No sooner** had I arrived at the office **than** the phone on my desk rang.　オフィスに着いたとたん、席の電話が鳴った。

会話例

A: I heard the convention in Fukuoka was a disaster.
　福岡での会議はひどかったんだって？
B: Yeah! **No sooner** had we arrived at the convention center **than** I heard the whole event was canceled because of a typhoon!
　そうなんだよ。着いたと思ったら、台風のため全イベントが中止になったと聞いたんだ。

A: Did you get a chance to meet Mr. Denton?　デントンさんに会えたの？
B: Only briefly. **No sooner** did I introduce myself **than** he had to go and make his presentation.
　ほんのちょっとだけね。私が自己紹介をしたと思ったら、彼はプレゼンをしに行かなければならなくて。

ワンポイントレッスン　これを英語で言ってみよう！

サンディーにメールを送ったとたんに、彼女から電話がかかってきたんだ。
◆ヒント：「メールを送る」は send an e-mail。

（解答例は p. 249）

138 had hardly A when B
Aした途端にBする

I had hardly gone out of the subway station when I was caught in a sudden shower.
地下鉄の駅から出た途端ににわか雨に降られた。

「Aした途端にBする」といった感じの慣用表現です。Hardly had I met her when I fell in love with her.（私は彼女に出会った途端に、恋に落ちてしまった）のように倒置形でも使えますが、会話では no sooner A than B と違って、I had hardly met her when I fell in love with her. のような語順で使うのがより自然のようです。hardly は本来「ほとんど〜ない」という意味なので、I had hardly met her は「私は彼女にまだほとんど会っていなかった」という意味合いで、when I fell in love with her は「私が彼女との恋に落ちたとき」と組み合わせることで、「私が彼女に恋したとき、私は彼女に（まだきちんと）会ったとは言えない状況だった」という意味合いになります。

例文

- **I had hardly arrived at the office when I was called into an emergency meeting.** オフィスに着いたと思ったら、緊急会議に呼ばれた。

会話例

A: I thought you were working at the Nagoya branch. Did you move again? 名古屋支社で働いていると思ってたよ。また異動になったの？
B: Yes. I had hardly started at the Nagoya office when I was transferred to Tokyo. うん。名古屋の事務所で仕事を始めたと思ったら、東京へ転勤になった。

A: I heard the new product had some technical problems. 新製品に技術的な問題が発生したって聞いたけど。
B: That's right. It had hardly been released when we started getting complaints. そうなんだ。発売された途端に苦情が来始めてね。

ワンポイントレッスン これを英語で言ってみよう！

うちがこのサービスを始めた途端に、政府が規制案を出してきたんだ。
◆ヒント：「規制案を出す」は propose the regulation。

（解答例は p. 249）

139 on doing
~するとすぐに……

On seeing the video report, we understood how serious the problem was.　ビデオリポートを見て私たちは問題の深刻さを理解した。

　on は「接触」が本来の意味で、on doing と言えば「ある行為と切れ目なく、別の行為が始まる」というニュアンスがあります。On hearing the news of the birth of his first child, he jumped for joy.（最初の子どもの誕生の知らせをきいて、跳び上がって喜んだ）だと「最初の子どもの誕生の知らせを聞いたこと」と「跳び上がって喜んだ」ということが連続しているということです。On returning home, I felt very happy. と言えば「家に戻ってきて、とても幸せな気持ちだった」ということですが、家に着いたことと、そういう気分になったこととの間にブレイクがないということを表すのがこの表現の特徴です。

例文

- **On hearing** rumors that the CEO would resign, the stakeholders started making noises.　CEO の辞任の噂を聞くとすぐに関係者が騒ぎ始めた。

会話例

A: **On hearing** the news of the product recall, Mr. Yagi turned pale.
商品回収の知らせを聞いて、八木さんが青くなってた。

B: Oh, was he in charge of developing it?
えっ、彼が開発の担当だったの？

A: **On hearing** the alarm, everyone in the office stood up to go out.
警報を聞いて、オフィスのみんなが立ち上がって外に出たんだ。

B: But that was just a false alarm, wasn't it?
でも、単に警報器の誤作動だったんだよね？

ワンポイントレッスン　これを英語で言ってみよう！

われわれは、工場に着いたらすぐに検査を始めました。
◆ヒント：「工場」は factory、「検査」は the inspection。

（解答例は p. 249）

Unit 11

条件を表す

英語で「条件」を表す場合、if で表現するのが最も基本的ですが、「〜するかぎり」「今や〜なので」「もし〜しなければ」あるいは「〜という場合には」といった意味合いで条件を示す表現もあります。英語では以下の言い方が典型的です。

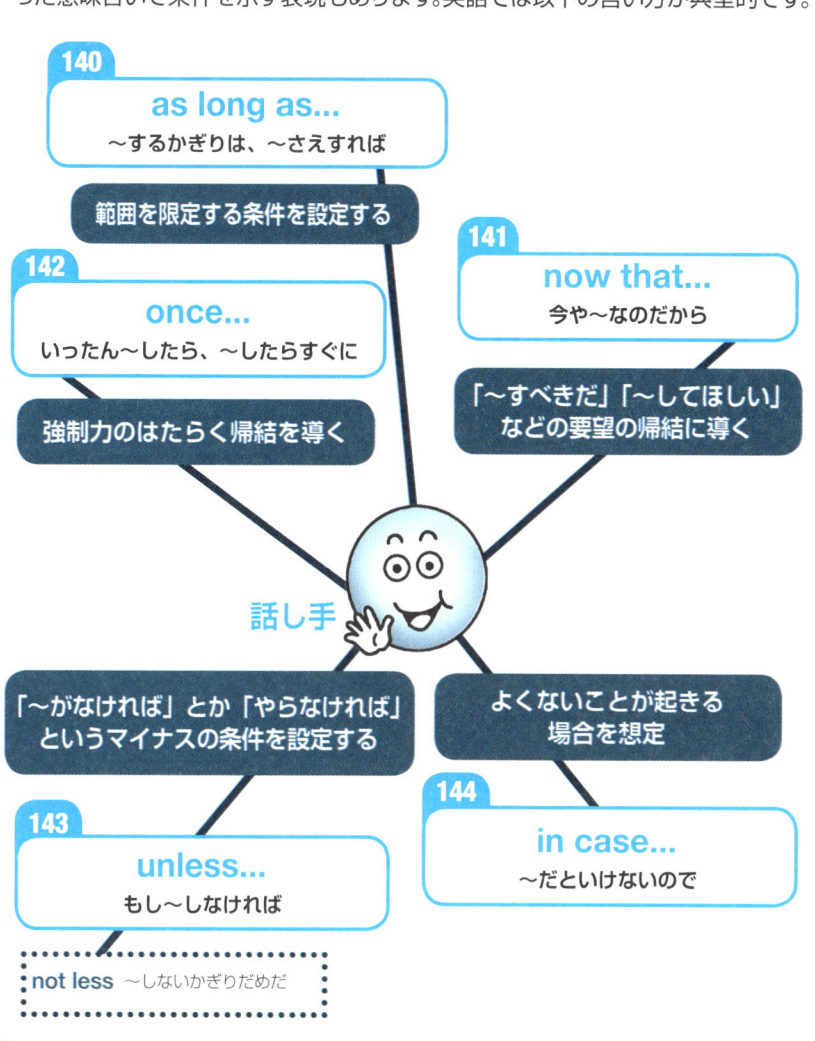

140 as long as...
〜するかぎりは、〜さえすれば

範囲を限定する条件を設定する

141 now that...
今や〜なのだから

「〜すべきだ」「〜してほしい」
などの要望の帰結に導く

142 once...
いったん〜したら、〜したらすぐに

強制力のはたらく帰結を導く

話し手

「〜がなければ」とか「やらなければ」
というマイナスの条件を設定する

よくないことが起きる
場合を想定

143 unless...
もし〜しなければ

144 in case...
〜だといけないので

not less 〜しないかぎりだめだ

140 as long as...
～するかぎりは、～さえすれば

As long as there are no traffic jams, we'll arrive in time for the meeting. 道路が渋滞しないかぎり、時間通り打ち合わせの場に着くだろう。

　as long as... は「～するかぎりは、～であるからには」や「～さえすれば」といった意味合いで使うことができる慣用表現です。As long as I'm going to London, I ought to see a play or two. といえば「ロンドンに行く以上、芝居のひとつやふたつは見なくては」といった意味。

　文頭だけでなく、文尾でも You should keep working as long as you are healthy.（健康であるかぎり働き続けるほうがよい）のように使うことができます。

例文

- **You'll be fine in the interview as long as you don't act too nervous.** 緊張しすぎなければ面接はうまくいくよ。

会話例

A: When do you need the proposal for the new website?
新しいウェブサイトに関する提案書はいつ必要？

B: **As long as** I receive it by Friday, there shouldn't be a problem.
金曜日までにもらえれば大丈夫よ。

A: Where should we take them for lunch? 昼食に彼らをどこへ案内すればいいかな？

B: I think any place will be fine **as long as** there's a vegetarian option.
ベジタリアン料理が選べるならどこでもいいと思うよ。

ワンポイントレッスン　これを英語で言ってみよう！

1泊1万円以下なら、出張でどのホテルを選んでもかまわないよ。
◆ヒント：「出張」は your business trip、「1泊」は a night。

（解答例は p. 249）

141 now that...
今や〜なのだから

Now that the budget is approved, we can start the work.
予算が承認されたから、仕事に取りかかることができる。

　Now that you are here, you can help do the cleaning. は「ここにいるんだから、掃除を手伝えるだろう」という意味になります。大学を卒業してもぶらぶらしている男性に、Now that you have graduated, you must become more serious. と言えば「今や大学を卒業したんだからもっとまじめにならなければならないぞ」といった意味合いです。日本に実際に住んでみて、日本人というものがよりわかるようになったという状況もこの now that を使って Now that I live in Japan, I understand the people better. となります。

例文

- This job is much easier **now that** I've learned the basics.
  基本を学んだので、仕事がずいぶん楽になった。

会話例

A: Brendan has been looking happy these days. What happened?
ブレンダンは最近、機嫌がいいね。何があったの？

B: Now that his boss has changed, it's much easier for him to work.
彼の上司が交代して、だいぶ働きやすくなったのよ。

A: Now that the renovations are complete, what do you think of the office? オフィスのリフォームが終わったけど、どう？

B: It's great — such an improvement over before!
いいわね。前よりもずいぶんよくなった。

ワンポイントレッスン　これを英語で言ってみよう！

経営陣が代わったから、われわれは違う働き方を求められるかもしれないね。

◆ヒント：「経営陣」は the management、「求められる」は be required。

（解答例は p. 249）

142 once...
いったん~したら、~したらすぐに

You can't cancel the contract once you've signed it.
いったんサインしたのだから、その契約はキャンセルできない。

　once は once more（もう1回）、once again（ふたたび）という熟語で「1回」の意味でよく使われますが、once upon a time のように「かつて」の意味でも使います。また、at once になると「すぐに」という意味になります。
　接続詞としての once も「~したらすぐに(as soon as)」という意味合いと「いったん（1回）~したら」の意味合いがあります。I'll let you know once I've found her address.（彼女の住所がわかったらすぐ知らせるよ）は前者、You can't cancel the contract once you've signed it.（いったん署名したら契約を無効にすることはできない）は後者の例です。

例文

- **Once** Mary gets here, we can start the meeting.
  メアリが着いたらすぐにミーティングを始めることができる。

会話例

A: **Once** we have all the data, we can start to prepare the presentation.
すべてのデータがそろったら、プレゼンの準備を始めることができる。

B: When do you expect to have the data?
データがそろうのはいつになりそうですか？

A: I think we should propose our idea to the president.
われわれの考えを社長に提案すべきだと思う。

B: **Once** we do that, there's no turning back.
でもいったんそうしてしまうと、もう後戻りはできないよ。

ワンポイントレッスン　これを英語で言ってみよう!

いったん家のリフォームを始めたら、2、3カ月は一時的に別の場所に住まなければならならなるよ。◆ヒント：「リフォームする」は renovate、「一時的に」は temporarily。

（解答例は p. 249）

143 unless...

もし〜しなければ

I'll make the main presentation again, unless someone else wants to. もし他に希望者がいなければ私がまたメインプレゼンテーションをします。

　unless は「もし〜しなければ」という意味合いの条件を示します。文頭にくると、上記例文のように、「〜しないなら、……する」という発想の表現にピッタリです。文尾で使うと、補足的な意味合いが生まれ、I will buy milk, unless I forget. と言えば、「牛乳を買ってくるよ、忘れなければね」といった感じです。相手の質問に答えて、「〜ないかぎりだめだ」という意味で not unless を使うことがあります。Are you coming to the meeting? に対して Not unless there are nice ladies there. と言えば「素敵な女性がいない限りノーだね」という意味合いです。

> **関連表現** **not less** 〜しないかぎりだめだ

例文

We won't turn a profit this year unless sales pick up a lot in the final quarter. 最終四半期にかなり売り上げが上がらない限り、今年は利益が出ないでしょう。

会話例

A: So you can't come to the welcome party for the new staff members tonight? じゃあ、今夜の新人歓迎会には来れないの？
B: Not unless I can finish writing this report, and it doesn't look good right now. この報告書を書き終わらない限りダメで、今のところ難しそうだな。

A: Can I make an appointment with Mr. Richards for this afternoon? 今日の午後、リチャーズさんにお目にかかれますか？
B: He is fully booked today, so unless someone cancels, it will have to be tomorrow. 彼は今日、終日ふさがっておりまして、どなたかがキャンセルなさらない限り、明日になってしまいますが。

ワンポイントレッスン これを英語で言ってみよう！

予算が削減されない限り、来期も開発を続けられるよ。
◆ヒント：「予算」は budget、「削減される」は be reduced。

（解答例は p. 249）

144 in case...
mp3_154　〜だといけないので

In case our proposal is turned down, we should prepare an alternative.
提案が却下された場合に備えて、別の案を用意しておいたほうがいい。

in case は「もし〜の場合」「〜だといけないので」「〜しないように」といった意味合いを表現する際に用います。「ある場合を想定してその場合は〜だ」という発想になります。

In case you haven't heard, the job is finished. だと「聞いていないといけないので言うけど、その仕事はもう終わりだよ」となります。

また、in case 以下を文の後ろに置いて、We thought we would write out the directions, in case you got lost. も「きみが迷子になるといけないので、地図を描いておこうと思ったんだ」のように使うことができます。

例文

- **In case** you didn't know, the project policy has changed.
  知らないといけないから言うけど、プロジェクトの方針が変わったんだ。

会話例

A: Why don't you print out the online map **in case** you get lost?
道に迷ったときに備えて、オンライン地図をプリントアウトしておいたほうがいいんじゃない？

B: I don't need it. I'll use my smartphone when I'm near there.
いらないよ。近くに着いたらスマホを使うから。

A: Is that a battery for your tablet?　それ、タブレットのバッテリー？

B: Yeah. **In case** the tablet runs out of juice when I'm out, I always carry this with me.　うん。外出先でタブレットの電池が切れたら困るから、いつも持ち歩いてるんだ。

ワンポイントレッスン　これを英語で言ってみよう！

万が一、何か間違いが起きた場合に備えて、ベスと私はここで待機します。
◆ヒント：「何か間違いが起きる」は anything goes wrong。

(解答例は p. 249)

Unit 12

さまざま状況下で「それでも〜する」ことを表す

「何があっても」「〜が何だとしても」「たとえ〜だとしても」と考えうる状況を設定し、「それでも〜する（〜である）」といった発想の表現に典型的に使うのが以下の3つの表現です。no matter what と whatever は what の部分を when や where に置き換えることができます。

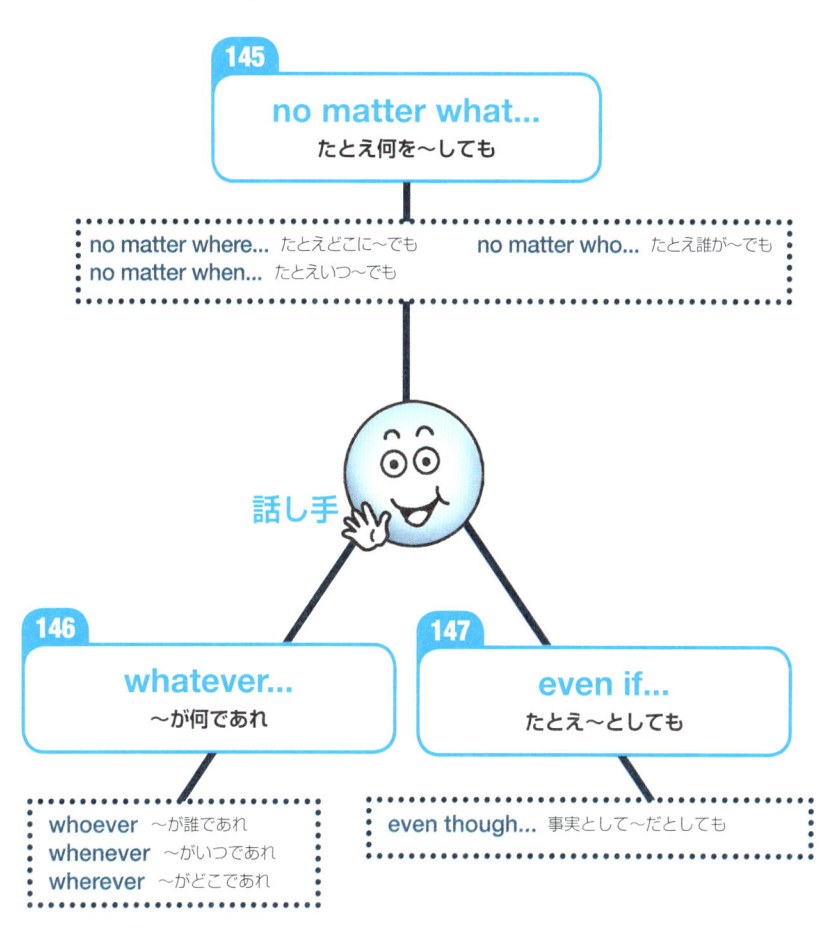

145
no matter what...
たとえ何を〜しても

no matter where... たとえどこに〜でも
no matter when... たとえいつ〜でも
no matter who... たとえ誰が〜でも

話し手

146
whatever...
〜が何であれ

whoever 〜が誰であれ
whenever 〜がいつであれ
wherever 〜がどこであれ

147
even if...
たとえ〜としても

even though... 事実として〜だとしても

145 no matter what...
たとえ何を〜しても

I'll be at my house at 8:30 no matter what happens.
何があっても8時半には家にいるようにするよ。

「たとえ何を〜でも」と言いたいときの定型表現が no matter what です。No matter what you say, they'll never believe you.（きみがたとえ何と言おうと、彼らはきみのことを信じないだろう）のように使います。no matter what... 以外にも no matter where（たとえどこに〜でも）、no matter when（たとえいつ〜でも）、no matter who（たとえ誰が〜でも）と変化させることができます。No matter when and where I see you, you always look elegant. だと「たとえいつ、そしてどこで会っても、きみはすてきだ」という意味です。

関連表現
no matter where... たとえどこに〜でも
no matter when... たとえいつ〜でも
no matter who... たとえ誰が〜でも

例文

- **No matter what** they say, we can't change the delivery date.
  向こうがどう言おうと、こちらは納期を変更できないよ。

会話例

A: Can we reschedule the meeting with the client? I need more time to prepare.
お客さんとの打ち合わせのスケジュールを変えられない？　もっと準備の時間が欲しいんだけど。

B: They're very busy, so we can't reschedule **no matter what** happens.
先方はとても忙しいから、何があっても日程変更はできないよ。

ワンポイントレッスン　これを英語で言ってみよう！

何があろうと、仕事の締め切りは守らなければならない。
◆ヒント：「守る」は meet、「仕事の締め切り」は work deadlines。

（解答例は p. 249）

146 whatever...
~が何であれ

The event is held on the same day every year, whatever the weather. 天候がどうであろうと、その催しは毎年同じ日に行われている。

「～が何であれ」とか「たとえ何を～ようと」といった思いを伝える際に、Whatever you say, I'm still going to do it.（君が何といってもやっぱりぼくはそれをするつもりだ）だとか、Whatever happened yesterday, let's forget it.（昨日起こったことが何であれ、それは忘れよう）のように使います。「～が誰であれ」だと whoever、「～がどこであれ」だと wherever、「～がいつであれ」だと whenever となります。Whoever made that last comment, please leave now. は「その最後のコメントをした人は（それが誰であれ）、出て行ってください」ということです。

関連表現
whoever ～が誰であれ	wherever ～がどこであれ
whenever ～がいつであれ	

例文
- **Whatever** he says, we're going to withdraw from the project.
  彼が何と言おうと、私たちはそのプロジェクトから撤退するつもりだ。

会話例
A: Mr. Willson yelled at me this morning. 今朝、ウィルソンさんに、ひどく怒られたよ。
B: **Whatever** he says, you're doing a fine job. Don't worry!
彼が何と言おうと、あなたはしっかり仕事をしているわ。気にしないで。

A: Do you think we can ask the printer to finish our flyers earlier?
印刷会社に、うちのチラシをもっと早く仕上げてくれるように頼めると思う？
B: I think **whatever** we ask, they will try to meet our request.
どんなことであれ、こちらの要望には応えてくれると思うよ。

ワンポイントレッスン これを英語で言ってみよう！

どのような問題であろうと、解決しようとしなくちゃいけないよ。
◆ヒント：「問題」は problem、「解決する」は solve。

（解答例は p. 249）

147 even if...
mp3_157　たとえ〜としても

This product will be profitable even if it doesn't take the biggest market share.
たとえトップシェアを取れないとしても、この商品は利益が上がるものになるだろう。

「たとえ〜しても」と言いたければ even if... (あるいは even though...) を使うことができます。Even if I don't seen you for years, we'll still be friends. だと「たとえ何年もきみに会わなくても、ぼくたちはそれでも友だちのままだ」といった感じです。

同じような状況を even though... で表現することができますが、even though... の場合は「事実として〜だとしても」という意味で even if とは意味合いがやや異なります。Even though she is eccentric, I like her. だと「彼女は変わっているけど彼女のことが好きだ」という意味になります。

関連表現
even though... 事実として〜だとしても

例文
- **Even if** we advertise more, it's no guarantee of success.
  たとえ広告を増やしても、うまくいく保証はないよ。

会話例
A: **Even if** my boss says no, I would like to be involved in that project.
たとえ上司がダメだといっても、ぼくはあのプロジェクトに関与したいんだ。
B: I hope you can join the team.　いっしょにやれればいいね。

ワンポイントレッスン　これを英語で言ってみよう！

たとえ経営に興味がなくても、彼の講演は楽しめるだろうね。
◆ヒント:「経営」は business administration。

（解答例は p. 249）

Unit 13

形容詞や副詞の程度を表す

「強い」という形容詞や「早く」という副詞を強めるには very strong とか very early のように副詞をつけます。しかし、「強い」とか「早い」ということを写実的に表現する際の表現として、ここでは「形容詞・副詞 enough to」、「so 形容詞・副詞 that」、それに「too 形容詞・副詞 to」の3つに注目します。

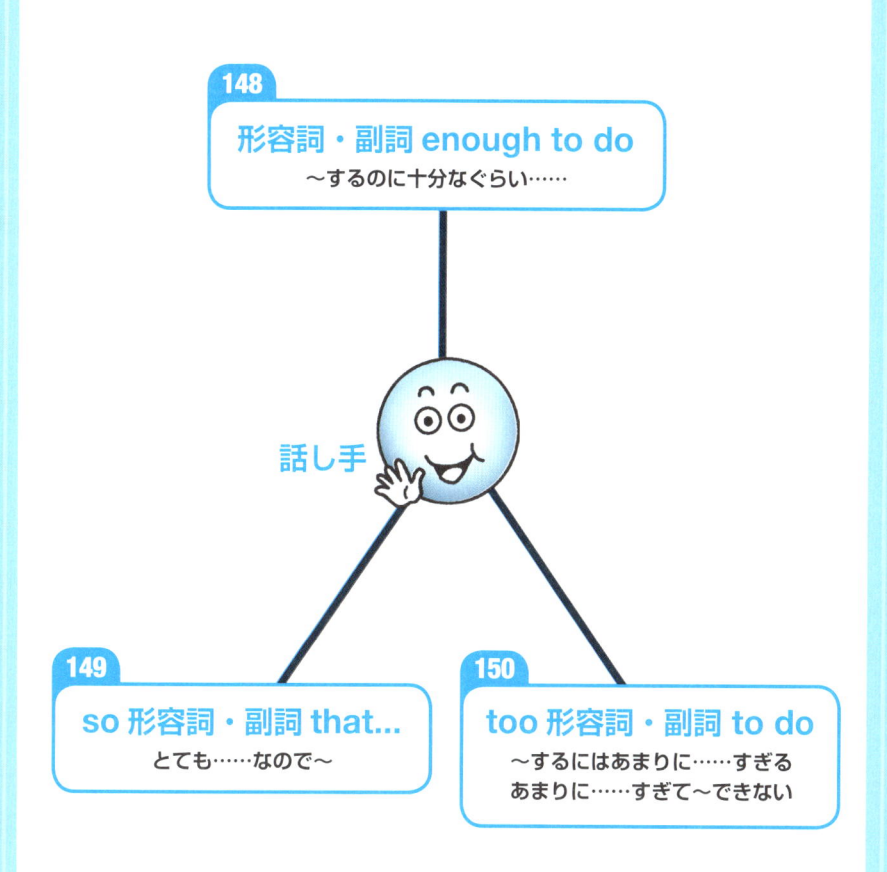

148
形容詞・副詞 enough to do
～するのに十分なぐらい……

話し手

149
so 形容詞・副詞 that...
とても……なので～

150
too 形容詞・副詞 to do
～するにはあまりに……すぎる
あまりに……すぎて～できない

148 形容詞・副詞 enough to do
~するのに十分なぐらい……

The budget isn't big enough to produce such an expensive commercial. そんなに金のかかるコマーシャルを作れるほど、予算が潤沢ではない。

I thought it was funny enough to laugh at. (それは笑えるほど面白いと思った) では、I thought it was funny で「それは面白いと思った」ですが、funny を修飾する enough to laugh at があることで「笑えるほど」という funny の程度を示すことができます。

I got up early enough to make a good breakfast. (おいしい朝ごはんを作るのに十分なぐらい早く起きた) では early が副詞になっており、enough to make a good breakfast がそれを修飾する形です。

例文

- **Can Ms. Newman work quickly enough to meet the deadline?**
ニューマンさんは、この締め切りに間に合わせられるほど仕事が早いのですか？

会話例

A: The new design is simple and stylish. I like it.
今度のデザインはシンプルでおしゃれだね。気に入ったよ。

B: But is it exciting **enough to appeal** to young customers?
でも、若い層の顧客にアピールするほど優れているかな？

A: Since you speak Chinese, can you take charge of the merger discussions? 君は中国語を話せるから、合併に関する話し合いを担当してもらえるかな？

B: I'd love to help, but I don't speak fluently **enough to lead** negotiations. お手伝いしたいのですが、交渉を仕切れるほどうまくは話せません。

ワンポイントレッスン これを英語で言ってみよう！

このアイデアが、競合他社を圧倒するほど革新的だとは思わないよ。
◆ヒント：「革新的」は innovative、「……を圧倒する」は beat out...。

(解答例は p. 249)

149 so 形容詞・副詞 that...
とても……なので～

This morning the train was so crowded that I felt ill.
今朝、電車はすごく混雑していて気分が悪くなった。

　「とても……なので～」という意味合いの構文です。I was so sleepy のままだと「とても眠かった」ということで、この so は very に置き換えることができます。しかし、具体的にどのように眠かったのかを表すのに、so sleepy that... の構文があり、I was so sleepy that I couldn't keep my eyes open. にすると「あまりに眠くて目を開けていられなかった」となります。つまり、that I couldn't keep my eyes open が so sleepy の程度を写実的に描写しているのです。「あまりに難しすぎて挑戦するのもやめにした」ということは、It is so difficult that I have decided to give up trying. と表現できます。

例文

- **The package was so heavy that we had to use a cart to move it just 30 meters.** 梱包が重すぎて、30メートル動かすのに台車を使わなければならなかった。

会話例

A: This tablet is so light that I forget I'm carrying it in my bag.
このタブレットはあまりにも軽くて、かばんに入れていることを忘れるほどだよ。
B: Why can't we make ours like that? なぜ、うちの製品もそうできないのかな？

A: You're five minutes late. 5分遅刻だぞ。
B: Sorry. The subway was so crowded that I couldn't get off at the station. すみません。地下鉄があまりにも混んでいて、駅で降りられなかったんです。

ワンポイントレッスン　これを英語で言ってみよう！

会議があまりにも退屈で、起きているのが大変だったよ。
◆ヒント：「退屈な」は boring、「起きている」は stay awake。

（解答例は p. 249）

150 too 形容詞・副詞 to do
〜するにはあまりに……すぎる、あまりに……すぎて〜できない

The document was too difficult for me to understand.
その書類の内容は、私には難しすぎて理解できなかった。

too は「〜すぎる」ということで、to do と結合することで、「……するにはあまりにも〜すぎる」という意味合いの構文になります。日本語的には、「〜すぎて……できない」ということ。I am too old to do weightlifting. と言えば「年をとりすぎていて重量挙げはもうできない」ということです。late を副詞的に使って、He woke up too late to go to the job interview. だと「起きるのが遅すぎて、仕事の面接に行けなかった」という状況の表現になります。

例文

- **The product sold too well for production to keep up with demand.**
  その商品は売れすぎて、生産が需要に追い付かなかった。

会話例

A: I heard you took a senior sales position at JKL Corporation.
JKL 社で営業部長職に就いたって聞いたけど。

B: That's right. The opportunity was too good to pass up.
そうなんだ。あまりにもいい話で、断れなかったよ。

A: How did the Q&A session go? 質疑応答の時間はどうだった？

B: Not bad, but the questions came too fast to answer them all.
悪くなかったけど、質問があまりにも矢継ぎ早で、すべてに答えきれなかった。

ワンポイントレッスン これを英語で言ってみよう！

契約内容が複雑すぎて、簡単にはすべてを理解できないよ。
◆ヒント：「契約内容」は the contract、「複雑な」は complicated。

（解答例は p. 249）

column 3 「～すべき」——must、have to、should、had better の使い分け

　日本語の「～すべき」に当たる英語は must、have to、should、それに had better があります。
　must は「絶対に～しなければならない」という意味合いで強い強制力があります。
　have to は「～する状況を抱えている」という感じで、よく「外的要因で～しなければならない」という意味だと言われますが、その通りです。そこで、I must apologize to you. のほうが I have to apologize to you. よりも、「心から謝らなければならないと痛感している」という気持ちがよく伝わります。
　一方、should は「～してしかるべきだ（がいまだしていない）」というのが本質的意味で、「提案」や「忠告」を表す際によく用いられます。「べき」と一般に訳されますが、must のような強制力が背後にあるのではなく、むしろ「良識にしたがって当然～すべき」という意味合いが強くなります。そこで、「結婚した夫婦は別々の姓を使うべきかどうかについてずっと議論が続いている」という状況は、People have been discussing whether married couples should use separate surnames. が自然な言い方で、ここで must は合いません。
　must を使うと「なんとしても～しなければならない」という強制力が生まれ、是非を議論する状況とは相容れないからです。
　should は「良識に照らして当然～すべし（～したほうがよい）」ということが本来の意味であることから、You should visit Nara and Takayama.（奈良と高山はぜひ行かれるといいですよ）のように外国人に提案をする際にも使うことができます。
　「～するほうがよい」と日本語で言えば had better が連想されますが、この had better を使って、あまりよく知らない外国人に You had better visit Nara and Takayama. と言うことはありません。この had better を「～するほうがよい」と訳せば、柔らかい表現に感じられますが、実は「～しないとまずいことになるぞ」といった感じの表現で、「脅し」の意味合いが含まれることがあります。そこで、had better は親しい間柄では、You'd better go to the dentist.（歯医者に行くほうがいいぞ [行かないとまずいことになるよ]）のようによく使われます。

Part 4

EXERCISES

Exercise 1

次の各英文をSNSで友人に送るとき、いっしょに送るのにふさわしい「スタンプ」を選んでください。

(1)

> I'm scheduled to go to Taipei in the second week of November.

(2)

> That's why I decided to move to an apartment near my office.

(3)

> I wish I could speak better English with clients from abroad.

(4)

> You can go to their office either by subway, or by bus from Shibuya Station.

(5)

I had to carry both my boss's laptop and mine during the business trip.

(6)

Could you forward the file to me as soon as you receive it?

(7)

It's no use asking her about personnel issues.

(8)

You should set a reminder on your smartphone in case you forget the appointment.

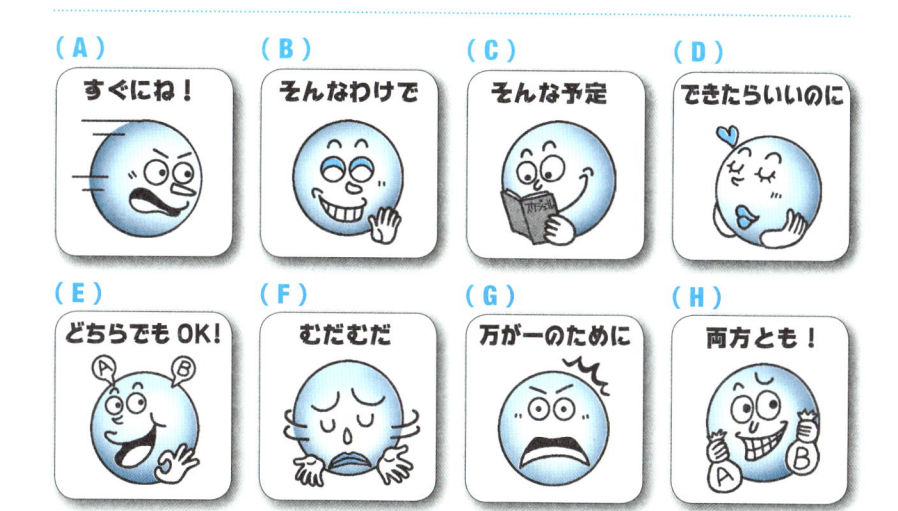

(A) すぐにね！

(B) そんなわけで

(C) そんな予定

(D) できたらいいのに

(E) どちらでもOK！

(F) むだむだ

(G) 万が一のために

(H) 両方とも！

Exercise 2

文意に注意しながら、(1) − (4) の 3 つの英文の各空欄に共通して用いられるべき表現を、リストの中からひとつずつ選んでください。なお、リストには使われない表現も含まれています。

- I'm supposed to
- even if
- in order to
- not always
- now that

(1)
- [   ] participate in the managerial training workshop next week.
- [   ] work with people from a subsidiary at the trade fair.
- [   ] arrange the schedule for the visitors coming from Malaysia in April.

(2)
- We need to have meetings weekly [   ] share information.
- You should come to a party once in a while [   ] develop good working relationships with your colleagues.
- We should revise our website [   ] promote our products more efficiently.

(3)
- This anti-virus software is quite popular, but [   ] perfect.
- Mr. Andrews is a great manager, but he does [   ] make the right decisions.
- This newspaper has a large circulation, but its reporting is [   ] neutral.

(4)
- [   ] the project is finished, we can go home earlier for a while.
- I can work more comfortably and efficiently [   ] my software

has been updated.
- [   ] we've been acquired by a British company, we need to use more English every day.

Exercise 3

自然なやりとりが成立するように、カッコ内から適切な表現を選んで英文を完成させてください。ただし、使える表現はひとつだけとは限りません。
なお、一方の話者の発言に日本語訳を付けてあるので、やりとりを把握するためのヒントとしてください。

(1)
A: Did you go to the new bar with your client last night?
ゆうべ、お客さんと新しいバーへ行ったの？
B: We walked all the way there from their office, [nothing but / only to / so as to] find it was closed.

(2)
A: Mr. Hirata understands our industry [in a way / more than any other / no better than] member of our staff.
B: I agree. He has been working in this industry for over 30 years.
そうだね。彼はこの業界で30年以上働いているから。

(3)
A: Did your presentation go well?
プレゼンはうまくいったの？
B: Yes. [If it had not been for / However / Whatever] your help, I could never have made such attractive slides. Thanks.

(4)
A: Did you call the courier service yourself?
自分で宅配便を呼んだんですか。
B: Yes. [No matter what / That's how / That's the way] we send off packages here. How did you do it at your previous company?

Part 4 EXERCISES 解答・解説

Exercise 1

正解 (1)-**(C)** (2)-**(B)** (3)-**(D)** (4)-**(E)** (5)-**(H)** (6)-**(A)** (7)-**(F)** (8)-**(G)**

訳
(1) 11月の第2週に台北へ行く予定なんだ。
(2) そういうわけで、職場の近くのアパートへ引っ越すことに決めたんだ。
(3) 外国からのお客さんといるとき、もっとうまく英語が話せたらいいのにと思う。
(4) 先方のオフィスへは、渋谷駅から地下鉄かバスのどっちかで行ける。
(5) 出張中、上司のと自分の、両方のノートパソコンを持ち運ばなくちゃいけなかった。
(6) ファイルを受信したら、すぐに転送してもらえる?
(7) 彼女に人事のことを聞いてもむだだよ。
(8) 万が一アポのことを忘れたときに備えて、スマホのリマインダーをセットしたほうがいいよ。

解説
(3) の I wish I could は「〜できたらいいのに」という仮定法の表現で、つまり実際にはできないことを表す。
(4) の either A or B は「A か B のどちらか」という選択、あるいは、この文のように「A、B のどちらでもいい」とふたつの可能な選択肢を示す役割をもつ表現。(8) の in case は「万が一〜だと困るから、もしも〜だった場合に備えて」という意味。

Exercise 2

正解 (1) **I'm supposed to** (2) **in order to**
(3) **not always** (4) **now that**

訳
(1) 来週、管理職研修に参加することになっている。
展示会で関連会社の人たちと仕事をすることになっている。
4月にマレーシアから来るお客さんたちのスケジュールを調整することになっている。
(2) 情報を共有するために、毎週会議を開く必要がある。
同僚たちとの円滑な人間関係を築くために、たまには宴会に顔を出すほうがいい。
自社商品を効率的に売り込むために、会社のウェブサイトを作り直したほうがいい。
(3) このウィルスソフトはかなり人気があるが、必ずしも市場で最高というわけではない。
アンドリュースさんはすぐれた管理職だが、必ずしも正しい判断を下すわけではない。
この新聞は、発行部数は大きいものの、記事は必ずしも中立というわけではない。
(4) プロジェクトが終わったので、当分は早く家に帰れる。
ソフトウェアをアップデートしたので、前よりも快適かつ効率的に仕事ができる。
うちの会社はイギリスの会社に買収されたので、毎日、前よりも英語を使わなければならない。

解説

(1) では、各文の内容を想定されていること、決まっている予定と考えれば、「〜することになっている」の意味の I'm supposed to を当てはめることができる。
(2) では、空欄に続く部分が空欄の前の事柄の目的になっていると考えれば、すべての文の意味が通る。そこで、目的を表す in order to を用いればよい。
(3) では、物事を部分的に否定する not always(必ずしも〜ない)を用いると、3 つとも文意が通る。
(4) では、現状を根拠に物事を説明する now that(今や〜なので)を用いれば、いずれの文も意味が通る。

Exercise 3

正解 (1) **only to** (2) **more than any other** (3) **If it had not been for** (4) **That's how / That's the way**

訳
(1) A: ゆうべ、お客さんと新しいバーへ行ったの?
  B: 彼らのオフィスからわざわざ歩いて行ったのに、結局、店が閉まってたんだよ。
(2) A: 平田さんは、この会社の他のどの従業員よりも、うちの業界のことをわかっている。
  B: そうだね。彼はこの業界で 30 年以上働いているから。
(3) A: プレゼンはうまくいったの?
  B: うん。きみが手伝ってくれなかったら、あれほど魅力的なスライドは絶対に作れなかったよ。ありがとう。
(4) A: 自分で宅配便を呼んだんですか。
  B: ええ。それが、ここでの荷物の発送の仕方です。前の会社ではどうやっていたんですか。

解説

(1) の only to は、物事の結果が思わしいものでないことを表す表現。find it was closed(閉店していた)が続いて意味が通るのは only to だけ。so as to は結果ではなく目的を表す表現。nothing but は「〜しかない、〜以外の何物でもない」の意味。
(2) のやりとりでは、平田さんには他の人と比べて優れた点がある、という趣旨のことが述べられていると考えられる。「他のどの〜よりも」という肯定的な比較を表す more than any other を用いればよい。no better than も比較の形をとった表現だが、意味は「〜同然、〜と変わらない」。in a way は「ある意味で」の意味で、ここでは使えない。
(3) では、「もしも(過去において)〜がなかったなら」という過去の仮定を表す、仮定法過去完了の If it had not been for を用いれば文意が通る。やりとりから、プレゼンがもう終わっている、つまり過去のことであるとわかるので、現在の仮定を示す If it were not for(もしも今〜がなければ)は使えない。
(4) では、物事のやり方を表す That's how および That's the way を用いることができる。このふたつはほぼ同義。

Final EXERCISES

自動車メーカー Apex Motors Co. では、新型ハイブリッド車の発売日を数カ月後に控え、新車発表会を開催するよう広報部に指示が下っています。広報部では新編成のプロジェクトチームが、発表会の実施へ向けて始動しました――。

Scene 1 ブレーンストーミング

プロジェクトチームはまず、新車発表会の方向性を決めるために、チーム内でブレーンストーミングを行うことにしました。
以下の英文は、メンバーの意見交換の一部です。リスト中の表現から適切なものを選んで空欄を埋め、やりとりを完成させてください。

A: Now, (1)[　　] exchange ideas for the new car release event in October.
B: OK, (2)[　　] start. (3)[　　], in this kind of event, the CEO makes a speech on the company's strategy for development and sales of the new product. (4)[　　], we can't leave that out.
C: But, we should (5)[　　] stick to the conventional way of doing things (6)[　　] we've become known for our unconventional ideas. (7)[　　] auto manufacturer, we've gained a reputation for innovation since the merger with VMW.
A: I agree. (8)[　　] do something more groundbreaking?
B: Something more groundbreaking? (9)[　　]
A: An example? (10)[　　] ... (11)[　　] using smoke machine when we unveil the new car on the stage?
C: That's (12)[　　] groundbreaking than the usual speech by the CEO.

---

anyway / Can you give me an example? / Generally speaking / How about / let me / Let me see / let's / More than any other / no more / not always / not that / Why don't we

Scene 2　予算承認のための社内プレゼン

プロジェクトチームは、チーム内での議論を基に新車発表会の大筋をまとめ、予算を確保するために会社の上層部を含む会議の場で、企画の概要をプレゼンしました。
以下の英文は、プレゼン後の質疑応答・議論の一部です。リスト中の表現から適切なものを選んで空欄を埋め、やりとりを完成させてください。

A: ... That's it for my presentation. Now, (1)[　　] ask me any questions you may have about the project budget?
B: (2)[　　] ask you a question that is not directly related to the budget?
A: Sure.
B: (3)[　　], you've proposed having a discussion between a Formula 1 driver and the car's chief engineer, instead of a speech by our CEO. (4)[　　] where this idea came from.
A: Yes, (5)[　　] told you about that. The idea came from discussions among our team. (6)[　　], for this event, we need something unconventional that focuses more on technical matters than on business strategies.
B: I see, but (7)[　　] we will need a larger budget to invite someone like an F1 driver, and (8)[　　] us to (9)[　　] our own top executive speak to the audience (10)[　　] give a good impression to our customers.
C: (11)[　　] I think (12)[　　] us as an innovative car company to break with convention as well.

Can I / Could you / have / I should have / I'm curious about / in order to / it is certain / It is natural for / it is necessary for / The thing is / To my surprise / I agree with you up to a point, but

---

237

Scene 3 広告代理店との企画検討会

無事、予算の確保に成功したプロジェクトチームは、新車発表会の具体的な内容の考案や段取りを取り仕切る広告代理店と、ミーティングを重ねています。
以下の英文は、広告代理店の担当者との打ち合わせの一部です。リスト中の表現から適切なものを選んで空欄を埋め、やりとりを完成させてください。

A: Now (1)[   ], Apex Motors would like to target (2)[   ] young car enthusiasts but also families with children with this new car, the AXM-150H. Is that right?
B: Exactly. But (3)[   ] the AXM-150H has major technical and technological advantages.
C: What kinds of advantages? (4)[   ]
B: The biggest one is its newly developed hybrid power unit, which comes from our experience in motor racing. (5)[   ] we came up with the idea of inviting an F1 driver to this event.
A: (6)[   ], we are thinking of using your corporate color, purple, for the stage decoration. (7)[   ] provide us with detailed information on the color your company uses, to help us make sample decorations.
B: No problem. I'll send you a PDF by e-mail. But (8)[   ] that we should use the AXM-150H's product theme color rather than our company color. (9)[   ], we should use gold, not purple.
C: (10)[   ], but we need to consider this issue further. Color is quite important in making a good impression.
B: OK. (11)[   ] talk about it again next time. When could we have the next meeting?
A: (12)[   ] come here any afternoon next week. (13)[   ] you?

Could you be more specific? / How about / I mean / I was wondering if you could / I'm available to / it appears to me / let me make sure that / Let's / not only / That seems reasonable? / That's why / the point to be emphasized here is that / To change the subject

Scene 4　新車発表会本番

新車発表会の当日。多数の報道関係者や業界関係者らを会場に迎え、いよいよ本番が始まりました。プロジェクトチームのメンバーたちは、舞台裏で一部始終を見守ります。
以下の英文は、モニターでイベントの進行を見ながら交わされるメンバーたちの会話です。リスト中の表現から適切なものを選んで空欄を埋め、やりとりを完成させてください。

A: Well, (1)[　　] everything has been going well so far.
B: (2)[　　], the emcee made a small mistake at the beginning, but I guess almost no one noticed it.
C: Look! (3)[　　] I think part of the decoration is coming off in the back right corner of the stage.
A: You're right. We need to (4)[　　] someone to fix it (5)[　　] possible.
B: Ms. Momose is on the floor near the stage wing. (6)[　　] call her and ask her to deal with it, if you know her cell phone number.
C: ... I'm calling her, but she doesn't answer. (7)[　　] go down there?
A: Yes, but (8)[　　] fix the decoration by yourself. (9)[　　] ask someone there to do it inconspicuously.
C: OK.
B: Well, (10)[　　] have this kind of problem, but it's not disastrous (11)[　　] it stops the event from continuing.
A: You could say that, but (12)[　　] to do your best to complete your mission as perfectly as possible.
B: Yes, of course.

---

as soon as / Be sure to / don't / don't forget / get / I may be wrong, but / it is embarrassing for us to / it looks like / May I / To my disappointment / unless / You'd better

---

Scene 5 打ち上げ

新車発表会を成功裏に終えたプロジェクトチームのメンバーたちは、互いの慰労と反省を兼ねた、ささやかな打ち上げパーティーを開きました。以下の英文は、酒席で交わされるメンバーたちの会話です。リスト中の表現から適切なものを選んで空欄を埋め、やりとりを完成させてください。

A: Thank you, everybody. (1)[   ] the success of our event.
B: Well, (2)[   ] we all have glasses of wine, (3)[   ] make a toast first?
C: You're right. Raise your glasses, please.
Everyone: Cheers!
A: Thanks again, everyone. (4)[   ] that the whole company is satisfied with the event, including the CEO and executives.
C: I agree, but (5)[   ] that this kind of event is primarily for consumers.
B: (6)[   ] worry about that. (7)[   ] the event achieved the original goal of attracting customers. It received favorable coverage in several publications, and (8)[   ] had the news appeared on the Internet than a lot of people made positive comments on Twitter and Facebook.
A: (9)[   ], the advertising agency made an official apology for the decoration accident, although it turns out that the accident occurred due to our own mistake.
C: (10)[   ]
A: (11)[   ] one of our executives knocked down the decoration accidentally when he was looking around the stage before the event started.
B: (12)[   ] crying over what's finished. We should be pleased that it was successful overall.

By the way / Don't / I'm confident / I'm delighted with /
I'm sure / It seems that / It's no use / no sooner / now that /
What do you mean by that? / what matters is / why don't we

Final EXERCISE 解答・解説

Scene 1 ブレーンストーミング

正解： **(1)** let's **(2)** let me **(3)** Generally speaking **(4)** anyway
(5) not always **(6)** now that **(7)** More than any other
(8) Why don't we **(9)** Can you give me an example?
(10) Let me see **(11)** How about **(12)** no more

訳
A：では、10月の新車発表会について意見交換をしましょう。
B：ええ、では私から始めさせてください。一般的に言って、この種のイベントではCEOがスピーチをして、新製品の開発や販売に関する会社の戦略について話します。いずれにせよ、これは外せません。
C：まあ、必ずしも従来のスタイルに固執しなくてもよいでしょう。今や当社は、型破りな考え方で知られるようになっています。ドイツのVMWとの合併以降、他のどの自動車メーカーよりも革新的なことで評判ですから。
A：同感です。何かもっと画期的なことを考えませんか？
B：何かもっと画期的なこと？　例を挙げてもらえますか？
A：例？　そうですね……。ステージ上で新車をお披露目するときにスモークマシンを使うのはどうでしょうか？
C：それは、この種のイベントではCEOのスピーチと同じくらい画期的じゃありませんよ。

解説

(3) は、空欄の直後で in this kind of event（この種の催し物では）と断っていることから、一般論を述べていると考えられるので Generally speaking（一般的に言って）を用いるのが妥当。

(4) には「どうあっても、いずれにしても」の意味の副詞 anyway を用いればよい。

(6) は、空欄の後に会社の現状が述べられていると考えられるので、now that（今や～なのだから）を用いれば話が通る。

(8) は、提案を述べている文と考えられるので、Why don't we（〈いっしょに〉～しませんか）で文を始めるのが妥当。

(9) は、直後で次の話者が An example?（例ですか）と問い返しているので、Can you give me an example?（例を挙げてもらえますか？）を用いればやりとりがつながる。

(11) も (8) と同じく提案の表現を用いると文意が通るが、ここでは空欄直後に using という動名詞が使われているので、名詞・名詞相当語句を従える How about（～はどうですか？）を当てはめればよい。

(12) では2者を比較して「どちらも～でない点では同じだ」という意味を表す no more A than B の構文を作るのが妥当。

Scene 2 予算承認のための社内プレゼン

正解： (1) Could you (2) Can I (3) To my surprise (4) I'm curious about (5) I should have (6) The thing is (7) it is certain (8) it is natural for (9) have (10) in order to (11) I agree with you up to a point, but (12) it is necessary for

訳

A：……以上で、私からの説明は終わらせていただきます。では、プロジェクトの予算に関してご質問があれば、お願いできますか？
B：予算に直接は無関係なのですが、ひとつ質問してもいいですか？
A：どうぞ。
B：意外にも、あなたの提案では、うちの CEO のスピーチは設けず、代わりに F1 ドライバーと新車の担当主任技術者の対談を行うということですね。このアイデアがどこから出てきたのか興味があるのですが。
A：はい。先にそれについてお話ししておけばよかったですね。アイデアは、うちのチーム内で話し合う中で出てきました。重要なのは、このイベントには何か型破りで、ビジネス戦略ではなく技術的な側面に的を絞ったものが必要だということです。
B：なるほど、しかし、F1 ドライバーのような社外の人を招くには、より多くの予算が必要になるのは確実です。それに、自社の最高幹部に聴衆へ向けて話をしてもらうのは、顧客に好印象を与えるためには当然のことですよ。
C：おっしゃることに、ある程度は賛成です。しかし、革新的な自動車会社である当社には、従来の殻を打ち破ることも必要だと思います。

解説

(3) は、総じて話者 B のコメントの内容が話者 A の提案に対して批判的であることから推して、To my surprise（驚いたことに、意外にも）を当てはめるのがよい。
(4) は、(3) を含む直前のコメントからの流れを考えれば、I'm curious about...（～に興味がある）を用いるのが妥当。この場合は、やや皮肉っぽい響きがある。
(6) は、ここで話者が、話題に上っている事柄の要点を述べようとしていると考えられるので、The thing is（要は、大事なことは）を用いるのがよい。
(9) は、空欄直後に our own top executive speak という「主語＋述語動詞」の形がありながら、述語動詞が動詞の原形になっている点に着目すれば、have A do（A に～させる）という使役の表現を当てはめるのが妥当と判断できる。
(11) には I agree with you up to a point, but（ある程度は賛成だが）を用いるのがよい。
(12) には it is necessary for（……が～することが必要だ）を当てはめ、(11) とあわせて C の発言が B よりも A に近い立場のものとすれば、全体のやりとりの流れがスムーズなものになる。

Final EXERCISES ● 解答・解説

Scene 3 広告代理店との企画検討会

正解： **(1)** let me make sure that **(2)** not only **(3)** the point to be emphasized here is that **(4)** Could you be more specific? **(5)** That's why **(6)** To change the subject **(7)** I was wondering if you could **(8)** it appears to me **(9)** I mean **(10)** That seems reasonable **(11)** Let's **(12)** I'm available to **(13)** How about

訳

A：それで、確認させていただきたいのですが、エイペックス・モーターズさんでは、今度の新車AXM-150Hの訴求対象として若い車好きの人たちだけでなく、子どものいる家族層も含めたいということですね？
B：その通りです。とはいえ、ここで強調すべきなのは、AXM-150Hは技術面、テクノロジーの面で大いに優位に立っているということです。
C：どんな優位点があるのですか。もっと具体的に教えていただけますか？
B：いちばん大きいのは、搭載されている新開発のハイブリッド動力ユニットで、これは弊社の自動車レースにおける経験で培われたものです。それがあって、F1ドライバーをこのイベントに招くアイデアが浮かんだのです。
A：話は変わりますが、当方では御社のコーポレートカラーの紫を、ステージの装飾に使うことを考えています。そこで御社がお使いの色に関する詳しい情報を、ご提供いただけないかと思っておりまして、装飾の見本を制作するのに役立てたいものですから。
B：かまいませんよ。メールでPDFをお送りします。ただ、私には、弊社のコーポレートカラーよりもAXN-150Hの商品イメージカラーを使ったほうがいいように思えますが。つまり、紫ではなくて金色を使うということです。
C：それも理にかなっているようですが、この件についてはもっと検討が必要ですね。色というのは、良い印象を作り出すのにとても重要ですから。
B：わかりました。それについては、次回もまた話し合いましょう。いつ、次の打ち合わせができるでしょうか？
A：私は、来週の午後でしたらいつでもこちらへおじゃまできます。きみはどう？

解説

(2) では、空欄の後の文中に but also があることから、not only を当てはめて not only A but also B（AだけでなくBも）の相関語句を成立させれば、文全体の意味が通る。

(3) には、文脈上、何らかの要点を示す表現を用いるのが妥当。the point to be emphasized here is that（ここで強調すべき点は）を当てはめるのがよい。

(4) は、直前の疑問文を補足する役割を持つ言葉を用いるべきところだと考えられる。Could you be more specific?（より具体的に言っていただけますか？）がぴったりくる。

(5) は、直前のコメントが空欄直後で述べられている事柄の理由になると考えれば、That's why を当てはめるのが妥当。

(6) は、空欄直後の文の内容が、それまでの話の中身とはがらりと変わっていることから、To change the subject（ところで、話は変わるが）を用いるのがよい。

(9) は、空欄直後の文が、空欄直前に述べられたことの言い換えとなっていることから、I mean（つまり）を当てはめればよい。

(12) は、直前で次の会議の予定を聞かれていることから、I'm available to（～に対応できる）を用いるのが妥当。

243

Scene 4 新車発表会本番

正解：**(1)** it looks like **(2)** To my disappointment **(3)** I may be wrong, but **(4)** get **(5)** as soon as **(6)** You'd better **(7)** May I **(8)** don't **(9)** Be sure to **(10)** it is embarrassing for us to **(11)** unless **(12)** don't forget

訳

A：まあ、どうやら今のところ、すべてうまくいっているようですね。
B：残念ながら、司会者が出だしで小さなミスを犯したけれど、ほとんど誰も気づかなかったでしょう。
C：見てください！　間違ってるかもしれませんが、ステージの右奥で装飾物の一部が取れかかっています。
A：本当だ。なるべく早く、誰かに直させないと。
B：百瀬さんが舞台袖近くのフロアにいます。彼女の携帯の番号を知っているなら、電話して対処してもらったほうがいいですよ。
C：……電話してるんだけど、出てくれません。私が下りていってもいいでしょうか？
A：いいけど、装飾を自分では直さないでください。かならず、現場にいる誰かに頼んで、目立たないようにやってもらってください。
C：わかりました。
B：まあ、こういうトラブルを抱えるのはみっともない話ですが、実際には、イベントの進行が妨げられない限りは致命的ではないですね。
A：そうとも言えるけれど、自分の任務をできるだけ完璧に果たすよう全力を尽くすことを忘れないでください。
B：ええ、もちろんです。

解説

(2)は、直後にネガティブな事柄が述べられていることから、**To my disappointment**（残念ながら、がっかりしたことに）を用いるのがよい。

(4)は直後に「人＋to 不定詞」の形が続いているので、使役動詞の **get** を当てはめるのが妥当。

(5)は、直後の possible と共に **as soon as** possible（できるだけ早く）の形を作ればよい。

(6)は、問題の解決策を取ることを促していると考えられるので、**You'd better**（〜したほうがいい〈さもないと〉）を用いるのがよい。

(8)と(9)は、話者Aの発言内容を理解しそこねると、表現の選択を迷う恐れがあるので注意。(9)の直後の ask someone there to do it inconspicuously（そこにいる誰かに頼んで、目立たないようにやってもらえ）の部分の意味・意図を理解すれば、(8)に **don't**（〜するな）、(9)に **Be sure to**（必ず〜しろ）を当てはめることができる。

(10)は、空欄の直後でネガティブなことを述べているので、**it is embarrassing for us to**（われわれが〜するのは恥ずかしい）を用いるのがよい。さらに、その後で but it's not disastrous（しかし、実は致命的ではない）と、直前の見解を翻していることから、(11)には空欄直後の内容を除外条件とする **unless**（〜でなければ）を用いるのが妥当。

Scene 5 打ち上げ

正解: **(1)** I'm delighted with **(2)** now that **(3)** why don't we
(4) I'm confident [I'm sure] **(5)** what matters is **(6)** Don't
(7) I'm sure [I'm confident] **(8)** no sooner **(9)** By the way
(10) What do you mean by that? **(11)** It seems that **(12)** It's no use

訳
A: みなさん、どうもありがとう。イベントが成功してうれしく思っています。
B: まあ、みんな手元のグラスにワインが注がれているのですから、まずは乾杯しませんか。
C: そうですよ。グラスを挙げてください。
全員: 乾杯!
A: もう一度お礼を言います、みなさん。ぜったい間違いなく、CEO や重役陣を含む全社が、イベントの出来に満足していますよ。
C: そう思います。でも、重要なのは、この種のイベントが、まずは消費者のためのものだということですよ。
B: その点は心配ありませんよ。イベントで、観客を引きつけるという所期の目的も果たされたことは間違いないと思います。いくつもの媒体で好意的に評されましたし、報道がネットに流れるやいなや、たくさんの人たちがツイッターやフェイスブックに肯定的なコメントを寄せてくれました。
A: そういえば、広告代理店が装飾物の一件で正式に謝ってきましたよ。もっとも、あの事故はうちの側のミスが原因で起きたことがわかったのですが。
C: それ、どういうことですか?
A: どうやら、うちの役員のひとりが、イベント開始前にステージのあたりを見て回っているときに、誤って装飾物にぶつかったらしいのです。
B: 終わったことを嘆いても仕方ありませんよ。総じてうまくいったことを喜ぶべきでしょうね。

解説

(1) は、直後に肯定的なことが述べられているので、I'm delighted with... (~がうれしい) を用いればよい。

(3) は、続く話者 C の発言も考え合わせれば、乾杯を提案する言葉だととらえられることから、why don't we (〈いっしょに〉しませんか) を用いるのが妥当。

(4) と (7) は、いずれも話者が確信を表明しているところと考えられるので、I'm confident (~に自信がある) か I'm sure (~を確信している) のいずれかを用いればよい。

(5) は、直前の話者 A の発言に賛意を表明したものの、それに加えて別のことを念押ししていると考えられるので、what matters is (何が重要かと言えば) を用いればよい。

(8) は、直後に had the news appeared という語順の倒置が起こっていることと、than が続いていることから、no sooner (~するとすぐに) で始まる構文を用いるのが妥当。

(9) は、空欄直後からそれまでとは話の流れが変わっていることから、話題を転換するための表現 By the way (そういえば、ところで) を用いるのがよい。

(10) は、その直後で話者 A が (9) の文の内容について詳述していると考えられるので、(9) の文について問いただす What do you mean by that? (それはどういう意味ですか?) を用いるのが妥当。

245

ワンポイントレッスン の解答

Part 1

1. Generally speaking, this kind of job should be completed in a week.
2. To my surprise, Mr. Watanabe was appointed vice-president.
3. To my disappointment, the new project was canceled.
4. I'm curious about the latest economic trends.
5. I'm delighted with my sales results this quarter.
6. I was disappointed by the CEO's New Year speech.
7. I'm sure the meeting will be postponed.
8. I'm confident in my computer programming skills.
9. I'm positive I told you about it on the phone.
10. I'm afraid we seldom accept proposals from outside the company.
11. I'm skeptical about ABC Company's profit forecast for the next year.
12. It's certain that stock prices will decline considerably.
13. It's possible that will update our inventory system before the next quarter.
14. It's probable we will have some complaints about this defect.
15. It appears there was a misunderstanding about the contract between the two parties.
16. It seems we don't have much time to develop the new product.
17. It looks like we are on the right track.
18. I should have made a copy of the document.
19. I must have gotten on the wrong train.
20. I would have agreed to the plan if it had been a little more realistic.
21. I could have chosen to become an engineer.
22. It's necessary for you to ask him what he thinks about it before you make a final decision.
23. It's convenient to use your smartphone camera for filing business cards.
24. It's natural for office workers to worry about the future of their company.
25. It's embarrassing to see your boss get drunk at a bar.
26. He's available to join us at the party after the seminar.
27. I'm free to take days off within the scope of the company regulations.
28. I'm ready to be transferred to any foreign office.
29. Let me buy you lunch today.
30. Now I'd like to move on to the next topic.
31. I'd rather use a computer than a smartphone for this kind of complicated e-mail communication.
32. I'm willing to visit them every day if we can get the contract.
33. I don't feel like working indoors on such a lovely day.

Part 2

34. Can you please take a look at this report before I submit it?
35. Could you please call the courier service for me?

36　Would you do me a favor?
37　I was wondering if you could change the appointment date.
38　May I ask why you would like to cancel your application?
39　Can I have your business e-mail address?
40　Is it possible for me to use the slide projector this afternoon?
41　Do you mind if I make a phone call?
42　Do you mean to tell me that Bob is not suited for the job?
43　Are you telling me I could have done better with this job?
44　Can we say we did our best to make this project a success?
45　Just to make sure, we need to enter the password every time we log on to the website, right?
46　You said that you would eliminate the deficit by the end of year, is that right?
47　Be sure to CC me when you send an e-mail to Mr. Uchida.
48　Don't forget to apply for the seminar before the deadline.
49　Can I just remind you that the cutoff day this month is the day after tomorrow?
50　Try to remember that you need to have this participation certificate in order to attend the conference.
51　You may pack that in a carton and send it by courier.
52　You really ought to change your hard drive to increase efficiency.
53　You'd better start using security software immediately.
54　Why don't you take a taxi from the station to the hotel?
55　Would you like to visit LDI Inc. with me tomorrow?
56　How about conducting a survey on our new product?
57　Why don't we review our sales for this quarter first?
58　Let's have a quick meeting starting at 10:30.
59　Shall we take a look at the sales report for the quarter?
60　Don't leave the warehouse door open.
61　You may not use this space after 5:00 p.m.
62　You must not use this computer for Internet browsing.
63　You are not allowed to use a company car.
64　I'm going to get Tom Taylor to meet you at the airport.
65　I'll make the engineer visit your office to solve the problem.
66　I had my assistant do research on the Internet.
67　I'll let you know as soon as I get information.
68　Could I ask you where I can get a copy of this form?
69　I always have to tell her what to do next.
70　I'll show you how the initial setting should be done on this application.

Part 3

71　The point is we have only three more months to finish developing the product.
72　The thing is, we need to catch up with our competitors.
73　He had a glum expression. In other words, he wasn't satisfied with that at all.
74　What I'm saying is the boss should be a little more flexible.
75　What matters is that we cut through the details to the heart of the matter.
76　All you have to do is go to the General Affairs Department and fill out the form.
77　The point to be emphasized here is that the website should work

on smartphones as well.
78 The bottom line is that we need to raise funds in order to make this project possible.
79 I mean, we have to be more careful when we talk with our customers.
80 Well, what should I say? That's a little unusual.
81 I can't think of the right expression, but that's not what I mean.
82 Let me see... I think we need at least a week before shipping this.
83 By the way, did you hear Mr. Baba is being transferred to Fukuoka?
84 To change the subject, who is supposed to manage the booth at the fair?
85 Anyway, if you find something wrong, call or e-mail me immediately.
86 Seriously, though, we're really running out of time.
87 Let's get back to the point. We should finish the meeting quickly.
88 You could say that, but you could also say our CEO is proactive.
89 I agree with you up to a point, but we need some more discussions on this.
90 That seems reasonable, but we should take the market trends into account as well.
91 I may be wrong, but I think this type of product is already on the market.
92 Some Asian brands are popular in Mexico? Can you give me an example?
93 There are three different reports with the same date? What do you mean by that?
94 It's a little hard to understand. Could you be more specific?

Part 4

95 I'm going to take this sample to the client tomorrow.
96 I'm planning to make a proposal at the next joint meeting.
97 I'm supposed to be in charge of setting up the company booth.
98 I'm scheduled to have dinner with Mr. Weston next Wednesday.
99 We should talk with our contracted dealers in order to collect information.
100 We should revise our catalog so as to attract more foreign customers.
101 We should keep data on the cloud storage so that we can access it anytime.
102 I went all the way to Chiba to visit my client, only to find he was taking a day off.
103 This is why we've launched a new delivery service.
104 This is the reason we decided to stop developing those product.
105 The reason is that we need to ensure compatibility with the older OS.
106 This is how we came to start our new communication service.
107 This is the way I back up important data files.
108 The new convention center has as many as 200 conference rooms of all sizes.
109 The company distributes no less than 150,000 units of merchandise a year.
110 In my opinion, their new model is no better than our MX-550.
111 The boss told me this report was little more than an outline.
112 It's not so much hardware as software that has changed the way people work.
113 I use this PDF reader for my work more than any other apps on my smartphone.
114 Sean is no more skilled at speaking in front of a large audience than I am.
115 Nothing is more wasteful than starting something without planning.
116 The more we spend on development, the more we have to raise the

sales target.
117 This machinery is all the more valuable because it's patented in many countries.
118 I wish I could make a better speech in this kind of situation.
119 If it weren't for e-mail, our work would be more influenced by international time differences.
120 If it hadn't been for Dan's inspiration, we could never have developed this product.
121 Let's not criticize our competitors as if they were our enemies.
122 If only they could change the payment terms for this contract.
123 If this contract should be canceled, how much money would be at stake?
124 It's no use crying over the failed negotiation.
125 This new tablet contains nothing but the latest innovations.
126 There's no telling who will be transferred next.
127 This security system is excellent, but not always perfect.
128 You shouldn't visit your clients without appointments.
129 Could you analyze this sales data in a systematic manner?
130 You should explain the service to them in such a way as to represent our company.
131 I don't think this program is written in a way that makes sense.
132 We have to choose either West Inc. or Kawashima Ltd. as our contractor.
133 That day I have to go not only to Kyoto but also to Kobe for sales calls.
134 We have been active in both hardware production and software development.
135 They say neither a slide projector nor an LCD screen is available at the venue.
136 Could you send me a sample as soon as possible?
137 No sooner had I sent an e-mail to Sandy than she called me.
138 We had hardly (Hardly had we) started this service when the government proposed the regulation.
139 On arriving at the factory, we started the inspection.
140 You can choose any hotel for your business trip as long as it costs under 10,000 yen a night.
141 Now that the management has changed, we might be required to work differently.
142 Once you start to renovate your house, you'll have to move to another place temporarily.
143 Unless the budget is reduced, we can continue the development in the next quarter.
144 In case anything goes wrong, Beth and I will stay here.
145 No matter what happens, we have to meet our work deadlines.
146 Whatever the problem is, we have to try to solve it.
147 Even if you aren't interested in business administration, I think you'll enjoy his lecture.
148 I don't think this idea is innovative enough to beat out our competitors.
149 The meeting was so boring that it was difficult to stay awake.
150 The contract is too complicated to understand it easily.

表現 Index

以下のリストは本書で取り上げた慣用表現および関連語句をアルファベット順に並べたものです。
太字が見出し語で、細字が関連語句です。
＊見出し表現の日本語訳が本文中に複数ある場合は、最初の意味のみを表記している場合があります。

A
a little more than...　～より少しある　180
all jokes maside, ...　冗談はさておき　141
all the more~(because)...
　（……であるから［であれば］）なおさら～　187
all you have to do is (that)...
　しなければならないことと言えば　129
all you need to do is...
　きみがする必要のあることと言えば……　129
an embarrassing experience
　ばつが悪い、（恥ずかしい）経験　50
anyway　いずれにしても、それはそうと　140
appear to be...　～のように思われる　38
appearance　外見、外観　38
Are you telling me (that)...?
　つまりおっしゃりたいのは～ということですか？　80
As if you didn't know!
　まるで知らないようだね！　192
as if... / as though　まるで～であるかのように　192
as long as...　～するかぎりは、～さえすれば　216
as many as...　～もの数　177
as much as...　～もの量　177
as soon as...　～するとすぐに　211
ask ＋人＋WH節　～に……を尋ねる　111

B
be afraid of...　～を恐れる、怖がる　32
be afraid to do　怖くて～できない　32
be going to do　（確実に～することに向かっている）～するつもりだ　162
Be sure to do　きっと～してね（～してくださいね）　85
become free to do
　自由に～することができるようになる　53
both A and B　AもBもどちらも　208
by the way　ところで(話がそれるけど)　138

C
Can I...?　ちょっと～してもいいですか？　75
Can I just remind you (that)...?　～ちょっと確認なんだけれども、～、することを覚えていた？　87
Can we say (that)...?
　～ということは言えるでしょうか？　81
Can you...?　～してくれない？　69
Can you give me an example?
　たとえば？　149
Can you please...?　～していただけませんか？　69
Could you...?　(可能なら)～していただけませんか？　70
Could you be more specific?
　もっと具体的に言うとどういうことですか？　151
Could you please...?　～していただけませんか？　70
Could you..., please?
　～していただけないでしょうか？　70

D
Did you remember that... ?
　～について覚えていた？　87
Do you mean (that)...?
　～という意味ですか？　79
Do you mean to tell us [to say] that...?
　～という意味で言っているのですか？　79
Do you mind if I...?
　～しても差し支えありませんか？　77
Do you mind if I change the subject?
　話題を変えても差し支えありませんか？　139
Do you want to do...?　～したいですか？　94
Don't...　～するな　101, 103
Don't be afraid of...　～を恐れるな　32
Don't forget to do
　～することを忘れないでください　86
Don't forget to do..., all right (OK)?
　～することを忘れないでね。いい？　86

E
ether A or B　AあるいはBのどちらか　206
even if...　たとえ～としても　224
even though...　事実として～だとしても　224

F
For example?　たとえば？　149
For instance?　たとえば？　149
for the purpose of doing
　（あらたまった表現）～するために　166

G
generally speaking　一般的に言えば　21
get A to do　Aに～させる　106

H
had it not been for...　もし～がなかったならば　191
had hardly A when B　Aした途端にBする　213
have A do　ちゃんとAに～をさせる［してもらう］　108
How about...?　～はどう？、～はどうですか？　96
How do you define A?　Aをどう定義しますか？150
how should I say it　どう言えばいいか　134

I
I agree with you up to a point, but...
　ある程度は賛成ですが　145
I am wondering if...　～だと思うのですが　72
I can't say that I agree with you.
　ちょっとそれには賛成できかねます。　147
I can't think of the right expression.

250

ちょうどよい表現が見つかりません		135
I could have done 〜しようと思えば可能だった、		
〜していたかもしれない		45
I don't feel like doing 〜したい気分ではない		60
I don't know how to say it in English		
英語でどう言っていいかわかりません		135
I don't know what I should I say		
なんと（どう）言っていいかわからない		134
I feel disappointed about...		
〜には失望を感じる		27
I feel like doing 〜したい感じがする		60
I have a positive feeling about...		
〜に対して積極的である		31
I may be wrong, but...		
自分が間違っているかもしれませんが		147
I mean ええと、言いたいのは		133
I must have done 〜してしまったにちがいない		43
I ought to have done 〜しておけばよかった		42
I propose that... 〜することを提案します		90
I should have done 〜しておけばよかった		42
I shouldn't have done 〜をするんじゃなかった、		
〜したのはまずかった		42
I suggest that... 〜することを提案します		90
I want to do 〜したい		57
I was supposed to do		
〜するはず（予定）だったんだけど（できなかった）		163
I was wondering if you could...?		
もしかして〜をお願いすることは可能でしょうか？		72
I wish I could... もし〜できたらいいのに		189
I wish I were... もし〜だったらいいのに		189
I wonder if... 〜かしら		72
I would have done		
（実現はしなかったが）〜していただろう		44
I'd appreciate it if you could give me a little bit more detailed information about...		
〜についてもう少し詳細な情報をいただけるとありがたいのですが		151
I'd like an example of...		
〜の例がほしいのですが		149
I'd like to do （願わくば）〜したい		57
I'd rather A than B BするよりもAしたい		58
I'd rather do / I'd rather not do		
むしろ〜したい／むしろ〜したくない		58
I'm afraid (that)... 残念ながら〜だ		32
I'm anxious about... 〜のことが心配だ		25
I'm available to do		
〜に対応できる、手があいている		52
I'm certain (that)...		
（客観的にみて）〜は確かだと思う		35
I'm confident (that)...		
〜ということには自信がある		30
I'm confident about... 〜を確信している		30
I'm confident in... 〜には自信がある		30
I'm curious about...		
〜に（好奇心から）興味がある		25
I'm delighted about... 〜に喜ぶ		26
I'm delighted by... 〜で感激する		26
I'm delighted to do 〜してうれしい		26
I'm delighted with... 〜でうれしい		26
I'm disappointed about... 〜に失望している		27
I'm disappointed by... 〜にはがっかりする		27
I'm disappointed with... 〜に失望している		23,27
I'm doubtful if... 〜かどうかは疑わしい		33
I'm doubtful that... 〜ということは疑わしい		33
I'm free to do 自由に〜する		53
I'm free. 自由だ、暇だ		53
I'm going to do 〜するつもりだ		161
I'm interested in... 〜に興味がある		25
I'm just curious. ちょっと好奇心からだけど		25
I'm not sure about...		
〜についてはなんとも言えない		29
I'm not sure if... 〜かどうかはわからない		29
I'm not sure when...		
いつ〜するかは確かではない		29
I'm planning to do		
〜する計画をしている		162
I'm pleased to do		
〜することが自分の喜びだ		59
I'm positive (that)...		
〜は（前向きに）確かである		31
I'm positive about... 〜に確信がある		31
I'm ready to do		
〜する用意（態勢）ができている		54
I'm scheduled to do		
〜する予定になっている		164
I'm shocked about... 〜にはショックを受ける		27
I'm skeptical (about)...		
〜については疑いがある［懐疑的である］		33
I'm supposed to do		
〜することになっている		163
I'm sure (that)... / I'm not sure (that)...		
きっと〜だ／〜はなんとも言えない		29,35
I'm sure about... 〜については確かだ		29
I'm willing to do 〜する気がある、〜することは		
かまわない		59
if I were you, I'd...		
私があなたの立場だったら、〜するでしょう		90
if it had not been for...		
もしあのとき〜がなかったなら		191
if it were not for...		
もし今〜がなかったなら		190
if only... 〜さえかなえばいいのだが		193
if... should もし〜ということになったら		194
if... were to~ もし……が〜したとしても		194
in a... fashion 〜の方法で		202
in a... manner 〜の（な）やり方で		202
in a manner (that) 〜するようなやり方で		204
in a way (that)... 〜するようなやり方で		204
in a... way 〜の方法で		202
in case 〜だといけないので		220

251

in general 一般に	21	
in order that... (may...)		
(あらたまった表現)～するために	166	
in order to do ～する目的で、～するために	166	
in other words つまり、言い換えれば	125	
in such a way as to do		
～するようなやり方で	203, 204	
Is it OK if I...? ～してもいいですか？	75	
Is it possible (for me) to do?		
～することは可能ですか？	76	
Is it possible for you to do...?		
～していただくことは可能でしょうか？	69	
it appears (to me) (that)...		
～であるように思える	38	
it does not seem necessary to do		
～する必要はないように思える	47	
it doesn't matter if...		
～かどうかは問題ではない	128	
it is absolutely necessary to do		
～する必要は絶対にある	47	
it is certain (that)...		
(客観的にみて)確かに～だ	35	
it is convenient (for A) to do		
～するのは便利だ、都合がよい	48	
it is embarrassing (for A) to do		
～するのはばつが悪い[気恥ずかしい]	50	
it is inconvenient (for A) to do		
～するのは不便だ、都合がよくない	48	
it is less likely that...		
～する傾向が小さい	37	
it is likely that... ～かもしれない	37	
it is natural (for A) to do		
～するのは自然なことだ	49	
it is necessary (for A) to do		
～することは必要だ	47	
it is physically possible that...		
～は物理的には可能である	36	
it is possible (that)...		
(可能性として)～はありえる	36	
it is probable (that)...		
～は(多分に)ありそうだ	37	
it is theoretically possible that...		
～は理論的には可能である	36	
it is unnecessary to do ～する必要はない	47	
it looks like...		
(見たところ)～であるようだ	40	
it might be better to do... ～したほうがいい	92	
it must be very embarrassing for A to do		
Aが～するのはとても恥ずかしいにちがいない	50	
it seems (to me) that...		
(主観的に)～であるようだ	38	
It seems like... ～のようだ	38	
it's embarrassing to repeat, but...		
繰り返して言うのもはばかられることですが	50	
it's no use doing ～してもむだだ	196	
it's not as though (as if)...		

～ではあるまいし	192	
it's not so much A as B		
(～なのは) AだからではなくBだからだ	182	

J

Just a quick reminder. 念のために一言	87	
Just to make sure... 確認なんだけど……	82	
Just remember (that)...		
～を忘れないでね	88	

L

let A do Aに～させる	109	
Let me make sure that...		
～を確認させてください	82	
let me see... ええと、そうですねえ	136	
Let me do 私に～させて	56	
Let's... いっしょに～しようよ	98,99	
Let's get back on track.		
話を元に戻しましょう	142	
Let's get back to business.		
話を元に戻しましょう	142	
Let's get back to the matter at hand.		
話を元に戻しましょう	142	
Let's get back to the original topic.		
話を元に戻しましょう	142	
Let's get back to the point		
話を元に戻しましょう(中心的なテーマに戻す)	142	
Let's not... ～しないようにしよう	98	
let's see そうですね	136	
Let's..., shall we? ～しよう、ね	98,99	
Like what? どんな？	149	
little more than		
ただの～にすぎない、～とちっとも変わらない	180	

M

make A do なんとしてもAに～させる	107	
make sure... ～を確認する	82	
may have done		
～したかも(～してしまったかも)しれない	43	
May I...? ～してもいいですか？	74	
more than any other...		
他の誰(何)よりも	183	
much to my disappointment		
大変残念なことに	23	
much to my surprise 大変驚いたことに	22	
mustn't have done		
していなかったにちがいない、		
～であったはずはない	43	

N

neither A nor B AもBもどちらも～ない	209	
never A but B Aすれば必ずBする	200	
no better than...		
～も同然で、～と少しも変わらない	179	

252

no less than...
　　〜もの、〜を下ることのない　　178
no matter what...　たとえ何を〜しても　222
no matter when...　たとえいつ〜でも　222
no matter where...　たとえどこに〜でも　222
no matter who...　たとえ誰が〜でも　222
no more... than〜　〜同様に……ではない　184
no sooner A than B
　　AするとすぐにBする　　212
not A without B
　　BなしでAすることはない、Aすれば必ずBする　200
not altogether...
　　完全に〜というわけではない　　199
not always　いつも〜というわけではない　199
not completely...
　　完全に〜というわけではない　　199
not entirely...
　　完全に〜というわけではない　　199
not less　〜しないかぎりだめだ　219
not less than...　少なくとも〜　178
not only A but also B
　　AだけでなくBも　　207
nothing but　〜しかだめだ、〜だけ　197
nothing is more A than B
　　BほどAなものはない　　185
now that...　今や〜なのだから　217

O
on doing　〜するとすぐに……　214
once...　いったん〜したら、〜したらすぐに　218
only to do　（〜したが）結局〜だった　169

P
plan on doing　〜する計画だ　162
plan to do　〜する計画だ　162
please be sure to do　きっと〜してください　85
please make sure to do　きっと〜してください　85
Please remember (that)...
　　どうか〜を忘れないようにしてね　　88
possibly（半々くらいの可能性）たぶん　36
probability　確率　37
probably　たぶん（十中八九）　37

R
roughly speaking
　　荒っぽい言い方をすれば　　21

S
seriously, though
　　いやまじめな話（まじめな話に戻す）　　141
Shall we...?　ぜひ〜しませんか？　99
show ＋人＋WH節 / to do　〜に……を示す　113
so as to do　〜するために、結果的に〜する　167
so that...　〜するために、〜するとその結果……する　168
so 形容詞・副詞 that...

とても……なので〜　　227
soon after...　〜するとすぐに　211
Sorry, I'm not available.
　　ごめん、都合がつかないの　　52
strictly speaking　厳密な言い方をすれば　21
surprisingly　驚いたことに　22

T
technically speaking　厳密に言えば　21
tell＋人＋WH節 / to do　〜に……を言う　112
That reminds me of something.
　　それで思い出したことがあるんだけど　　139
that seems reasonable, but...
　　理にかなっているけど　　146
That's not what matters.
　　それが大切なのではない　　128
That's the bottom line.　それが結論だ　131
That's what matters.　それが大切なのだ　128
the bottom line is (that)...　肝心かなめのことは、要するに　131
The bottom line is this.　肝心なのはこれだ　131
the crux of the matter is (that)...
　　問題の核心は……　　131
the more A, the more B　AすればするほどB　186
the point here is (that)...
　　ここでのポイントは……　　123
the point I'm making here is (that)...
　　ここで私が言いたいポイントは……　　123
the point is (that)...　ポイントは……、要は　123
the point to be accentuated is (that)...
　　ここで強調されるべき重要な点は……　　130
the point to be emphasized here is (that)...
　　ここで強調しておきたいのは　　130
the point to be stressed here is (that)...
　　ここで強調しておきたい重要な点は……　　130
the problem is (that)...　問題は……　123
the reason is (that)...
　　その理由というのは〜　　173
the thing is (that)...　つまりね、要は　124
there's no telling　〜なんて誰にもわからない　198
this [that] is how...　こう（そう）やって〜する（だ）　174
this is the main reason...
　　これが〜する主な理由です。　　172
this [that] is the reason...
　　これ（それ）が〜する（した）理由だ　　172
this is the reason why...
　　これが〜する理由です。　　172
this [that] is the way...
　　これ（それ）が〜する（〜した）方法だ　　175
this [that] is the way to do
　　これ（それ）が〜する（した）方法だ　　175
this [that] is why...　こう（そう）いうわけで〜171
to change the subject
　　話題を変えますが　　139
to my disappointment

253

がっかりしたことに、失望したことに	23
to my dismay　落胆したことに	23
to my great surprise	
大変驚いたことに	22
to my great surprise and pleasure	
私にはとても大きい驚きであり喜びだが	22
to my regret　残念なことだが	23
to my surprise　驚いたことに	22
to my very pleasant surprise	
とてもうれしい驚きだが	22
to put it differently...　言い換えれば	125
too 形容詞・副詞 to do	
～するにはあまりに……すぎる	228
Try to remember (that)...	
～することを忘れないようにしてくださいね	88

U
unless...　もし～しなければ	219

W
were it not for...　もし～がなければ	190
What about...?　～はどうなの？	96
what counts is...　大切なのは～です	128
What do you mean by A?	
Aってどういう意味ですか？	150
What do you mean by that?	
それはどういう意味ですか？	150
What do you mean?	
どういう意味ですか？	79
what matters is (that)...	
何が重要かと言えば	128
what should I say(?)　どう言ったらいいか	134
What should I say?	
その場合、どう言えばいいですか？	134
whatever...　～が何であれ	223
Whatever you do, try to remember (that)...	
何があっても、～を忘れないようにしてね	88
what's I'm saying is (that)...	
どういうことかと言えば	126
whenever　～がいつであれ	223
Where was I?　何だっけ？	126
wherever　～がどこであれ	223
whoever　～が誰であれ	223
Why don't we...?　（いっしょに）～しませんか？	97
Why don't you...?	
じゃあ～したらどうですか？	93,97
Why not...?　～しない？	97
Will it be OK if I...?　～してもいいですか？	75
without...　もし～がなければ、	
もし～がなかったならば	190,191
Would you...?　～していただけませんか？	71
Would you elaborate on that?	
詳しく言うとどうなりますか？	151
Would you explain that in detail?	
それを詳しく説明していただけますか？	151
Would you give me an example?	
例を挙げていただけますか？	149
Would you like to do?	
～してはどうですか？、～しませんか？	57,94
Would you mind if I...?	
～してもよろしいでしょうか？	77
Would you please...?	
～していただけないでしょうか？	71

Y
Yes, I was talking about...	
そう、～について話していたんだった	126
you are not allowed to do	
～することは許されていない	104
you are not supposed to do	
～はご遠慮ください	163
you could say that, but...	
そう言えなくもないかもしれませんが	144
You do remember that..., don't you?	
～をちゃんと覚えているよね？	87
you had better...	
～しないとまずいことになる	92
you may...　～してもいいですよ、ひょっとしたら	
～することも可能なんじゃないかな	90
you may not...	
～しないほうがよい	102,104
you must...　絶対に～すべきだ	92
you must not...　～してはならない	103,104
you really ought to do	
ぜひ～することをすすめます	91
you really ought to do　ぜひ～すべきだ	92
you really should...　本当に～すべきだ。	91
You said (that)..., is that right?　あなたは	
～とおっしゃいましたが、間違いありませんか？	83
You won't forget to do..., will you?	
～することは、（まさか）忘れないよね	86
you're not permitted to do...	
～することは許可されていない	104
You're telling me!　その通り、私も賛成。	80

その他
形容詞・副詞 enough to do	
～するのに十分なぐらい……	226
主語+ seem to do	
～は……のように思える	39
もの+be available	
利用（使用）可能な、入手できる、在庫としてある	52

田中茂範（たなか　しげのり）

慶應義塾大学環境情報学部教授。コロンビア大学大学院博士課程修了。NHK 教育テレビで「新感覚☆キーワードで英会話」（2006 年）、「新感覚☆わかる使える英文法」（2007 年）の講師を務める。また、ベネッセの小学生向け英語学習教材の BE-GO（現在、Challenge English）の監修、『E ゲイト英和辞典』（ベネッセ）代表編者。JICA で海外派遣される専門家に対しての英語研修のアドバイザーを長年担当。著書に『コトバの「意味づけ論」—日常言語の生の営み』（共著 / 紀伊國屋書店）、コスモピアからは『チャンク英文法』（共著）、『そうだったのか★英文法』『英語のパワー基本語 [基本動詞編]』、『英語のパワー基本語 [前置詞／句動詞編]』『パワー基本語トレーニング 1000』『語彙を増やす★英単語ネットワーク』『これなら話せる★チャンク英会話』『表現英文法 [増補改訂版]』、『表現英文法トレーニング』（共著）などがある。

岡本茂紀（おかもと　しげき）

上智大学外国語学部英語学科卒業。語学系出版社数社で、長年にわたり語学雑誌・一般語学書・英語テキストなどの企画・編集・制作に従事。英国系教育出版社マクミラン・ランゲージハウスで編集長を務めたのち、独立。現在、語学出版編集業務を行うオフィス LEPS 代表、出版制作会社ザインでエディトリアル・ディレクターを兼務。著書に『表現英文法トレーニング』（共著 / コスモピア）がある。

会話を組み立てる英語プレハブ慣用表現 150

2015 年 10 月 10 日　第 1 版第 1 刷発行
2015 年 11 月 10 日　第 1 版第 2 刷発行

監修・著：田中茂範
　　　著：岡本茂紀

デザイン：B.C.（稲野 清、草地祐司）

英文校正：ソニア・マーシャル、イアン・マーティン

写真提供：iStockphoto

本文イラスト：あべゆきこ

発行人：坂本由子
発行所：コスモピア株式会社
　　　〒 151-0053　東京都渋谷区代々木 4-36-4　MC ビル 2F
　　　営業部：TEL: 03-5302-8378 email: mas@cosmopier.com
　　　編集部：TEL: 03-5302-8379 email: editorial@cosmopier.com
　　　http://www.cosmopier.com/（会社・出版物案内）
　　　http://www.cosmopier.net/（コスモピアクラブ）
　　　http://www.kikuyomu.com/（多聴多読ステーション）
　　　http://www.e-ehonclub.com/（英語の絵本クラブ）

印刷：シナノ印刷株式会社
録音・編集・CD-ROM 製作：株式会社メディアスタイリスト

©2015　Shigenori Tanaka / Shigeki Okamoto

本書には電子書籍版があります。電子書籍版は、弊社オンラインショップからご購入いただけます。
詳細は、弊社ホームページ http://www.cosmopier.com をご覧ください。

書籍のご案内

英語習慣をつくる 1日まるごと表現 600 プラス

コスモピア編集部・編　岡本 茂紀：協力
定価：本体 1,600 円（＋税）CD-ROM1 枚付き（mp3 音声 4 時間収録）

毎日の習慣を英語にする

歯を磨く、ゴミを出す、改札を通る、仕事の優先順位をつける、コピーを 20 部取る、お米をとぐといった毎日の習慣、今朝は気分がいい、物価が上がったなあ、などの気持ちをドンドン英語にしていきます。朝から夜までの生活の流れ、四季折々のできごとに加え、ブログを更新する、フェイスブックでタグ付けする、LINE でスタンプを送る、既読スルーされるなど、時代に即した表現も積極的に取り上げています。

「覚える」から「使える」へ

こんなシーンは英語でこう表現すると覚えたら、現在進行形、過去形、未来形などに変換して、表現のバリエーションを広げます。たとえば、「納期が遅れた」「納期が遅れそうなんですか？」「今まで納期を遅らせたことはない」のようなバリエーションを練習するとともに、「納期を遅らせないようにあらゆる手を使おう」などの関連表現もマスターします。

●音声つき電子版も発売中！
　価格：1,100 円（税込）コスモピア・オンラインショップにて

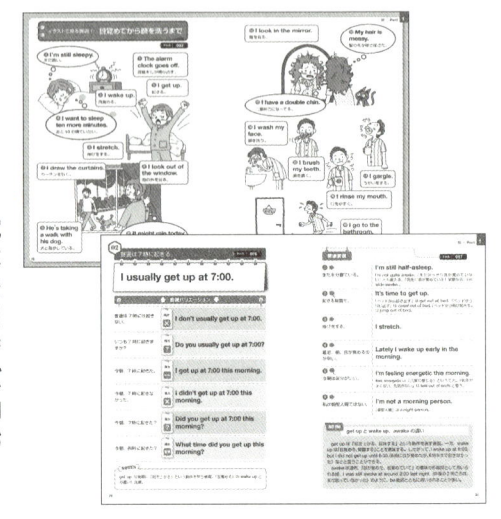

●送料無料！ 直接のご注文は　http://www.cosmopier.net/shop/